# Bezonomics

Brian Dumaine

# アマゾン化する未来

## ベゾノミクスが世界を埋め尽くす

ブライアン・デュメイン

小林啓倫 訳

ダイヤモンド社

キャロラインに

bezonomics
by
Brian Dumaine



Japanese translation published by arrangement with
the original publisher, Scriber, a Division of Simon & Schuster, Inc.
through Japan UNI Agency, Inc., Tokyo

# 日本版への序文
## ――コロナ禍を通じ、アマゾン化はいっそう加速した

### パンデミックに即応したジェフ・ベゾス

2020年春、本書の米国版と英国版が出版されたのは、新型コロナウイルスが引き起こす感染症COVID－19が大流行しているさなかだった。そのようなタイミングだったため、これらの版では、ジェフ・ベゾスがこの危機を乗り切るためにアマゾンをどう導くのか、また、この危機がアマゾンという巨大Eコマース企業、そして世界経済にどのような影響を与えるのかについて、触れることができなかった。

さいわいにも日本版でその機会を得ることができたので、パンデミック後の世界におけるアマゾンの姿も含めて考えてみよう。

もし、世界的な危機状況においても資本を潤沢に投下し、機敏に対応するような企業をゼロから設計するとしたら、それはアマゾンに似た姿になるだろう。同社はまさ

に、パンデミックのような危機を念頭に置いて設計されたと言っても過言ではない。

**2800億ドル（約29兆7000億円）もの年間売上高を誇る巨大ハイテク企業は、困難に直面した際には、最も機敏なスタートアップ企業のようなスピードで対応する。そしてCOVID－19のパンデミックに対処するべくアマゾンが行ったことも、まさにそれだった。**

ベゾスはこの状況を「これまで直面した中で最も困難な時期」と呼んだが、アマゾンはこの危機からこれまで以上に強く立ち上がることができる、と私は考えた。そして、事実そのとおりになっている。

アマゾンの経営陣は、このパンデミックが、歴史的に見ても破壊的な出来事になる可能性があることを、早くから認識していた。宇宙開発を目指す企業であるブルーオリジン（第4章参照）で週のうち1日を使っていたベゾスも、すぐアマゾンの業務により多くの時間を割くようになった。チームはパンデミックの危機と未知の事態に対処しながら、アマゾンの顧客にサービスを提供するために熱心に活動した。

## コロナ期の際立つ勝利

この危機の中でベゾスを助けたのは、強力なリーダーシップだけではない。アマゾンが持つ世界で最も進んだデジタルの力がフル活用された。

本書でさまざまな形で触れるが、アマゾンでは以前は管理職が行っていた小売りに関する意思決定の多くが、今ではAIアルゴリズムによって行われており、フェイスマスクや除菌剤のボトルをどのくらい注文するか、サイズはどうするか、そして広大な倉庫ネットワークのどこで在庫するかを決定している。

**また、デジタル化された採用プロセスにより、同社はコロナ期の数週間で17万5000人の従業員を追加採用することができた。**

**アマゾンが巨大なオンライン小売事業を展開できるのは、このデジタル化のおかげだ。さらに、消費者が自宅にこもり、必要不可欠な品々を求めてアマゾンを頼るようになったことで、同社への注文は26%も増加したが、この急増にも対応することができた。**

アマゾンは過去数年間、彼らの巨大なEコマース・プラットフォーム上で活動する、200万以上の中小小売業者の一部に、AIアルゴリズムに基づく融資を行ってきたが、パンデミックの影響で物理的な店舗が閉鎖されたことで、彼らの多くは資金不足に陥っている。その資金需要の急増に対応するため、アマゾンは金融大手のゴールドマンサックスと提携した。

ゴールドマンサックスは、サードパーティーの小売業者に、ある期間や限度枠内で自由に借入や返済ができる、リボルビング・クレジットを提供すると発表した。これらの小売業者が提供する商品は、現在アマゾンで販売されている商品の58%を占め、アマゾン自体の小売事業よりも売上げが急増している。これはベゾスにとって、収益性の高い融資事業を拡大し、アマゾンを金融界の巨人に一歩近づける好機となる。

こうしたアマゾンの対応を見て、投資家たちは同社がパンデミック後に、さらに強力なプレーヤーになるだろうと予測している。

**危機の最初の数カ月間で、同社の株価は25％上昇し、ジェフ・ベゾスの純資産は290億ドル〔約3兆円〕増の1440億ドル〔約15兆円〕となって、世界で最も裕福な人物としての地位を維持した。**

これは、2019年の離婚調停で元妻に380億ドル〔約4兆円〕を渡した後の話だ。投資銀行RBCのテクノロジーアナリスト、マーク・マヘイニーは、次のように述べている。

「パンデミックが本当に終息すれば、店舗を持つ小売業の競争力は弱まり、アマゾンはより突出した勝者になっているだろう」

## 逆風と反発が強まる

もちろん、すべてがスムーズに進んでいるわけではない。パンデミック前、アマゾンはプライム会員向けに、100万点以上の商品を1日で配送する方向に動いていた。迅速な配送は低価格と相まって、アマゾンを世界で最も価値のある企業の一つにしていた。

しかし、**混雑した倉庫の中で作業する従業員たちの感染を防止する必要性が生じたことから、アマゾンの配送スピードは低下した。ヘルスケア製品、家庭用品、食料品などの必需品は配達に4日もかかり、それ以外の商品の中には1週間以上かかるものもあった。**

またアマゾンは、配送センターの従業員とドライバーたちをウイルスから守る対策が十分なスピードで講じられていないとして、一部の従業員、労働組合、政治家から批判された。アマゾンは、ほかの多くの小売業者と同様、十分な安全対策を講じていないことに対し、たしかに非難を受けるべきだ。

しかしベゾスは、この問題を解決するために、大胆な行動を見せた。約40億ドル〔4200億円〕を費やして（この額はアマゾンが第2四半期に予想していた利益を上回る）、配送・倉庫システムの再設計と安全性の向上を図ることを発表したのだ。

アマゾンは、すべての従業員にマスク、手の消毒剤、COVID-19の検査を実施した。また、AIシステムを実験的に用いた。それは従業員の作業着の袖の部分にデバイスを付けてもらい、お互いが接近しすぎると、デバイスのライトが点灯したり、警告音を発したりするというものだった。

パンデミックの間も成長し、さらに新たな市場や業界への進出が想定されることから、各国政府のアマゾンに対する独占調査に拍車がかかるかもしれない。

これについては、テスラのCEOであるイーロン・マスクでさえ、具体的な行動に出た。「パンデミックは誇張されている」（これはマスクのお気に入りの議論だ）と主張する本の販売をアマゾンが拒否したと言われていることにマスクは憤り、「正気の沙汰ではない @JeffBezos」とツイートしたのである。それに続けて、「アマゾンを解体するときが来た。独占は間違っている！」とツイートした。

## 「ウィズコロナ」こそ、アマゾン化の時代の到来を告げる合図

このように、アマゾンは批判を浴びたり、予想外のコストに苦しめられたりしているものの、コロナウイルスとの共存を迫られる「ウィズコロナ」の時代には、いっそう強力な存在として浮上してくるだろう。

第一の理由は、パンデミックが消費者の買い物習慣を変えてしまったことだ。以前から小売業の世界ではオンライン化が進んでいたが、今回の危機がその流れを加速させた。家にいることを余儀なくされた人々は、特に生鮮食料品のような商品をオンラインで購入することの利便性を認識したのである。

**2017年に高級食料品スーパーのチェーンであるホールフーズを買収したアマゾンは、パンデミックの期間に、食料品の注文が60％も上昇した。ウイルスが封じ込め**

**られた後も、アマゾンの食料品事業が好調を維持するだろうことは容易に想像できる。金融サービス大手のRBCは、主にオンライン販売に牽引されているアマゾンの食料品総売上高が、2023年までに880億ドル〔約9兆2000億円〕に達するだろうと予測している。これは2020年の水準の約2倍に相当する。**

アマゾンは、従来のEコマース事業がこれまで以上に拡大することにも賭けている。**ある調査によると、2020年にはアマゾンの顧客の64％が月に2～3回の買い物をしており、これは19年の54％から増加している。同時に、同社はパンデミックに対応するために臨時雇用した作業員のうち、約12万5000人をフルタイム労働者として維持すると発表した（これはパンデミック前の16％増となる）。**

パンデミック後の世界では、アマゾンはウイルス対策のために必要となったコストと、時間のかかる安全対策をすべて取り払えるので、拡大するオンライン市場に対して、1日以内のさらにスピーディーな配送サービスを提供できるようになる。そして、2018年から20年初頭までに5000万人増加し、世界全体で1億5000万人となったアマゾンのプライム会員が、今後も急成長を続けることは想像に難くない。

第二の理由は、購買以外の面でも生活行動の変化が生まれていることである。アマゾンが保有している事業の中で最も収益性が高いのは、世界最大のクラウドコンピューティング・サービスであるAWSだ。今やほとんどの人が自宅で仕事をしたり、授業を受けたりしており、多くの人々がズーム〔AWSで動作している〕などのビデオ会議プラットフォームで会議を行うようになったことで、ＡＷＳのビジネスはより強固なものになっている。

さらに**パンデミック期間は、消費者はゲームやネットフリックス、プライム・ビデオなどのストリーミングメディア・サービスを利用する時間が増えたが、これらのサービスはもちろん、ＡＷＳのサーバー上で稼働している。航空会社やホテルなど、壊滅的な影響を受けた業界での利用を失ったにもかかわらず、同部門は２０２０年の第１四半期に33％の成長を遂げた。**

第三の理由は、アマゾンの自動化の取り組みが、ウィズコロナの世界で求められるソーシャルディスタンスの実現と合致している点である。大半の商品がロボットや自動運転の配送車によって処理され、人から人へのウイルス感染のリスクが抑制されているサプライチェーンを想像してみてほしい。これはＣＯＶＩＤ－19の第二波以降の到来や、別のパンデミックが発生するたびに、アマゾンに競争上の優位性を与えるだろう。

本書で詳しく解説しているように（第8章、10章参照）、アマゾンは完全に自動化された倉庫への最終ステップとなる、棚から製品を取り出したり収納したりできるロボットを開発しており、自動走行車用のソフトウエアを作るシリコンバレーのスタートアップ企業、オーロラに出資している。また、アマゾンはトヨタと提携し、配送用の自動運転バンも開発し、配送用ドローンも実用段階に入った。これらの取り組みは、アマゾンのサプライチェーンをよりウイルスに強いものにするだけでなく、多額の人件費の節約につながる可能性がある。

## 遠隔医療の時代の扉を開ける

アマゾンがパンデミックに対抗するために行った投資のいくつかは、同社にさらなる収益源をもたらす可能性がある。アマゾンが配送センターの作業員や配送ドライバーのために開発しているウイルス検査プログラムは、いずれ手頃な価格で効率的に実行できるようになるだろう（そうした改善は、まさにアマゾンが得意とすることだからだ）。最終的には、アマゾンがこのサービスをほかの企業や政府にも提供し、検査を収益性の高いビジネスに変えていくことは想像に難くない。作業員がお互いに近づきすぎると警告を発するアームバンドのような安全対策グッズも、商品化して利益を得ることができる。

パンデミックの間に、遠隔医療は簡単な治療で対応できる病気の患者にとって人気の選択肢となった。病院の待合室に行って、ほかの病気や感染症の可能性のある患者の隣に座りたいと思う人がいるだろうか？　アマゾンは既に、このトレンドを利用する能力を持っている。

第13章で詳説するが、アマゾンはシアトル地域の従業員に「アマゾンケア」と呼ばれる遠隔医療サービスを提供している。彼らが音声認識技術で開発したアレクサは、このサービスのハブとなっている。「アレクサ、体調が悪いんだ。医者の予約を取りたい」と呼びかけるだけでいいのだ。アマゾンの従業員がこのサービスを気に入れば、同社が最終的にこれを一般に提供し、主要な事業へと発展させていくことは想像に難くない。

＊＊＊

多くの大企業がパンデミックへの対応に苦しむなかで、アマゾンはこの危機をうまく乗り切るための柔軟性、規模、デジタルに関する卓越した知識を持っていることを示した。ベゾスの極端なイノベーションへの傾倒は、彼が危機をビジネスチャンスに変える力を持つことを示している。

本書では、ベゾスがいかにしてアマゾンのビジネスモデルである「ベゾノミクス」を築き上げたのかを振り返りながら、それが世界中で未来の標準的なモデルになりつつあることを解明する。

ブライアン・デュメイン

序章

# 世界は
# アマゾン化している

「○○業界のアマゾン」が
あらゆる領域に広がり始めた

## アマゾンが歴史上どの会社とも違うのは何なのか?

アマゾンを創業して間もない頃、ジェフ・ベゾスは年に2回、シアトルのダウンタウンにあった旧本社の向かいにある小さな映画館で、社員のために全員参加の集会を開いていた。それ以来アマゾンは大きく成長し、2017年春にベゾスが開催した全社集会の会場となったのは、1万7459人を収容するキーアリーナ（1962年シアトル万国博覧会の跡地にあるスポーツセンター）だった。その日、会場は満員となった。

そして集会の最後に、ベゾスは参加者から「デイツー（2日目）って、どんなものなのですか?」という質問を受けた。この質問は会場の笑いを誘った。アマゾン社員は入社した瞬間から、「デイワン（1日目）」の視点から考えることを求められるからである。

ベゾスの言葉を借りれば、デイワンとは、アマゾンが常にスタートアップのように行動することを意味する。新しいビジネスを始めた1日目と同じくらい、毎日が充実して熱を帯びていなければならない、というわけだ。ベゾスがオフィスを構えるシアトルのダウンタウンにある高層ビルにも、「デイワン」という名前が付けられている。

白襟のシャツとグレーのジーンズを身にまとったアマゾンの創業者は、彼のトレードマークである高笑いを挟みながら、こう答えた。**「その答えを知ってるよ。デイツーっていうのは——（ここで彼は長い間を取った）——閉塞さ」**

**そして、あらためて長い間を取った後で、彼は続けた。「その次に起きるのは的外れな行動（間）、その次は耐え難い苦痛を伴う衰退（間）、その後に続くのは死だ」。**ベゾスが微笑むと、参加者はドッと笑い、ステージから降りる彼に拍手を送った。彼らのリーダーは、社員たちが直感的に理解していたことを明確に述べた。

アマゾンはテクノロジー企業かもしれないが、他社とは非常に異なる存在であり、社員には集中してビジネスを前に進めることが求められ、自己満足に陥ることは絶対的タブーである。

これまで桁外れの成功を収めているにもかかわらず、ベゾスは2018年の時点で時価総額1兆ドル（約105兆円）の企業（当時この額を上回る企業は、ほかに存在しなかった）を、日々存亡の危機に立たされる中小企業であるかのように経営している。2018年11月の全社集会では、シアーズのような大企業が倒産することについてどう思うかと質問されたベゾスが、次のように答えて参加者を驚かせている。

「アマゾンは『大きすぎてつぶれない』という存在なんかじゃない。実際、私はいつかアマゾンが失敗すると思っている。アマゾンは倒産するんだ。大企業を見ると、彼らの寿命は30年程度で、100年程度ではない」。彼がこの発言をしたとき、アマゾンは設立24周年を迎えていた。

# アマゾンが型破りでいられる理由

ベゾスはなぜ、アマゾンの終焉について社員たちに話すのだろうか。彼は、うぬぼれたり、勝ち誇ったりすることで、これまで自社が手にしてきた幸運を台無しにしてしまうのを避けたいのかもしれない。あるいは、ウォルマートやアリババのような巨大な競争相手がアマゾンの魔法を理解して、自分たちを脅かすのではないかと心配しているのか。

どちらもある程度までは正解だろうが、ベゾスが最も恐れているのはおそらく、アマゾンが「大企業病」として知られるものに陥ってしまうことだ。企業がこの病にかかると、社員が顧客ではなくお互いを注目するようになり、問題を解決することよりも、官僚制をコントロールすることのほうが重要になる。

ベゾスは全社員が集まる集会で、アマゾンの成功に甘んじるのではなく、顧客を満足させる新しい製品やサービスを開発するためにさらに懸命に働き、それによって倒産する日をできる限り遅らせようと、心から訴えた。

ベゾスの戦略では、顧客を幸せにする最善の方法は、より安く、より簡単に生活を送れるようにすることだ。それをベゾスはこんなふうに語っている。「10年後に顧客が私たちのところにやってきて、『ジェフ、私はアマゾンが大好きだ。ただ、もうちょっと値段が高ければ良いのだが』とか、『アマゾンが大好きだ。ただ、もうちょっとゆっくり配送してくれると良いのだが』なんて言うだろうか。ありえない」

これが典型的な彼のスタイルだ。**ベゾスは筋金入りの指導者で、型破りな思想家である。GMやIBMのCEOが、社員をパニックに陥らせることなく、あるいは株価の急落を引き起こすことなく、倒産について語る姿が想像できるだろうか。多くの意味で、アマゾンがアマゾンである理由は、あらゆるものが当然とは受け取られず、疑問が投げかけられ――自社の存続自体も例外ではない――すべての源である顧客に全社員が集中することを求める文化を、ベゾスが築いたからだ。**

## 競合他社ではなく、顧客のほうを向く

ブラッド・ストーンはアマゾンの原点を巧みに描いた著作『ジェフ・ベゾス　果てなき野望』（日経BP）において、次のようなベゾスの言葉を紹介している。

「何が私たちを差別化しているのか、本当のことを知りたいのなら、それはこういうことだ。私たちは純粋に顧客中心で行動しており、長期志向であり、発明志向なのである。

ほとんどの企業はそうではない。彼らは顧客ではなく、競合他社のほうを向いている。成果が得られるまでに2～3年かかるものに取り組もうとしていて、2～3年で実績が出なければ、ほかのものに移ってしまう。そして自ら発明するよりも、他社に

遅れず付いていくことを選ぶ。そのほうが安全だからだ。

アマゾンの真実を知りたいのなら、これこそ私たちが他社と異なる理由だ。これら3つの要素をすべて兼ね備えている企業はほとんどない」

これは、よくある経営者の言葉のように聞こえるかもしれないが、ベゾスは常人ではないことを忘れないでほしい。彼はほかの有名経営者とは一線を画するリーダーだ。それは彼が、自らの高いＩＱと武闘派のスタイル、そして無限のエネルギーを用いて、顧客を本気で大切にする文化をアマゾンに構築する方法を見つけたからである。

**ベゾスは顧客よりも競合を気にするマネジャーを厳しく非難する。彼は、不満を抱いた顧客が送ってきたメールを目にすると、それに「?」マークだけを付けて適切な幹部に転送する。これを受け取った哀れな相手の心には、まるで「パブロフの犬」のように、反射的に警告の鐘が鳴り響く。そして、ほかのすべての作業を中断して、顧客の問題の解決に取り組む――今すぐに。**

本書のために私がインタビューした多数の現・元アマゾン社員たちは、みなどこかのタイミングで、「すべてはお客様から始まります」という言葉を口にした。まるで、同社の優秀なコンピュータ科学者が、彼らの脳を整えたかのようだった。

## アマゾンが本当に求めているものは何か？

しかし、取材を続けるにつれ、私は「すべてはお客様から始まる」というスローガンに不満を抱くようになった。それはアマゾンの成功を説明するのには役立つかもしれないが、その全体像からはほど遠い。私が知りたかったのは、「アマゾンが本当に求めているものは何か？」という疑問に対する答えだった。

2年間の調査と100以上の情報源（その中には多くの経営幹部も含まれている）へのインタビューを経て、私は次のような結論に達した――アマゾンはこれまで世界に存在したどんな企業よりも、スマートな企業になりたいのだ。

**AI（人工知能）については過剰な宣伝も行われているが、ベゾスは最も洗練されたAI主導のビジネスモデルを、史上初めて生み出した。それは自ら、よりスマートに、より大きく成長することができる。今やますます、アルゴリズムが会社を運営するようになっている。アルゴリズムが会社になりつつあるのだ。**

ベゾスはアマゾンを、フライホイール（日本語では「弾み車」と訳される機械的な仕組みで、回転する装置の回転速度を安定させたり、回転によるエネルギーを他の機構にトルクとして与えたりするために使用される）のごとく回るように設計した――これはアマゾン社員が、宗教の教義のように繰り返し使う言葉だ。

この「フライホイール」という概念は、成長のための公式というよりも「ハイテク永久機関」のようなもので、アマゾンの社内文化に深く埋め込まれている。吊り下げられた車軸に、重さ3トンの石の車輪が付いているところを想像してほしい。それを回すのは大変だ。しかし、毎日毎日それを回してエネルギーを与え、フライホイールがどんどん速く回るようにすると、それは自然に回転を続けるようになる。

アマゾンが自社のプライム会員に特典（無料の翌日もしくは翌々日配送、無料のアマゾンTV番組、ホールフーズ（米国の食料品スーパーマーケットチェーンで、2017年にアマゾンが買収）での割引など）を与えると、より多くの顧客を集めることができる。

より多くの顧客が集まると、より多くのサードパーティーの小売業者が、アマゾンのEコマースサイトに参加するようになる。彼らは巨大な潜在顧客を抱える場所にアクセスしたいと考えるからだ（現在、アマゾンで販売されている全商品の半分以上は、独立したサードパーティーの小売業者によって販売されており、残りをアマゾンが消費者に直接販売している）。

より多くの売り手を引き付けることは、アマゾンの収益を増やし、サイト上の商品の価格を下げ、より多くの利益を可能にする「規模の経済」が生まれることを意味する。それがさらに多くの顧客をアマゾンに集めることになり、それがさらに多くの小売業者を集め……と、フライホイールはどんどん加速するのだ。

## ジム・コリンズの発見したフライホイール

過去に成功した企業の中にも、フライホイールをつくったところがある。ジム・コリンズは、2001年に発表して大きな反響を呼んだ著作『ビジョナリー・カンパニー2　飛躍の法則』〔日経BP〕において、この表現を生み出し、その例としてクローガーやニューコア・スティールなどを挙げた。こうした企業の幹部たちは、独自のフライホイールを使って成功する事業を、何年もかけて辛抱強く築き上げてきた。

コリンズが指摘しているように、ニューコアが倒産の危機に直面していた1965年、CEOのケネス・アイバーソンは、同社が「ミニミル」と呼ばれる新しい技術プロセスによって、安価な鋼鉄を製造するのに長けていることに気づいた。最初は1カ所だったミニミルが、多くの顧客を獲得し、そこから得られた売上げでより効率的なミニミルの設置が可能になり、それがさらなる顧客の獲得につながり――というプロセスが繰り返された。

20年もの間、アイバーソンと彼のチームは、このミニミルという「フライホイール」をより速く動かすことに集中し、1980年代半ばまでには、ニューコアは米国で最も収益性の高い鉄鋼会社になった。2019年現在、ニューコアは米国最大の鉄鋼会社であり続けている。

しかし、アマゾンのフライホイールは大きく異なるものだ。それは、さらに恐るべき仕組みへと進化している。ベゾスが行ったのは、フライホイールという概念を新しいレベルに引き上げたことであり、それはビジネスに革命をもたらして、ライバルには追い付けないほどの競争優位性をアマゾンにもたらした。彼は次世代型の企業を創造し、ビジネスをどう実行すべきかに関する21世紀のモデルを世界に示したのだ。

## アマゾン版フライホイールはAI駆動型

ベゾスは現在、AIや機械学習、ビッグデータを巧みに活用することを通じて、フライホイールを加速させている。アマゾンはコンピュータ技術の活用が非常にうまくなったことで、独力で学び、よりスマートになっている。

この点で、アマゾンほど成功した企業はほかになく、多くのCEOはAIに関してリップサービスをし、わずかなデータ・サイエンティストを雇って、AIテクノロジーをビジネスモデルに組み込もうとしているにすぎない。

一方、**アマゾンでは、AIテクノロジーがあらゆることの土台となっている。例えばアマゾンは、AIによる音声認識を活用した同社のサービス「アレクサ」を開発・改良するために、2019年の時点で1万人の従業員を展開しており、その大部分がデータ・サイエンティスト、エンジニア、プログラマーである。**

**アマゾンはまさに「デイワン」からテクノロジー企業であり、たまたま売り物が本**

**だったというにすぎない。ベゾスは創業以来、ビッグデータとＡＩを同社の中核に据えてきた。**

１９９５年7月に公開されたアマゾンの初めてのウェブサイトでは、膨大な蔵書数を誇るライブラリーの利便性を約束し、ユーザーが「著者やテーマ、タイトル、キーワードなど」で検索できることをアピールしていた。

このオリジナルのサイトをいちばん下までスクロールすると、そこにはアマゾンがコンピュータ・インテリジェンスを活用した最初の証を見ることができた（このテクノロジーはその後の数十年間、小売業界をひっくり返すために使用されることとなる）。

そこに表示されていた文章には、こんな自画自賛が書かれていた——「アイズ（Ｅｙｅｓ）」、アマゾンの疲れを知らない自動検索エージェント」。このアイズという機能は、お気に入りの著者の新刊や、ペーパーバック版が出版されたとき、読者にメールで知らせてくれるというものだった。

それ以来、アマゾンはその技術力を活かして、顧客にお勧めを提案する方法を改善し、迅速な配送を行うために、適切な倉庫に適切な商品が常に在庫されているようにしてきた。そして顧客に関する膨大なデータを収集し、最高のサービス、低価格、驚きの品揃えを提供するアルゴリズムを構築した。

最近の同社のシステムは、かつては幹部クラスの人物が下していたような小売業に関する意思決定の多くを、機械が下すレベルにまで達しており、しかもその機械は、作動すればするほど賢くなる。

そうした機械が意思決定（ローズボウルが開催される週に1万個の保冷箱をパサデナ倉庫に出荷する、冬が来たらアナーバー倉庫に千個のニット製ミトンを出荷する、など）を行うたびに、その決定が正しいものであったかどうかを確認するチェック作業が実施される。目標は、次のタイミングでアマゾンが正しく行動できるようにすることだ。こうしてフライホイールは、どんどん速く回転するようになる。

## 年平均25％の成長を続ける巨大企業

ベゾスの絶え間なく回るフライホイールは、アマゾンを世界で最も手強く、畏怖される企業へと成長させた。調査会社CBインサイツが投資家から受けた電話相談の内容を分析したところ、米国の経営者はほかのどの会社よりも、さらにはトランプ大統領よりも、アマゾンについて言及していることが判明した。その頻度は実に、税金を話題にするのと肩を並べるほどだった。

ベゾスは社員にアマゾンの終末について警告を発しているが、この型破りな経営者を止めることはできないようだ。2019年初頭、彼は1600億ドル（約16兆8000億円）の純資産を持つ世界一の富豪となり、離婚調停で元妻のマッケンジーにアマゾン株式の4分の1（当時380億ドルの価値があった）を与えた後も、トップの座を守った。

アマゾンは2019年の時点で、米国のオンライン小売業界のおよそ40%を支配しており、欧州における最大のオンライン小売業者の一つだ。

また「プライム」プログラムを17カ国に拡大し、その会員数は全世界で1億人を突破している。ベゾスはアマゾン・ウェブ・サービス（AWS）を世界最大のクラウドコンピューティング企業に、「プライム・ビデオ」サービスをネットフリックスのすぐ後を追うストリーミング・メディアの大手へと成長させ、さらにエコー（アレクサを内蔵したスマートスピーカーで、登場後数年で5000万台近く売り上げた）を成功させた。

2010年代を通じて、この高い収益性を誇る企業は、年平均25%の成長率を記録している。これはアマゾンほどの規模を持つ大企業にとって、驚異的な業績だ（2018年時点の年間売上高は2330億ドル）。

さらにベゾスは、実店舗での小売り、広告、消費者金融、配送、ヘルスケアなどの分野で、AIのフライホイールを駆使してメジャープレーヤーになることを目指している。

## 「〇〇業界のアマゾン」を目指す企業群

私はこの新しい企業モデルを、「ベゾノミクス」と呼んでいる。それはビジネスに対する私たちの考え方を破壊し、今後数十年の間に広く普及して、社会に大きな影響を与えるだろう。

**ビジネスの世界は急速に二分されつつある――現状維持を追求する企業と、自社内でAIスキルを構築し、顧客が何をしているか・何を求めているかに関する詳細な情報を大量に集めることで、自らの「ベゾノミクス」を打ち立てようとする企業である。**

後者の陣営に含まれるのは、アルファベット、アリババ、アップル、フェイスブック、JDドットコム（京東商城）、そしてテンセントといった企業だ。

ゴールドマンサックスのような伝統的な企業の姿も見られる。ゴールドマンのリテール部門「マーカス」のトップを務めるハリット・タルワーは、2019年のカンファレンスにおいて、銀行業務のアマゾン化について「私たちの目的は、金融サービスの流通と消費に破壊をもたらすことです――アマゾンが小売業界に対して行ってきたこと、そして現在も続けていることと、ほとんど同じです」と語った。もちろん、アマゾン自体が、既に銀行業界の破壊に乗り出している。

タルワーの言葉をまねしたかのように、ウーバーのCEOであるダラ・コスロシャヒも、彼らのライドシェア・プラットフォームが、交通業界のアマゾンになることを望んでいると語った――ビッグデータを活用し、食品の配送から、スクーターの共有サービス、支払いシステムに至るまで、交通のあらゆる側面を支配しようというのだ。「私たちにとって車は、アマゾンにとっての本と同じです。アマゾンが本の裏側に途方もないインフラを構築し、ほかの分野に進出したように、ウーバーも同じことを達成します」。２０１９年末のウーバーの時価総額は５２０億ドル〔約５兆５０００億円〕で、これはコスロシャヒのベゾノミクス追求が奏功していることを示唆している――今のところは。

売上高で世界最大の企業であるウォルマートは、ＡＩとビッグデータに多額の投資をすることで、この陣営に加わろうと懸命に努力している。同社は、昔ながらの小売業者が21世紀型のテクノロジー・プラットフォームに変身できることを証明しようとしており、戦いに備えて数十億ドルを投資している。

一方で、アマゾンの脅威に対抗して、ニッチを守り、高度にキュレートされた体験と、アマゾンのマシンにはない人間味を顧客に提供する企業もある。ベストバイ、ウィリアムズ・ソノマ、英国のファッションＥコマースサイトＡＳＯＳ、カルティエを所有するスイスの高級小売業者リシュモン、ドイツのＥコマース大手であるオットーが所有するクレート＆バレルなどがこの範疇に入る。スティッチ・フィックス、ワービー・パーカー、ルルズなどの、小規模ながら活気のある企業も同様だ。

アマゾンの攻撃を受けずに残っている企業は、幸運にもこのＡＩの巨人が進出していない分野（重工業、法律、飲食、不動産）にいるか、アマゾンのローラーに押しつぶされるまでの時間を無駄にしているか、のどちらかである。

## ベゾノミクスはアマゾン1社の枠を越えて、世界に普及する

　ベゾノミクスが私たちの働き方や、生活に与える影響も大きい。アマゾンは創業から2019年までで65万人以上の雇用を創出してきたが、ロボット工学にも長けており、今や自動化の波を解き放とうとしている。それをほかの企業までがまねをしたら、労働市場が混乱し、政府はベーシックインカム（UBI：最低限の所得保障）を真剣に検討する必要に迫られるだろう。

　それと同時に、より多くの企業が独自のベゾノミクス・ビジネスモデルを追求するにつれて、生活はさらにデジタル化され、私たちは友達や近所の人と交流できるモールや小さな商店を訪れる代わりに、スクリーンの光の中で孤独に座り、購入ボタンをクリックするだけで買い物を済ませる世界へと導かれるだろう。

　本書の執筆中、多くの友人や同僚から、アマゾンは善なのか、悪なのかと聞かれた。これは妥当な問いだが、複雑な問いでもある。そして、複雑な問いに単純な答えは存在しない。

　**私の願いは、本書の読者がこの複雑さを知り、アマゾンがビジネスを支援したり、攻撃したりしている方法を理解して、ベゾノミクスの時代を生き抜く術を身につけ、**

**さらに必要があれば、そのような巨大テクノロジー・プラットフォームの力に対抗してくれるようになることだ。**

アマゾンをどう捉えるかは、その人の立場によって大きく異なる。世界中のプライムサービス会員にとって、アマゾンが悪であると主張するのは難しいだろう。公表はされていないものの、ある情報源によれば、アマゾンでは6億種類近くもの商品が扱われている。同社は、これらの商品を低価格で提供し、数百万個を2日以内に無料で配送することができる。ミスはほとんど起きず、素晴らしい顧客サービスを提供している。

映画や音楽が好きな人々のために、アマゾンは2000万曲を無料でストリーミング配信しており、『マンチェスター・バイ・ザ・シー』などの賞を獲得した映画や、『トランスペアレント』や『高い城の男』などの人気テレビシリーズを制作している。米国では、アマゾンは常に、最も信頼され、愛されているブランドとして評価されている。世界的に見ても、2019年の調査では、フォーチュン・グローバル500社において、ブランドの評価で第1位を獲得した。

## 恩恵と災厄を同時にもたらす存在

一方で、アマゾンは政治家たちから、個人商店をつぶしたとして非難されているが、それには一理ある。高級品や優れたサービス、低価格、迅速な配送を提供しない小規模な小売業者は、アマゾンに押しつぶされており、今後もそうあり続けるだろう。それと同時に、同社はスタートアップ企業を育む場ともなっている。

2019年の時点で、世界130カ国の何百万社という独立企業（米国だけで100万社）が、同社のマーケットプレイス上の全商品の58％を販売した。アマゾンによると、同社のサイト上で販売を行っている全世界の小規模企業の雇用者数は、2018年の時点で160万人増加したという。

アマゾンはほかの方法でも中小企業を支援している。同社のクラウドコンピューティング・サービスであるAWSは、大企業のコンピュータシステムのパワーを、手頃な価格で起業家にもたらした。また、同社のAI音声ソフトウエア「アレクサ」は、アプリ開発者やスマートアプライアンス・メーカーに大きなチャンスをもたらした。

しかし、これらはすべて、代償を伴うものだ。**アマゾンは世界規模の巨大な倉庫ネットワークで何十万人もの従業員を働かせており、そこでの仕事は困難で、屈辱的で、労働組合もない。このような状況は、既に最悪と言うしかないが、従業員たちは仕事をより速く、より低コストでこなせるロボットに、取って代わられるのではないかと心配しなければならない。そしてその日は、多くの人々が考えているよりも早くやってくる。**

アマゾンの企業文化は、テンポが速く、攻撃的で、ホワイトカラーとブルーカラーどちらの労働者に対しても寛容ではない。環境面について言えば、同社が行っている数十億件もの配送と、大量のエネルギーを消費するデータセンターは、温室効果ガスの排出という観点からはマイナスだ。

また、オンライン小売業において独占的な立場にあることで、その分割を求める政治家たちは後を絶たない。そのうえ、2017年および18年には、ウォールストリート・ジャーナル誌が、アマゾンは米連邦所得税を合法的にほとんど払っていないか、まったく払っていないと報じた。18年だけで100億ドル〔約1兆円〕の年間利益を上げていることを考えると、この事実は受け入れ難いものでもある。

その多くの理由の一つは、アマゾンが現在の利益から過去の損失を差し引くことができるためだ。それにより、税務署を遠ざけておくことができるのである。これはドナルド・トランプと、彼の金を湯水のごとく使うビジネスが、税金をほとんど、あるいはまったく払わずに済ませた手法と同じだ。

## この巨大企業に対抗するために何ができるのか

これらは確かに深刻な問題だが、資本主義の本質そのものから生じる問題でもある。新しいテクノロジー・プラットフォームの中で、最大かつ最も成功したものの一つであるアマゾンは、その行動に関して厳しい調査を受けており、場合によっては非難を浴びてもいる。地元コミュニティの懸念に対処できなかったことで、ニューヨーク市に第二の本社を置くのに失敗したことは、その好例だ。

アマゾンが何十億という小包を配送し、自社のデータセンターを運用することで排出される温室効果ガスの量は、地球を救うことにはならない。しかし、その解決策となるのは、一つの企業を公に攻撃することではなく、彼らとその同類が生み出している（そしてこれから生み出す）問題を見定め、税法を改正し、賢明な炭素排出規制を実施し、自動化によって職を失った労働者を政府が支援し、再訓練するための適切な措置を講じることだ。

その一方で、最善の行動は、アマゾンをよく観察して、彼らがどのように未来を形づくるかを理解することだ。重要なのは、私たちが好むと好まざるとにかかわらず、ベゾノミクスは世界経済において、ますます大きなシェアを占め続けるということである。**私のささやかな望みは、資本主義を改革しようとしている人たちがアマゾンについて知ることで、21世紀にビジネスがどこへ向かっているのか、ベゾノミクスがどのように重要な転換点をもたらすのか、そしてそれがどのように社会を揺るがすのかを、より良く理解するようになることだ。**

また本書は、ビジネスリーダーに向けて、ベゾスがどのように彼のAIフライホイールを構築したか、なぜこれほどうまく機能するのか、そしてこの巨大企業に対抗するために何ができるのかを、より深く探求する。それ以外の方々には、ジェフ・ベゾスの世界を知ることが、笑顔がついた茶色の箱が玄関先に届くたびに、私たちの人生に本当は何が起きているのかを理解するのに役立つよう願っている。

そのための最初の一歩は、アマゾンがいかに巨大で強力な存在へと成長したのか、そして、そのサービスが私たちの生活にどう浸透し、世界経済とどのように絡み合っているのかを把握することだ。

第1章

# ベゾノミクスとは何か

それが適用されると、
ビジネスのルールが劇的に変わる

## こうして世界中の人々の日常に入り込む

朝が来た。エラは目を覚まし、アレクサに向かって、コーヒーをいれて天気をチェックし、ホールフーズに食料品を注文して、今日の夕方に自宅に届くよう、手配するように指示をする。エラは26歳で、アマゾンのない世界をほとんど知らない。大学で使用した教科書はすべてアマゾンから購入し、それを売り払ったのもこのウェブサイト上だ。彼女は18歳のときからプライム会員だが、依然として、家に帰ってアマゾンの名が記された小包が届いているのを見ると、脳内でエンドルフィンが出て、幸福感が高まるのを感じる。

朝食後、エラは地下鉄で職場へと向かう。仕事用にブルートゥースのキーボードを探すときも、最高の品揃えを誇るのはもちろんアマゾンだ。2回クリックすれば、翌日には（本当に急いでいるのなら当日に）デスクに注文した品が届くことを彼女は知っている。

彼女は、アマゾン・ウェブ・サービス（AWS）上に構築されたクラウドサービスに、会社の重要なファイルをバックアップし、アマゾン・レンディングが提供している中小企業向けローンをチェックした後で、チームメンバーを集め、彼女のスタートアップ企業の次のマイルストーン、すなわち、アマゾン上で新製品を売り出すことについて議論する。

その晩、彼女は帰宅の途中でアマゾン・ゴーの店舗に立ち寄る。この店にはレジがなく、エラがスナックを手に取ってそのまま店を出ると、センサーとカメラが自動的にそれを認識し、彼女のアマゾンのアカウントに課金が行われる。

彼女は家に戻り、アレクサに夕食のレシピを読み上げてもらう。食事の後、彼女はリラックスして、アレクサにアマゾン・プライム・ビデオを立ち上げるよう指示し、『マーベラス・ミセス・メイゼル』〔アマゾンがプライム・ビデオ用に制作したオリジナルドラマ番組〕をテレビで再生して、キンドルを読みながら眠りに落ちた。

――エラは架空の人物だが、彼女が住んでいる世界は現実だ。彼女のような人物がアマゾンのエコシステムの中に大勢いることは、誰でも知っている――米国のプライム会員は、彼らが虜になっているさまざまな特典を得るために、年間119ドル〔約1万2000円〕を支払う。アマゾンでは数百万点もの商品が、17カ国で2日以内に無料配送されている。しかし、アマゾンの買い物客全員がプライム会員というわけではない。

**世界中で推定2億人のオンライン消費者が、意識しているか否かにかかわらず、ベゾスがつくり上げた「OS（オペレーティング・システム）」にログオンしている。**ベゾスは世界市場に進出し始めたばかりだ。アマゾンは欧州、インド、アフリカ、南米、日本に触手を伸ばしている。同社が阻止されたのは、手強い競争相手であるデジタル巨大企業、アリババとテンセントを擁する中国だけだ。

## アマゾンは生活の中のOS？

一般の人々にとってアマゾンは、いろいろなものを、小さな茶色の箱で配達してくれる企業だ。ロサンゼルス、ロンドン、ムンバイといった都市で午後に大通りを歩いていると、アマゾンのスマイルが印刷された段ボール箱がロビーに積み上げられていたり、戸口の階段に置かれていたりするのを目にする。

しかし、**アマゾンの元幹部で、10年間同社の要職に就いていた人物によると、アマゾンが実際に取り組んでいるのは、アップルのiOSやグーグルのアンドロイドよりも普及した、新しいOSをつくることだという。**彼はこう述べている。

「私たちがアマゾンでしていたのは、（人々の）生活の中に、しっかりと組み込まれた存在になることでした。まずはそれをアマゾン・ドットコムで行い、次にはアレクサを搭載したアマゾン・エコーをつくり上げ、ユーザーはそれを使って天気予報を聞いたり、音楽を再生させたり、家の照明や冷房を調節させたり、アマゾン・ドットコム上で買い物させたりするようになっています。生活の非常に広い範囲に、アマゾンのサービスが組み込まれるようになっているのです。アマゾンはユーザーの生活のためのOSになりつつある、というわけです」

どれだけアマゾンの人気が高く、中毒性が強く、すべてを網羅するようになったかを把握することは難しい。**2017年のホリデーシーズンには、オンラインで買い物をする米国人の4分の3が、その購入の大部分をアマゾンで行うつもりだと答えている。次点はウォルマートのサイト（Walmart.com）で、8％がここで買い物をすると答えている。**

米国の郵便局は、アマゾンの小包を配送するために、余計に配送車を走らせている。ある地域では、そのあまりのボリュームに対応するために、郵便局員が朝4時に配送を始めるようになった。ニューヨークのファイアー・アイランドでは、毎朝のフェリーがアマゾンの小包を降ろすのに時間がかかっていたために、フェリーの乗客の中には、ニューヨーク市への通勤電車に乗り遅れないように、もっと早い船に乗らなければならなくなった人もいる。

## ブランド力でアップルとグーグルを抜き去る

私たちがさまざまな組織に対する信頼を低下させている時代に、アマゾンは大きな尊敬を得ている。

２０１８年、ジョージタウン大学のベイカーセンターは、米国人がどの組織を最も信頼しているかを調査した。

すると、民主党支持者の間で、アマゾンが最も信頼されている組織であるという結果が出た。これは驚くべきことだろう。左派は、アマゾンが倉庫で労働者を厳しい条件で働かせていること、各州で税金逃れをしていること、さらに2017年と18年には連邦所得税をほとんど、あるいはまったく支払っていないことを、激しく非難しているからだ。

共和党支持者が最も信頼していたのは、軍隊と地元警察だったが（まったく驚きではない）、アマゾンはそれらに次ぐ3番目にランクインした。

また、**民主党支持であれ、共和党支持であれ、調査対象者はFBI、大学、議会、報道機関、裁判所、宗教団体よりも、アマゾンを信頼していた。米国の世帯のうち、教会に通っているのは51%なのに対して、アマゾン・プライムに加入しているのは52%というのも納得できるだろう。**

アマゾンに対する畏敬の念は、ミレニアル世代（1981〜95年生まれ）とZ世代（96〜2012年生まれ）において特に強い。マックス・ボルヘス・エージェンシーが、過去1年間にアマゾンで買い物をした18歳から34歳までの人々を対象にアンケート調査を行った。

驚くことに、44%もの人々が、1年間アマゾンをやめるよりも、セックスをやめるほうがよいと答え、77%の人々が、アマゾンよりもアルコールを1年やめるほうを選ぶと答えた。この結果は、ミレニアル世代やZ世代のライフスタイルや性欲についてだけでなく、アマゾンの魅力をも明らかにしたものと言えるだろう。

こうした消費者間での評判の高さは、金銭的な価値ももたらす。広告大手WPP傘下のカンターが2019年半ばに発表した、世界で最も価値のあるブランドのランキングにおいて、アマゾンが初めてトップに立った。

**カンターの推定によれば、同社のブランド価値は3150億ドル〔約33兆円〕で、前年から1080億ドル〔約11兆4000億円〕上昇している。アマゾンはアップルとグーグルを抜いて首位に立った。さらにアリババやテンセントと比べても、2倍以上のポイント差で上回っている。**

## アマゾンを軽蔑していても、頼らざるをえない

**アマゾンは中毒性が強く、今や米国人の収入の多くが同社に費やされている。アマゾンは米国における全世帯の支出の2・1%、年間収入が6万3000ドル〔約660万円〕の米国家庭の場合で言えば、約1320ドル〔約14万円〕を吸い上げているのだ。**

消費者がアマゾンで買い物をする主な理由は、おむつや電池などのありふれた商品を購入するために、わざわざ車を運転したり、公共交通機関を利用したりする時間や手間、そして費用を節約できることだ。

例えば、マンハッタンのアッパー・ウエストサイドに住む元編集者のシャーロッ

ト・メイヤーソンは、古い固定電話のバッテリーが必要になったとき、バスを乗り継いで最寄りの家電量販店、ベスト・バイを訪れた。彼女に応対した親切な店員は、「ベスト・バイではそのバッテリーは扱っておりませんが、喜んでお手伝いします」と述べた。そしてコンピュータに向かうと、彼女のために新しいバッテリーを注文したのである――アマゾンで。

アマゾンを軽蔑する一部の買い物客でさえ、アマゾンなしでは生きていけない。ノナ・ウィリス・アロノヴィッツはニューヨークタイムズ紙の論説において、アマゾンが倉庫従業員をどのように扱っているかを解説したレポートを読んだことから、基本的にはアマゾンのことを嫌っていると述べた。

しかし、労働運動家だった85歳の父親が脳梗塞のために衰弱してしまったとき、アロノヴィッツは家にいる父親が必要とするものをすべてそろえるために、アマゾンを利用するようになった（セラピーに使用するボールから、プロテインパウダー用の安価な容器に至るまで）。

**アロノヴィッツは、アマゾンを利用することを「悪魔との契約」と捉えながらも、父親について次のように書いている。「彼は一人で買い物できないし、彼のヘルパーは専門の薬局や医療用品店に行ってくれない。そのため、アマゾン・プライムが彼の生命線になっている」**

このテーマについては誰も確固たる統計を取っていないものの、一部の買い物客がアマゾンに対して精神的依存の状態にある、という事例は山のようにある。あるとき、メイン州のサコに住む40歳の男性が、あまりにも多くのスマートフォンを返品したことで、アカウントを停止されるという事件があった（アマゾンのアルゴリズムは、価値のある人とそうでない人を、密かに判別しているのだ）。

この男性は、数カ月かけて自分のアカウントを元の状態に戻そうとした。アマゾンのカスタマーサービス担当者に何度も懇願した後で、彼のアカウントはついに復元された。彼はウォールストリート・ジャーナル誌に対し、次のように語っている。「私はめまいがして、混乱していました。ある会社が自分の日常にどれだけ深く絡んでいるか、それが遮断されるまで気づかなかったのです」

## 買い物依存に陥る人々

科学者たちはしばらく前から、フェイスブックやツイッター、インスタグラムといったソーシャルメディア・プラットフォームを利用すると、中毒になる可能性があることを把握している。

携帯電話が「いいね！」やコメント投稿の通知で鳴るたびに、脳はドーパミン（快感を引き起こす神経伝達物質だ）を放出する。ユーザーはその小さな高揚感に慣れ、誰かが自分の最新の投稿にコメントしていないかどうかを確認するために、衝動的にサイトをチェックするようになる。

フェイスブックの初代社長を務め、2005年に同社を退職したショーン・パーカーは、フェイスブックがユーザーを引き付けるために「人間の心理の脆弱性を利用したんだ。誰かが君の投稿や写真を気に入ったり、コメントしたりするたびに……君たちがちょっとだけドーパミンを出すようにしたのさ」と解説している。

大人も子供もインターネット中毒になりやすいが、特に顕著なのは子供であり、社会性や文章を読むスキルを身につけるべき時期に、画面に釘付けになってしまう。シリコンバレーの大物の中には、自分の子供に携帯電話を使わせなかったり、少なくともデバイスへのアクセスを厳しく制限したりする人も出てきている。

雑誌ワイアードの元編集者で、現在はロボットとドローンの会社で最高経営責任者を務める（つまり反テクノロジー主義者ではない）クリス・アンダーソンは、ニューヨークタイムズ紙のインタビューにおいて、子供がスクリーンを見ることについて次のように述べている。

「キャンディと麻薬、どちらが近いかと言われれば、それは麻薬のほうに近いでしょう。こうした製品を開発している技術者や、テクノロジー革命を報じているライターたちは、考えが甘いと言わざるを得ません。それを制御できると思っていましたが、私たちの力を超えているのです。それは未熟な脳の快楽中枢を、直接刺激します」

フェイスブックやインスタグラム、ツイッターなどのソーシャルメディア・サイトは、社会的・心理的な問題を引き起こす可能性があるが、同様にアマゾンも、深刻な問題である買い物依存症を悪化させる原因となっている。その魅力は非常に強力で、なかには強迫的なフィードバック・ループに飲み込まれ、金銭的に悲惨な結末を迎えてしまう人もいる。

ワンクリック購入ボタンは、フェイスブックやインスタグラムなどで「いいね！」の評価を得るのと似た反応を引き起こす。しかも、**「いいね！」と比べ、ワンクリック購入ボタンを使う人は、1〜2日後に望みの品が届くという確実な報酬があることを前もって理解している。ワンクリック購入するたびに、記念日や誕生日のプレゼントをもらえると期待することと等しい反応になる。**

**つまり彼らは、ワンクリックをしたときと配達のベルが鳴ったときの計2回、ドーパミンを得られるわけだ。**

## アマゾン破産

アマゾンの強迫的フィードバック・ループの金銭的被害者になった人の話をしよう。エイプリル・ベンソンはニューヨーク市に住む心理学者で、買い物依存症の研究を専門としている。彼女は研究の過程で、オンラインショッピング中毒の深刻な症例をいくつも発見した。

その一つがロングアイランドのコンスタンスという中年女性の例で、彼女は15万ドル〔約1600万円〕もの借金を積み上げ、ついには破産を申請した。コンスタンスはベンソンにこう語っている。「麻薬常用者がどんな感じなのかわかりませんが、いずれにしてもショッピングは私の麻薬です……私は借金を返すために、週7日働いています。このままじゃいけないのに」

買い物依存症は目新しいものではないが、インターネットを通じたオンラインショッピングの利便性の高さによって、人々はそれに陥りやすくなっている。

**ミレニアル世代とZ世代の買い物客を対象にした、マックス・ボルヘス・エージェンシーの世論調査によると、トイレに行っている間（47％）、仕事中（57％）、渋滞中（23％）、酔っ払っているとき（19％）に、オンラインショッピングをしたことがあるという結果が出ている**（酔っぱらって買い物をする人のほうが多いはずだと思うかもしれないが）。

米北東部のある高校の教師は、酔っ払ってベッドに座っていたときにアマゾンで買い物をし、翌朝には何を注文したのか覚えていないことがあると述べている。

ワンクリックやアレクサの音声コマンドで買い物ができてしまうという中毒性の高さは、必要以上にがらくたを買い込んでしまう客もいるかもしれないことを意味している。私自身、あるときアマゾンで、ステンレス製のコーヒー・キャニスターを注文していることに気づいた。この容器には、内部を新鮮に保つための二酸化炭素の排出口まで付いていた。

二酸化炭素がコーヒー豆に良くないだなんて、知っている人も少なければ、気にする人も少ないだろう。しかし、とにかく私はそれを買ってしまったのだ。

売っていることを知れば知るほど、ますます買い物が増えてしまう。さらにオンラインショッピングは、仕事を先延ばしにする最適な方法だ。スプレッドシートを作ったり、文章を書いたりするのにうんざりしてる？　するとどういうわけか、脳が、次の週末にビーチにお出かけすることを思い出し、あなたは絶対に、新しいビーチサンダルを買わなきゃとアマゾンに向かうのだ。

## 世界最大のスーパー、ウォルマートの8倍の品揃え

買い物客がアマゾンに夢中になる理由の一つは、欲しいものがほぼ何でも見つかるという点だ。実際、**2018年の時点で、アマゾンと同サイト上で営業している何百万ものサードパーティーの小売業者は、全世界で推定6億点もの商品を販売している。これは、物理的な店舗としては世界最大の小売業者であるウォルマートが、提供する商品数の8倍以上だ**（同社はスーパーで12万点、オンラインで約7000万点の商品を提供している）。

マリアナ海溝のように深いアマゾンのウェブサイトへダイブすると、興味深いものをいくつも発見できる。トイレの便座内を16色で照らすライト（9ドル63セント）、節

約志向で悲観的な新郎に向けた、男性用の黒いシリコン製結婚指輪（4つセットで12ドル99セント）、オネスト・アーミッシュの髭用コンディショナー（11ドル43セント）、生きた雌雄のマダガスカルゴキブリ（13ドル50セント）といった具合だ。

残念ながらもう手に入らないのだが、私のお気に入りは、胸をあらわにしたニコラス・ケイジの写真が印刷された枕カバー（5ドル89セント）だ。この商品は、239件のレビューと4つ星評価を獲得していた。カーラという名前のユーザーが、満足そうにこんなコメントをしている。「ニコラスと一緒に寝ていると、とても守られているように感じます」

これだけではない。3・5トンの旋盤が3万5279ドル（約370万円）で販売されており、これはフォードの「エクスペディション」よりも重く、無料で配達してくれるが、受け取るには自宅にいなければならない。ほかにも無料配送してくれるものがある。重さ674ポンド（約305キロ）のGM製エンジン（組立不要）、300ポンド（約136キロ）のバーベルセット、0・25トンの銃器保管用ロッカーなどである。あるユーザーは、無料配送にはこの重いロッカーを階段の上まで運ぶことは含まれない、とレビュー欄で警告している。

## 有利な立場を利用して成長するアマゾン

アマゾンは、どのカテゴリーの商品が売れているかに関する膨大なデータにアクセスできるため、自社製品を販売するうえできわめて有利な立場にあり、そしてそれを実行に移している。

ブルーのカシミアのセーターや、スマート電子レンジのようなカテゴリーの人気があると判断したら、彼らは自社ブランドでの生産に協力してくれるメーカーを探す。典型的な例が「Ａｍａｚｏｎベーシック」の乾電池で、これはエバレディやデュラセルといったブランドの製品と直接競合し、それらプレミアム・ブランドの価格を下回ることも多い。

２０１６年には、Ａｍａｚｏｎベーシックの女性向けブランド「Ｌａｒｋ＆Ｒｏ」、子供服ブランド「Ｓｃｏｕｔ＋Ｒｏ」など、約20のプライベート・ブランドを展開した。さらに２０１８年までに、20世紀中盤のデザインを採用した家具の「Ｒｉｖｅｔ」や、食品・飲料の「Ｈａｐｐｙ Ｂｅｌｌｙ」など、プライベート・ブランドの数は１４０以上に成長している。

**プライベート・ブランドはアマゾンにとって、大きなビジネスになる可能性を秘めている。サントラスト・ロビンソン・ハンフリーのアナリストによると、アマゾンのプライベート・ブランドの売上高は、２０１８年に75億ドル〔約７９００億円〕に達し**

**た。さらに、その額は2022年までに、250億ドル〔約2兆6500億円〕に達すると予想されている。**

調査では、買い物客のほとんどがアマゾンを愛している、という結果が出ている。しかし最近、アマゾンの検索結果に、スポンサー付きの商品やアマゾンの「おすすめ」が表示されすぎだと、ユーザーが感じる事例が増えてきている。その傾向は特に、私がインタビューしたミレニアル世代の間で顕著だ。

あまりに雑然としているとうんざりする、と彼らは言う。さらに提供される商品の量が多いと、圧倒される感じするというのだ。オンラインショッピングという広大な荒野で、混乱せずにいるのは難しい。

「ランニングシューズ」で検索すると、7万件を超える結果が表示される。どれにしよう？　決められない。偽のレビューだけでなく、レビュー投稿と引き換えにタダで商品を手に入れるユーザーが登場している今、どの商品が優れているのか知るのには苦労するだろう。

皮肉なことに、選択肢が少ない買い物客のほうがより良い選択をし、購入する可能性も高くなる、という研究結果が出ている。コロンビア大学ビジネススクールの教授で、『選択の科学』〔文藝春秋〕の著者であるシーナ・アイエンガーは、1995年に、「ジャムテスト」と彼女が名付けた実験を行った。

彼女はカリフォルニアの市場に、ウィルキン&サンズのジャムのサンプルを並べたテーブルを設置した。そして数時間ごとに、24種類のジャムを並べる場合と、6種類のジャムを並べる場合を、入れ替えて反応を調べた。すると、6種類の場合は、試食した人の約3分の1がジャムを購入したのに対し、24種類の瓶の中から選ばなければならなかった人は、わずか3％しか購入しなかったのである。選択の幅が広すぎると、体力を消耗するというわけだ。

## アマゾンが物流業界の2大企業の株価を押し下げている？

アマゾンの顧客は、このサイト上でありとあらゆる商品（ニコラス・ケイジの枕カバーを含む）を注文できることを好むが、それと同じくらい、商品を迅速かつ正確に玄関先まで配達してくれることも、彼らが繰り返しサイトに戻ってくる理由だ。

先日、ゴミ箱の横に置いたアマゾンの箱の山があまりにも大きかったので、ゴミ収集会社から粗大ゴミの回収料金として120ドルを請求されるということがあった。幸いなことに、段ボール箱の素材のほとんどは、米国の内外で新しい箱や他の紙製品にリサイクルされている。しかし、スマイルマークの付いたアマゾンの箱を製造し、配送する際に排出される温室効果ガスの量が、深刻な問題になっている。

アマゾンの創業以来、ベゾスは同社が販売する商品の配送にかかる時間を短縮することに努めてきた。アマゾン・プライムが２００５年に導入されたときには、会員は特定の商品について、２日以内に配送するサービスを無料で受けることができた。その後、プライムの対象となる商品の数は増え続けている。２０１９年初頭、アマゾンはプライムの2日以内無料配送プログラムを、翌日無料配送プログラムに変える取り組みを進めていると発表した。

さらに早く注文した品を手にしたいというユーザーのために、アマゾンはプライム・ナウを開始しており、会員は35ドル以上の注文で、対象となる３００万点以上の商品を当日中に、無料配達してもらうことができる。米国以外でも、オーストラリア、英国、ドイツ、日本で当日配送が実施されている（ちなみに、プライム・ナウで一番人気の商品はバナナなのだが、誰が想像できただろうか？）。２０１８年、アマゾンは20億個の商品を1日以内に配送しており、配送にかかる時間はどんどん短くなっている。

ワシントン州カークランドの顧客には「ニンテンドークラシックミニ ファミリーコンピュータ」が、ノースカロライナ州シャーロットの顧客には、ハイシェラのバックパック「ループ」が、それぞれ9分で届けられた。

またアマゾンは、自社の倉庫から顧客の家までという「ラストマイル」の荷物の移動について、郵便局や配送会社（ＵＰＳなど）に依存することにも満足していない。

**２０１８年、アマゾンはメルセデスのバンを2万台購入し、起業家がアマゾンの助けを借りて、ローカルな配送会社を設立できるようにするプログラムを開始すると発**

**表した。**

**またアマゾンは、ウーバーやリフトのドライバーが荷物を配達できるようにする、「アマゾンフレックス」というプログラムも提供している。**

ドローンによる配達も実験中だ。その最初のテスト飛行は2016年に英国で行われ、ケンブリッジ近郊の顧客向けにアマゾン・ファイアーTVとポップコーン1袋が配送された。顧客が購入ボタンをクリックしてからドローンが自宅に着陸するまでの時間は、わずか13分だった。

郵便局やUPSの規模がいくら大きくても、急増する配送の波には追い付かない。アマゾンはコンテナ船、大型輸送機、トレーラートラックの一群を集めて、世界で最も強力な海運会社の一つになろうとしている。「ドラゴンボート」と名付けられた取り組みでは、中国の工場から商品を輸入するために、自社のコンテナ船団をリースしている。

また、2021年までに70機の貨物ジェット機を配備する、「アマゾン・エア」と呼ばれる空輸サービスを構築しようとしている。2018年代後半には、フォートワース・アライアンス空港にハブ型の配送センターを建設すると発表している。これは口先だけの脅しではない。同社が海運事業を強化するなか、**モルガン・スタンレーは、アマゾンがフェデックスとUPSという2大企業の成長に影響を及ぼす可能性が高いとして、両社の株価の見通しを引き下げた。**

## ショッピングモールがアマゾンの倉庫に変わり始めた

迅速な配送を実現するカギの一つは、顧客がいる場所の近くに倉庫を建設することだ――それが英国のハートフォードシャーであろうと、ブラジルのサンパウロであろうと、日本の大阪であろうと、インドのニューデリーであろうと、中国の天津であろうと。2019年の時点で、アマゾンは世界中で175の倉庫を運営している。

その数は増え続けており、つぶれたショッピングモールを買い取ってフルフィルメントセンター〔配送センター〕にすることすらある。2019年初頭には、クリーブランド地域にある2つのモールを買い取っている。それらのモールは市内中心部に近く、既に電気、水道、駐車場があり、さらにバス停に隣接していたため、車を買う余裕のない倉庫作業員にも便利だった。

**アマゾンの流通ネットワークの規模を把握するのは難しい。アマゾンは2017年に、その巨大な複合倉庫から、推定33億個の荷物を出荷した。これは、世界人口のほぼ半分に小包を送るのに相当する。18年には、その数は44億個に達したと予想されており、これは1日当たり1200万個の荷物が配送された計算になる。**

今日の買い物客は、迅速な配送だけでなく、オンラインで購入するか実店舗で商品を見るかの選択肢も求めている。2017年に137億ドル〔約1兆4400万円〕でホールフーズを買収したアマゾンは、従来の実店舗型小売業に破壊的な変化をもたらす可能性のある、ハイブリッド型小売業のリーダーになりうる位置にいる。ホールフーズの500以上の店舗によって、アマゾンの顧客は、食料品をオンラインで注文して自宅に配達してもらうか、仕事帰りに車で店舗に立ち寄ってトランクに入れてもらうかを、選ぶことが可能になっている。

ホールフーズ買収の1年後、アマゾンはウォルマートやクローガーといった企業とより直接的に競合する、低価格の食料品全国チェーンを展開するのではないかと報じられた。ある専門家は、シアーズの撤退した空き店舗をアマゾンが食料品店に転換することを提案した。

また、アマゾンは、より小規模な店舗の運営にも取り組んでいる。2019年時点で、「アマゾン・ゴー」「アマゾン・4スター」「アマゾン・ブックス」など、42店の物理的な店舗を自社で運営している。これまでアマゾンがオープンした「ゴー」は15店舗で、買い物客はレジに並ばずにサンドイッチやサラダ、飲み物などを購入できる。天井にあるカメラが購入された品をスキャンし、代金の請求は買い物客のアマゾンアカウントに対して行われる。買い物客が手に取った品物を棚に戻したかは、重さで判断される。

**アマゾン・ゴーは人気を集めており、同社は今後も展開していく計画だと発表している。ウォール街のアナリストたちは、アマゾン・ゴーは2020年の半ばまでに数十億ドル規模のビジネスになるだろうと予測している。**

## 世界最大のクラウドサービスとなったAWS

ベゾスは世界で最も巨大で強力なオンライン小売事業を構築し、今では物理的な店舗を脅かしているが、それはアマゾンの物語の一部でしかない。他の業界のビジネスをも脅かす、新しいパターンが生まれつつある。

**アマゾンが顧客を喜ばせるために何かを発明し、AIフライホイールをもう少し強く押すと、それ自体がビジネスになるような、製品やサービスを生み出すことになる場合が多い。それによってベゾスは、クラウドコンピューティングからメディア、家電製品に至るまで、次々と新しい業界に参入することが可能になったのである。そのため、ビジネスの世界では、アマゾンのAIフライホイールが自分の業界にも襲いかかってくるのではないかと、多くの人々が心配している（それは当然の懸念だろう）。**

アマゾンは20年以上にわたり、数十億ドル〔数千億円〕を費やして、直感的に操作できる信頼性の高いサイトをつくり上げてきた。その後彼らは、オンラインビジネスを構築したプログラマーたちとコンピュータの専門知識を活用して、クラウドサービスのAWSを開発した。

クラウドコンピューティングは、企業や個人がローカルサーバーやパソコンを使う代わりに、インターネットを介して無数のサーバー上でデータを保存、管理、処理することを可能にするもので、テクノロジー業界の中でも急成長している分野の一つである。

アマゾンは2006年に、クラウドサービスをいちはやく市場に投入した。2018年時点で、AWSは350億ドル〔約3兆5000億円〕の収益を誇る世界最大のクラウドサービスに成長しており、アマゾンのビジネスの中で最も収益性の高い領域となっている。

## 最速の成長を目指すストリーミングサービス、プライム・ビデオとミュージック

ベゾスは2000年代の半ばに、プライム会員に無料のストリーミングビデオサービスを提供することが、顧客を引き付けて維持するのに効果的な方法であるとの結論に達した。

アマゾンは「プライム・ビデオ」サービスを立ち上げ、それ以来同サービスは、トム・クランシーのスリラー『ジャック・ライアン』、ジュリア・ロバーツ主演『ホームカミング』、エミー賞〔コメディ作品賞など複数部門で〕を受賞した『マーベラス・ミセス・メイゼル』など、数多くのオリジナル番組を生み出してきた。

2019年、アマゾンはオリジナル番組や音楽に約70億ドル〔約7400億円〕を費やし、ハリウッドの一大勢力となった。この数字は、同年にネットフリックスがオリ

ジナル番組制作に費やした推定150億ドル（ハリウッドのどのスタジオが使った額よりも大きい〔約1兆6000億円〕）には届いていないが、アマゾンが勝利を目指して活動していることを意味している。

**アマゾンは200カ国以上でストリーミングサービスを提供している。会員数はネットフリックス（1億400万人）のほうが多いが、業界関係者によれば、プライム会員のうち2700万人が定期的にビデオサービスを視聴しており、アマゾンがその差を縮め始めているという。その一因は、アマゾンが2018年にNFLと契約を結び、「サーズデー・ナイト・フットボール」の試合をストリーミング配信したことだろう。**

アマゾンのプライム会員は、無料の音楽が好きなのかもしれない。ベゾスはそう考えて2007年、音楽ストリーミングサービスである「アマゾン・ミュージック」を開設し、プライム会員には無料で提供した。

その10年後、同社は5000万曲の楽曲と、キュレーションされたプレイリストを提供する有料サービス「アマゾン・ミュージック・アンリミテッド」を立ち上げた。現在同サービスは、スポティファイ、パンドラ、アップルミュージックと競合している。

アマゾン・ミュージックのバイス・プレジデントであるスティーブ・ブームは、ニュースサイトのザ・ヴァージに対して、次のように語っている。「私たちは自社を、世界的なストリーミングサービスのトップ企業の一つだと考えています。ほかのどの企業よりも速く成長することを目指しています」

## アマゾンを家電メーカーに変身させたアレクサとエコーの発明

さらにベゾスは、顧客がアマゾンで発注したり、アマゾン・ミュージックを楽しんだり、アマゾン・ビデオを視聴したりするのが、もっと簡単になればいいと考えた。そしてベゾスは、2014年に音声アシスタント「アレクサ」を搭載した「アマゾン・エコー」を発表した。

エコーは、スティーブ・ジョブズがiPhoneを発表して以来となる、パーソナル・コンピューティングとコミュニケーションの世界における最大の変革をもたらした。エコーは人工知能を活用して人間の質問を理解し、インターネットに接続されたデータベースで何百万語もの単語をスキャンし、奥深いものからありふれたものまで、答えを提供してくれる。

アレクサは古代エジプトのアレキサンドリアにあった図書館にちなんで名付けられ、音楽のリクエストを受け付けたり、天気予報やスポーツニュースを提供したり、エアコンを遠隔操作したりすることができる。**2019年までに、「エコー」シリーズの製品の売上台数は、全世界で5000万台近くに達した。**

また、ほかの企業から、数千万台のアレクサ対応製品が販売されている。アマゾンは長い間、キンドルやファイアーTVといった家電製品を製造していたが、現在ではアレクサによって制御される防犯カメラや電子レンジ、電球などの製造にも乗り出している。アマゾンは大手家電メーカーになったのだ。

## アマゾンが遠隔医療に参入？

そしてこれは、ベゾノミクスが引き起こしている破壊的変化の始まりにすぎない。アマゾンがもたらす脅威は、小売り、クラウドコンピューティング、メディア、家電にとどまらない。同社は金融、ヘルスケア、広告にも進出しようとしている。ベゾスがＡＩフライホイールをこうした業界に適用すれば、多くの競合企業は灰燼《かいじん》に帰すか、大きなシェアを失うことになるだろう。ヘルスケアを例に挙げてみよう。

２０１８年、アマゾンはウォーレン・バフェットのバークシャー・ハサウェイ、ＪＰモルガン・チェースと提携し、３社で働く１２０万人の従業員のために、ヘルスケアの再発明に取り組む非営利団体を結成した。この新しい取り組みの責任者はボストンの著名な外科医で、ニューヨーカー誌に寄稿する作家でもある、アトゥール・ガワンデだ。アマゾンはこの研究所を利用して、ヘルスケア分野に革新をもたらす方法を見つけようとしている。

**ヘルスケア業界が必要としているのは低価格化と顧客ケアの向上であり、それはまさにアマゾンが最も得意としていることだ。2018年、同社はオンライン薬局のピルパックを買収した。アマゾンはホールフーズの店舗に薬局を設置して、低価格品を提供するだけでなく、予測分析や顧客データを活用して患者の行動を追跡し、それに影響を与えることもできる。**

**近い将来、アマゾンのエコーとアレクサは同社に、遠隔医療における優位性を与えるかもしれない。**

また、音声で動く新しいサービス（患者が医師の診察予約をする際の支援など）のための、大規模なプラットフォームが構築されるかもしれない。10インチの画面を持つ、新しい「エコー・ショー」のビデオ機能は、バーチャル往診を現実のものにする可能性がある。

アマゾンの強力なAI機能は、医師が患者をより正確に診断するのに役立つ可能性がある。アレクサは既に応急処置の情報や、健康維持のためのヒントを提供している。処方箋の自動補充や、薬を飲む時間の通知などといったタスクを追加するのは、けっして難しい話ではないだろう。CVSヘルスやヒューマナ、ユナイテッドヘルスといった医療サービス企業は警戒すべきだ。

## ベゾノミクスが適用されると、ビジネスのルールが劇的に変わる

**ベゾスがAIフライホイールを新たな領域に適用すると、ビジネスのルールが劇的に変わることになる。ビッグデータ、AI、そして徹底的な顧客第一主義がなければ、スタートラインにすら立てなくなるだろう。**

**アマゾンと競争することになった企業は、従来どおりのやり方では太刀打ちできないと理解しなければならない。彼らはベゾノミクスの基本を受け入れるか、その影響を受けない安全な場所を見つけなければならないのだ。**

ベゾノミクスの背後にいる人物を理解せずして、その意味を完全に理解することはできない。ジェフ・ベゾスは1994年、ウォール街のヘッジファンドという儲かる仕事を辞め、オンライン書店を立ち上げた。それから20年余りで、彼は歴史上最も価値のある企業の一つを築き上げ、世界で最も裕福な男になった。

しかし、彼をここまでの高みへと駆り立てたのは、お金を稼ぎたいという願望ではなかった。

The Richest Man in the World

第2章

# ベゾノミクスを生み出した個人的な哲学

矛盾だらけに見える世界一裕福な男

## 常に矛盾をはらむ男、ジェフ・ベゾス

ジェフ・ベゾスは50万人以上の新たな雇用を創出したが、彼の会社はロボット工学やAIを実用化し、その知識を世界中のビジネスに展開することで、何百万人もの労働者の生活に脅威を与えている。

彼は1セントたりとも無駄にせずアマゾンを経営しており、古いドアを机代わりに使うことすらある。

しかし、地球上の誰よりも多くの富を得た彼は、それを贅沢に使ってきた。

彼の資産には、6600万ドル〔約70億円〕のガルフストリームG650ERプライベートジェット機、ロサンゼルス、サンフランシスコ、シアトル、ワシントンD.C.、ニューヨーク市にある不動産、そして西テキサス州にある40万エーカーの土地が含まれている。

彼が2019年中頃に購入したのは、マンハッタン島のしゃれたマディソンスクエアパーク内の5番街212番地にある、3つの4階建てアパートメント〔ペントハウスを含む〕を組み合わせたものである。このアパートメントには、1万7300平方フィートのリビングスペース、12のベッドルーム、16のバスルーム、宴会場、図書館、専用エレベーター、5730平方フィートのテラスが含まれ、公園や街の景色を楽しむことができる。価格は8000万ドル〔約85億円〕だった。

彼はオンライン上で、家庭的な人物として自分を描いている――毎朝、家の中をぶらぶらして、新聞を読み、4人の子供と朝食をとり、時折ブルーベリーのチョコチップ・パンケーキをさっと作る、といった具合だ。

しかし2019年、彼は25年間連れ添った妻のマッケンジー・ベゾスと離婚した。その後に発覚した新たな恋人は、セクシーな、元FOXニュースのアナウンサーで、現在はヘリコプターの操縦を生業としている女性であり、しかもハリウッドで最も有力なタレントエージェントの一人という人物の妻だった。ニューヨークポスト紙は、「アマゾン・スライム〔嫌な奴や場所という意味もある〕」という見出しでこの一件を揶揄した。

**彼は幼児教育とホームレス対策のために、20億ドル〔約2100億円〕を拠出すると約束した。それでも世間の人々は、彼を冷酷な資本家として見ている。彼は、ニューヨーク市に建設すると発表したアマゾンの第二本社のために減税を勝ち取り、そのせいで地元の学校や行政サービスの予算が減らされるのではないか、というわけだ（アマゾンは減税分を上回る数百億ドルの税金を納め、地域社会に雇用をもたらす可能性もあるのだが）。**

## 矛盾ではない、臨機応変なのだ

こうした矛盾は、ある面ではベゾスが本当は人間であり、偉大さと愚かさの両方を持ち合わせていることを示唆している。しかし別の面では、ベゾスが自然の力のような存在で、広大な世界をワープするかのような速さで動き回り、矛盾が避けられないほど強大な力を手にしていることを示している。

世界で最も価値のある会社の一つを創造し、地球上のほかの誰よりも多くの富を手にしている人物の人生は、それ自体が理路整然とした物語にはなりえない。

ベゾス自身、ナシーム・ニコラス・タレブが2007年の著書『ブラック・スワン』〔ダイヤモンド社〕で広めた言葉である「講釈の誤り」を信奉しており、ベゾスはこの本をアマゾンの経営陣に読ませている。

人間は複雑な状況を前にすると、それを過度に単純化した物語に変えてしまう傾向が、生物学的なレベルで組み込まれている、とタレブは言うのである。この考え方に従えば、ベゾスは自身の人生における矛盾に悩まされることはなさそうだ。

ベゾスの人生に対する「講釈の誤り」とは、「ベゾスは顧客を喜ばせることを何よりも大切にしている、ハードワークをいとわない優秀な経営者である」という理解だ。

彼はプライム会員をハッピーにさせようと、エンジニアたちを極限まで追い込み、キンドルやファイアーTV、アレクサを搭載したエコーのような、新しいイノベーションを生み出そうとする。彼はアマゾンがメディア、広告、クラウドコンピューティング、ヘルスケアなどの新しい業界へと進出し、成長を続けるために必要な時間と費用を費やすつもりだ――。

このような描写には多くの真実が含まれているものの、あらゆる講釈の誤りと同様、それが物語のすべてではない。その先に目をやると、別の、より複雑な状況が見えてくる。

**ベゾスには、凡人の起業家とは一線を画する、3つの特徴がある。臨機応変であることが最大の美徳であると信じていること。どこに導かれようと真実と向き合うこと。そして年単位ではなく、数十年、数百年単位で考える先見の明を持つこと。**これらの資質こそ、彼の人生の矛盾を説明するのに役立ち、ベゾスをベゾスたらしめているものなのだ。

## 2人の父

彼はずっと「ジェフ・ベゾス」という名前だったわけではない。このアマゾンの創業者は、1964年1月12日、「ジェフリー・プレストン・ジョーゲンセン」として、ニューメキシコ州アルバカーキで生まれた。母親のジャクリーン（旧姓ガイス）は、当時17歳で、まだ高校生だった。父親のテッドは高校を卒業したばかりで、一輪車の曲芸師として、地元のグループと共に郡のフェアやスポーツイベント、サーカスなどをまわっていた。高校時代の恋人同士だった2人は、ジェフが生まれる前に結婚した。テッドとジャクリーンは、若い新婚夫婦が直面する多くの試練に苦しんだ。テッドの一輪車の仕事は割に合わず、地元のデパートでアルバイトの仕事をしなければならなかった。お金に余裕がなく、結婚生活は苦しかった。ジャクリーンの父であるローレンス・プレストン・ガイス（ジェフのミドルネームは彼に由来している）は、困窮している2人を助けようと努力した。彼は義理の息子のためにニューメキシコ大学の学費を払ったが、テッドは中退してしまう。さらには、テッドをニューメキシコ州警察に就職させようと尽力したが、ジョーゲンセンは興味を示さなかった。ベゾスが3歳のとき、父親は家族を捨てて姿を消した。

ベゾスは二度と実の父親に会うことはなかった。ジャーナリストのブラッド・ストーンがジョーゲンセンを見つけ、著書『ジェフ・ベゾス 果てなき野望』に彼のことを書いたのは、2012年になってからだった。

ストーンがジョーゲンセンを発見したとき、彼はフェニックスの北にある「ロードランナー・バイクセンター」という小さな自転車店を経営していた。息子がアマゾンを創業し、世界で最も裕福な人々の仲間入りを果たしたことを、彼はまったく知らなかった。ストーンが最初に息子のジェフのことを話したとき、ジョーゲンセンの返事はこうだった。「彼はまだ生きているのか？」

ストーンがジョーゲンセンを見つけた後で、この元一輪車乗りの男は、ベゾスに連絡を取った。その際には「ただ会いたいだけだ」と伝え、息子の莫大な財産には興味がないことを強調した。彼は単に、息子に会い、親子であることを確かめたかったのである。しかしジョーゲンセンの努力は無駄に終わった。

ジョーゲンセンはベゾスに連絡を取った後で、デイリー・メール紙に次のように述べている。「彼が今、私の所に来るとは思いません。彼から一言もありませんし、私と連絡を取りたいという気配もありません。宣伝してもらったことで、そうなるかもしれないと期待していましたが、彼を責めることはできません。私は良い父親ではなかったと思います」。ベゾスが実父と接触したという証拠は見られない。

2015年3月16日、ジョーゲンセンは70歳で亡くなった。彼の死亡記事には「息子のジェフ」を残して亡くなったとしか書かれておらず、ベゾスという名字はどこにも見当たらなかった。

ジャクリーンはジョーゲンセンと離婚した後、別の男性と交際を始め、最終的にキューバ難民のミゲル・ベゾスと出会った。ミゲルの両親は、息子がカストロ政権とのトラブルに巻き込まれることを望まず、1962年に彼をマイアミへと送っていた。ニューメキシコで彼に出会ったジャクリーンはすぐに恋に落ち、1968年4月に結婚してヒューストンに移り住んだ。そこでミゲル（名前を米国風の「マイク」に変えていた）は、エクソンの石油エンジニアとして就職した。ジェフが4歳のとき、マイクは彼を正式に養子として迎え、ジェフはベゾスという名字を名乗るようになった。

ジェフはそれからずっと、マイク・ベゾスを実の父として考えており、自分を温かく支えてくれる父親だと感じている。

それでは、売れない一輪車乗りと10代の母親との間に生まれた息子は、いかにして世界一の金持ちになったのだろうか？

**ベゾスは、自分がビジネス史上最も影響力のある人物の一人になるまでに、いかに幸運に恵まれたかを語るのが好きだ。そして、彼の言葉は正しい。ベゾスは適切なタイミングで、適切な場所にいたのだ――インターネットが普及し始めた頃に書籍ビジネスを立ち上げ、ドットコム・バブルの崩壊を乗り越え、ストリーミング・メディアの波に乗り、ショッピングの場が実店舗からオンラインへと大きくシフトするタイミングを捉えたのである。**

後述するように、彼は死に直面したことすらあった。しかし、それが話のすべてではない。

## 元政府高官の祖父から受け継いだもの

ジェフ・ベゾスは、テクノロジーへの愛、大規模な組織を運営する才覚、そして臨機応変さを、母方の祖父であるローレンス・プレストン・〝ポップ〟・ガイスから受け継いだようだ。彼が演じた役割は、「私にとって非常に重要でした」とベゾスは言う。

ベゾスは4歳から16歳まで、毎年夏になると、テキサス州南部にある祖父の牧場

「レイジーG」で過ごしていた。ポップはジャクリーンとマイク・ベゾスに子育ての

息抜きをさせるために、ジェフ、継妹のクリスティーナ、継弟のマークを預かったのである。

ポップ・ガイスと過ごした夏は、ベゾスの人格形成に大きく影響した。祖父は忍耐強く、彼と義理の妹、弟を牧場の仕事に積極的に参加させていた、とベゾスは回想する。彼は4歳のときに初めて牧場で過ごした夏を、こう振り返っている。「彼は私が、牧場で彼の役に立っているかのように錯覚させてくれました。もちろんそれは真実ではありませんでしたが、私は信じました」

ベゾスはいつも祖父のことを、レイジーGをぶらつくのが好きな親切な老人だと表現してきたが、実際にそのとおりの人物だった。しかし、彼が話していないのは、ガイスが引退前にどんな仕事をしていたかという点だ。ガイスのキャリアは（少なくとも部分的には）、なぜベゾスが約65万人の従業員で構成される組織の運営に必要な才能、エネルギー、そして血統を手に入れられたのかを説明してくれる。

ベゾスの「自分は運がよかった」という主張を聞くときには、ポップ・ガイスがただの素朴な牧場主ではないことを、心に留めておく必要がある。彼はベゾスと、彼のキャリアに多大な影響を与えた人物だ。

ベゾスの祖父はかつて、広く尊敬を集める政府高官だった。1964年には、議会によって米原子力委員会のアルバカーキ地方局長に任命されている。同局には、サン

ディア国立研究所、ロスアラモス国立研究所、ローレンス・リバモア国立研究所が含まれているが、これらは原爆と水爆の開発を推進した研究所である。彼は約2万6000人の職員の責任者であり、当時最も洗練されていた秘密技術のいくつかを管理していた。

さらにガイスは、米国防高等研究計画局（DARPA）でも要職に就いた。同局は、1957年のソ連によるスプートニク1号の打ち上げを受けて、58年に創設された国防総省の研究開発部門である。DARPAが開発したものの中で何よりも有名なのは、核攻撃で従来の通信網が破壊されても、途切れることがないように設計された通信システムである。この技術が、現在のインターネットの形成に貢献した。

**ガイスは政府の仕事の進め方について深い経験を持ち、当時最も先進的で、最も秘密にされていたテクノロジーに精通していたのである。**

**ベゾスが夏に牧場で過ごす間、祖父は、ソ連との冷戦時代に取り組んでいたミサイル防衛システムについて、よく語ってくれたという。それは若いベゾスに、深い感銘を与えた。**

## シリコンバレーで最も政府寄りのCEO

現在、ベゾスはシリコンバレーの大物実業家の中で、最も政府寄りのCEOの一人である。アマゾンのクラウドコンピューティング事業は、国防総省とCIAから数十億ドル規模の契約を獲得している。

アマゾンが重要この上ないと考えているであろうこのビジネスは、2018年にベゾスがバージニア北部のワシントンD.C.近くに第二本社を構えた理由の一つであり、風光明媚なカロラマ地区にある古い織物博物館に2300万ドル〔約24億3000万円〕を投資して、それを2万7000平方フィートの、同市最大の個人邸宅〔近所にはオバマ一家やジャレッド・クシュナー、イヴァンカ・トランプも住んでいる〕に改装した理由でもある。

ワシントニアン誌は1200万ドル〔約12億7000万円〕かけて行われたリノベーションの設計図を入手しており、それによれば、同邸宅には25のバスルーム、11のベッドルーム、5つのリビングルーム、3つのキッチン、および巨大な宴会場が備えられている。

アマゾンと政府の緊密な関係は、論争の的となっている。同社の顔認識ソフトウエア「レコグニション」は、この種のシステムの中で最も洗練されたものの一つだ。アマゾンは米国において、この技術を連邦政府と地方自治体両方の法執行機関に販売しており、彼らはそれを、犯罪者やテロリストの疑いのある人物を追跡するために使用している。

2018年の末、450人のアマゾン社員が、この技術が市民の自由を侵害する可能性があることを懸念し、顔認識ソフトウエアを警察に売るという同社の決定に抗議する書簡をベゾスに送った。ベゾスはそれに公式には回答しなかったが、書簡が発表されたのと同じ日に行われたカンファレンスにおいて、政府に対してテクノロジーを販売することに関して、自分の優先順位がどこにあるかを明確にした。「大手テクノロジー企業が国防総省に背を向けるようになったら、米国は問題に直面することになります」

**ベゾスの軍産複合体に対する前向きな姿勢は、2018年末にグーグルが見せた姿勢とは対照的だった。グーグルは、汎用的な顔認識ソフトウエアを政府に売る際には、テクノロジーとポリシーに関する重要な問題を検討してから判断を下すと発表したのである。**

**自国を助けることとは何も悪くはないが、顔認識の分野は非常に新しく、プライバシーの問題をはらんでいる。アマゾンはグーグルの姿勢にならって、この技術をリリースする前に、適切な保護策が講じられていることを、確認しなければならなかったはずだ。**

米国自由人権協会（ACLU）は2018年、アマゾンのレコグニションを使い、連邦議会の議員の顔写真（公に入手可能なもの）を読み取らせる実験をしたところ、28人が犯罪者として認識され、さらには間違いが起きた人物の多くが有色人種だったと発表した。これに対しアマゾンは、ACLUが同ソフトを適切に使用していなかったと回答している。

## 統計は残酷

ベゾスがレイジーG牧場で過ごした夏の日々の中で、ポップ・ガイスから学んだのは愛国心だけではなかった。彼は、人間関係について非常に重要な教訓を心に刻んだという。それは彼が、今でも仕事と私生活の両面で活かそうとしているものだ。

1974年、ベゾスが10歳のときに、彼は祖父母と一緒に長いドライブ旅行をした。祖父母はエアストリーム製のトレーラーを車の後ろに引っ掛けて、ほかの300人の旅行仲間のキャラバンに参加し、西部各地をトレッキングした。

ベゾスの祖母マッティは愛煙家で、当時テレビ局は、人々に禁煙を呼びかける大規模なテレビ広告キャンペーンを展開していた――ベゾスは牧場で、午後にメロドラマ『デイズ・オブ・アワ・ライブス（愛の病院日誌）』を見ていたときに、この広告を目にしている。その一つに、「たばこを1回吸うごとに人生が2分短くなる」という統計が紹介されていた。そこで旅行中のある日、彼は祖父母の車の後部座席に座って、喫煙によりマッティが人生から失った時間を計算した。計算が終わったとき、彼は誇らしげに、祖母が何年失ったかを発表したが、予想外の反応を得た。彼女が涙を流したのだ。

祖父は車を止め、ベゾスを後部座席から連れ出した。それまでポップ・ガイスがベゾスに反対の言葉を口にしたことはなかったので、彼は何が起きようとしているのかわからなかった。

**ベゾスは次のように語っている。「彼は私に腹を立てているのではないかと思いましたが、そうではありませんでした。彼は予想もしなかったことを言いました。『賢くなるよりも、親切にすることのほうが難しいと、いつか気づくだろう』と。とても胸に響く名言です」**

後にベゾスは、時折激昂することが広く知られるようになる。したがって、ポップ・ガイスの「人に親切にすること」という忠告を常に守っているわけではないのだが、臨機応変であることの重要性に関する祖父の教えは、彼にとって印象深いものとなった。

## 並外れた集中力と思考力

牧場では、ポップ・ガイスは何でも自分でやるのが好きだった。そして、孫たちに自助努力というものを教えるために、夏が来るたびに以前より多くの責任を彼らに負わせるようになった。フェンスを作ったり、水道管をつないだり、プレハブの家を組み立てたりした。風車や納屋を修理し、ひと夏かけて、古いキャタピラー製ブルドーザーのオーバーホールまでした。

ベゾスは、祖父が獣医の仕事をするのも手伝った。ポップ・ガイスはかつて、牛の縫合針を自分で作っていたのだ。彼は針金を取り出し、トーチを使って先端をとがらせ、反対側を平らにして目を入れた。ベゾスは後に、「人里離れた牧場だったので、アマゾンで注文することができなかったんだ」と冗談を言った。

臨機応変であることの一部は、作業が終わるまで徹底的に集中し、やり遂げられることだ。ベゾスがモンテッソーリ教育〔子供の興味や発達段階を見極め、本人の自主的活動を促すように指導する教育手法〕を行う学校に通っていた頃、彼は自分のしていることに夢中になり、時間になっても、別の作業をするようにという指示を聞かなかった。そこで教師は、文字どおり彼を椅子ごと持ち上げて、次の場所に移動させなければならなかった。今もベゾスは、数分おきにメールをチェックしたりしない集中力を持っているという。

彼は「マルチタスクは直列的に行っています。もし本当に重要なことが起きたら、誰かが探しにくるでしょう」と冗談を言う。

小学6年生のとき、ベゾスは「インフィニティ・キューブ」に夢中になった。これは内側に電動の鏡が付いた装置で、のぞき込むと「無限〔インフィニティ〕」が見えるというものだった。鏡に挟まれた光が反射して、映るものが無限に続くかのような錯覚を起こすのである。価格は20ドル〔約2100円〕で、母親のジャクリーンは高すぎると思い、ベゾスに買ってやろうとしなかった。すると彼は、キューブの部品が安く買えることを知り、自分で作ったのだ。

彼の学校にいた英才児たちについて書かれた本によれば、6年生のベゾス君は、「考えることができなくちゃいけないんだ……自分の力で」と語っていたという。その本の著者は、彼を「フレンドリーだが真面目」で「礼儀正しく」、「一般的な知的能力に優れている」と表現しているが、教師は「特に指導力に優れているわけではなかった」と語った。

高校を首席で卒業したベゾスは、量子物理学者になろうと、プリンストン大学に進学した。しかし彼は同級生たちが、この分野の難解な原理を理解する才能を自分より持ち合わせていることを知り、専攻を電気工学とコンピュータ科学に変更した。そして、成績の平均が4・2（4・3はA＋）という異例の優秀さで卒業した彼は、ニューヨークへと向かい、ウォール街で働き始めた。

## 臨機応変さを重視する結婚生活と独立

ニューヨークに到着してまもなく、ベゾスは結婚しようと決意する。彼は自分が、何が最も重要な基準なのかを理解している、と確信していた。「臨機応変でないチームメイトと、人生を共にしようとは思いません」と彼は振り返る。彼の理想の女性は、自分を第三世界の監獄から脱出させるほどの力を持つ人だ、と彼は言った。

　その理想の女性、マッケンジー・タトルはプリンストン大学の同窓生で、知り合ったのは職場だった。彼女はウォール街で働いていたが、小説家志望だった。プリンストン大学時代、彼女はベストセラー作家、トニ・モリスンのアシスタントを務めていた。マッケンジーはその後、評判の高い小説を2作出版している。アマゾンの黎明期、マッケンジーは多才ぶりを発揮し、このスタートアップ企業の会計士として人材の獲得や本の梱包、UPSや郵便局への出荷まで手伝った。

　ベゾスは4人の子供（3人の息子と中国から迎えた養女がいる）を育てる際にも、臨機応変であるという哲学を適用した。彼らが4歳のときにはナイフで、8～9歳のときには電動工具で遊ばせた。マッケンジーには、「10本の指があっても臨機応変でない子よりも、指が9本の子のほうがずっと良い」という考えがあった。

　ベゾスがマッケンジーと別れて付き合いだした女性、ローレン・サンチェスも、ベゾスが感心したに違いない臨機応変さを見せている。彼女はかつて、FOXの番組「グッデイLA」や、ダンスコンテスト・シリーズの「ソー・ユー・シンク・ユー・キャン・ダンス」で司会者を務め、その後ヘリコプターのパイロットになり、自身の空撮会社を立ち上げた。まさに、ベゾスを第三世界の監獄から脱出させる際に役立つスキルの持ち主、というわけだ。

　ベゾスはニューヨークに来た頃、最終的に、謎の多いヘッジファンドであるD・

E・ショーで職を得た。同社が特に注力していたのが、超高速取引だった。これは数式がつくり上げたブラックボックスのような取引手法で、世界中の市場を把握して価格の差異を探り当てるというものだ。ある日ベゾスは、インターネットが年2300%という勢いで成長していることに気づいた。そのようなものを初めて目にした彼は、その一部にならなければならないと確信した。本を売るのが良い出発点となるだろう、と彼は結論を下した。本は腐らないし、比較的サイズが同じで、簡単に梱包して発送できるうえに、買い物客はレビューを読むことで、自分たちが何を買おうとしているのか、判断がつくからである。

1994年にアマゾンの立ち上げを決意したとき、彼は30歳で、D・E・ショーの中で最年少のシニア・バイスプレジデントの一人という輝かしい立場にあり、住まいはニューヨークのアッパー・ウエストサイド、そしてマッケンジーと結婚して1年だった。

**ベゾスは悩みに悩んだ――仕事は楽しいし、将来は明るいし、このまま仕事を続ければかなりの金を稼げるだろう。しかし彼は上司の元に向かい、インターネット書店を始めたいと伝えた。そのアイデアは良いかもしれないが、すでに素晴らしいキャリアを歩んでいるベゾスにとっては違うだろう、と上司は答えた。**

ベゾスは数日間、どうすべきかを考えていた。そして普段はデータを重視するコンピュータの天才は、決断を下すために、柄にもなく自分の心に目を向けた。彼は80歳になった自分が、それまでの人生を振り返るところを想像し、そして気づいた。「私は80歳になって、後悔を繰り返してきたと感じるような思いはしたくありません。誰かを殺してしまっても激しく後悔するでしょうが、人生における最大の後悔とは、何かをしなかったと悔いることです。私たちを悩ませるのは、進まなかった道なのです」。そのとき彼は、たとえ失敗したとしても、大きな挑戦をしたことを悔いることはないだろうと悟った。

## ベゾスがアマゾンで発明したもの

ベゾスとマッケンジーは、荷物をまとめてシアトルへと向かった。シアトルを選んだ理由は、テクノロジーの中心地としての評判が高かったからである（マイクロソフトの本社があるのもここだ）。さらに重要だったのは、人口が少ないという点である。カリフォルニアやニューヨークなど、人口の多いこれらの州では、購入した書籍に多額の税金を払わなければならない。当時の法律では、アマゾンが徴収する必要のある税金は、ワシントン州で購入された書籍に対して課せられるぶんだけだった。ベゾスは両親から10万ドル（約1000万円）の出資を受け、よく知られているように、自宅のガレージでアマゾンを立ち上げた。

**ベゾスは本を売ることを選んだが、最初からもっと大きな野望を持っていた。たし**

**かに、本には関心があったが、彼が本当に関心を持っていたのは、最終的にAIフライホイールとなるもの、つまり大量の商品を迅速かつ安価に届ける仕組みをつくり上げることだった。彼がアマゾンを発明したのだ。**

その後の、アマゾンがトップに躍り出るまでの過程は、よく知られている。ベゾスは最も優秀なプログラマーを雇い、究極の顧客サービスを実現するという信念を強調して、データと事実、高いパフォーマンスを重視する社内文化の中で、社員たちを極限まで追い込んだ。

彼は有能な編集チームを雇い、アマゾンを、本を愛する人々から選ばれるサイトにするために、本のレビューや作家へのインタビューなどを行った。彼のアルゴリズムは、読者に対して、同じ本を購入したほかの読者が何を読んでいるかに基づいて、お勧めをするようになった。そして彼は低価格、幅広い品揃え、迅速な配送を提供した。

しかしアマゾンの初期、すべてがデータ志向だったわけではない。ベゾスが自分のサイトへと集客するために使った手法の一つは、昔ながらのマーケティングだった。1997年、創業2年目のアマゾンは成長を続けていたが、ベゾスにとっては十分なスピードではなかった。

そこでマーケティング部門は、サイトへの注目を集めるために「The Greatest Tale Ever Told（最も偉大な物語）」と名付けられたイベントを考え出した。これは、アマゾンの顧客が、有名な作家とコラボレーションできるというものだった。アマゾンの社員番号55番で、同社の編集者の一人だったジェームズ・マーカスによる回顧録『アマゾニア』によれば、小説家のジョン・アップダイクは、「Murder Makes the Magazine（殺人が雑誌を作る）」と題されたミステリー（ニューヨーカー誌のオフィスのような場所を舞台とする小説だった）の最初の段落を書くことに同意した。

アップダイクによる冒頭の文章は、「10時10分、ミス・タッソ・ポックは19階でエレベーターから降り、オリーブ色のタイルの床に足を踏み出したが、何かがおかしいと感じた」というものだった。それから44日間、アマゾンは毎日、顧客に対して続きを書くように呼びかけ、同社の編集スタッフが応募者の中から勝者を選んだのである。勝者にはそれぞれ1000ドルが贈られ、アップダイクがミステリーの最後の段落を書き、5000ドルを受け取った。このイベントは本好きの人々を引き付け（応募は38万件に達した）、広報活動におけるホームランとなった。アップダイクの参加した文学作品コンテストは、300もの報道機関で取り上げられた。

## 問題に直面したら、自分を変えよ

顧客に低価格と最速の配送を提供するためなら、アマゾンはどんなことでもするだろう。社員のために無料の食堂を設置することもなく、今日まで、贅沢な支出は論外とされてきた。例えば、立ち上げ初期のホリデーシーズンには、ベゾスは経営陣にまで倉庫での夜勤を命じ、押し寄せる注文の波をさばこうとした。

またベゾスは、誰がいちばん早く棚から商品を取り出せるかを競うコンテストも開催した。彼は社員たちに対して常に、競合企業をかまいすぎるなと言っていたが、いざ競合に邪魔をされると、アマゾンは残忍な態度をとるようになった。

ブラッド・ストーンの『ジェフ・ベゾス 果てなき野望』によれば、2000年代後半、スタートアップ企業のダイアパーズ（おむつ）・ドットコムと争っていたとき、ベゾスは、もし彼らが買収に同意しなければ、取引が成立するまで、アマゾンはおむつの価格をゼロにし続けるだろうと述べた。結局、アマゾンは同社の買収に成功した。

ベゾスがポップ・ガイスの牧場で学んだ自立という教訓は、アマゾンでも大いに役立った。1990年代後半、ベゾスはアマゾン・ドットコムで販売される商品の数を増やす方法を模索していた。

そこで彼は、独立系の事業者やサードパーティー小売業者が、アマゾン上で販売を行えるようにすることを決めた。彼は当初、アマゾンにオークションのコーナーを立ち上げ、顧客が入札できるように（オークションサイトのｅベイのように）したが、誰も利用しなかった（義弟のマークは、コーヒーカップを買ったと言っているが）。

するとベゾスは、その事業を畳み、サードパーティー小売業者が販売価格を決める「Zショップ」を開設したが、これも利用者は少なかった。こうした実験が1年半ほど続いたが、最終的に、アマゾンの商品と同じページ上でサードパーティーの商品も販売する、というアイデアが生まれた。ベゾスはこのアイデアに飛びつき、「マーケットプレイス」と名付けてリリースしたところ、それはすぐに奏功した。

現在、アマゾンで販売されている全商品のうち、マーケットプレイスで提供されるものが半分以上を占めており、同社の中核となるオンライン事業よりも利益率が高い。

**ベゾスはこんなことを言っている。「物事を前に進めるうえで重要なのは、問題に直面したり、失敗したりしたときに、前に戻ってやり直してみることです。臨機応変になって、常識にとらわれずに自分を変えてみるのです」**

臨機応変であることだけが、ベゾスを動かしているわけではないのだが。

In God We Trust,
All Others Must Bring Data

第3章

# ベゾスとアマゾンのイノベーションの作法

我らは神を信ずる、他の者はデータを示せ

## 事実は常にヒエラルキーに勝るべきである

前章で見てきたように、ベゾスは他人を評価する際、臨機応変であることを最も重視する。そして、自分のために働く人々には、自分と同じくらいの賢さと主体性、独創性を持つことを求める。

2000年代初期のアマゾンのウェブサイトでは、ベゾスがどのような人物を雇いたいと考えているかについて、次のように説明されていた。「アマゾン・ドットコム『っぽい人』などというものは、存在しません。3つの修士号を持ち、5つの言語を話す社員もいれば、P&Gやマイクロソフトで働いていた社員、プロのフィギュアスケート選手、ローズ奨学生もいます」

アマゾンで初期のCFOを務めていたジョイ・コヴィーは、CPA試験を同じタイミングで受験した2万7000人の中で2位になったし、全米スペリング大会で優勝した社員もいた。ベゾスはワシントンポスト紙に対して、「廊下で『オノマトペのスペルは?』と叫べば、答えが返ってきますよ」と語っている。

**しかし、豊かな才能を持つ人々を採用することだけが、アマゾンの驚異的な成功を説明するわけではない。ベゾスの最も印象的な性格の一つは、それがどんなに不都合だとしてもありのままの真実に向き合い、厳然たる事実に基づいて判断する能力だ。**

アマゾンのマネジャーの中には、社外に向けて、ベゾスが徹底している哲学である

「我らは神を信ずる、他の者はデータを示せ」というスローガンを掲げる者もいる。

ほかの多くのCEOとは異なり、ベゾスは、リーダーが聞きたい話だけをするようなおべっか使いを周囲に置くのではなく、自分に厳しい現実を突きつける人々に接しようとしている。事実は常にヒエラルキーに勝るべきである、とベゾスは固く信じているようだ。

## 数々のイノベーションが通過した6ページの関門

真実に対するベゾスの哲学が最も明確に表れているのは、有名な（あるいは悪名高い）「6ページ」資料だ。それは今日まで、アマゾンのマネジャーの心に、恐怖と嫌悪を植え付けてきた。アマゾンの社員は誰であろうと、製品やサービスに関するアイデアを売り込もうとする場合、プログラムの1行目を書き始める前に、6ページ以内の説明資料を作らなければならない。そこには「常に顧客の立場からスタートする」という、ベゾスのモットーがある。

この**6ページ資料は仮想のプレスリリースの体裁をとっており、たいていは提案する新しいプロジェクトの長期的な影響と、なぜそれが顧客にとって意味のあるものなのかを説明することから始まる。**その後に続くFAQ欄は、提案されたサービスや製品の基本的な部分や、開発チームがどのようにそれを構築すべきかを理解するのに役立つ。

AWSを運営するアンディ・ジャシーによれば、アマゾンの立ち上げ当初、6ページ資料の制度が導入される前には、社員は「ハイレベルな段階では素晴らしいアイデアだと思っていたが、プロジェクトを進めてだいぶ経ったところで、たいしたことはないと気づく」場合があったという。そうした間違った方向に迷い込むのを防いでくれたのが、「6ページ資料」の原則なのである。アマゾン内のチームは、この資料の作成に熱心に取り組み、コンセプトが正しいかどうか、資料内に重要な事実がすべて盛り込まれているかどうかを確認するために、時には何週間も作業を続ける。

2010年代半ばにアマゾンに在籍していたある元マネジャーは、「6ページ資料」プロセスは社内のベンチャーキャピタルのように機能するという。「アマゾンには、素晴らしいアイデアを持つ優秀な若者たちが集っています。このプロセスは、そうしたアイデアを持つ人々に対して、上層部にプレゼンしてみることを促します。ベゾスはシリコンバレーから最高の頭脳を集めて雇い、彼らが持つ最高のアイデアに資金を提供する仕組みをつくったのです。たしかに彼らも失敗しますが、やめる決断は早く、損失を抑えるのも得意です」

どこかのチームが会議に6ページ資料を提出すると、ベゾスは最初の20分間を使って、参加者全員がそのメモをじっくり読み込むことを求める。資料を読んだふりをして、実は読んでいない人が出るのを避けるためだ。その時間が過ぎると、参加者は顧客の視点に立ち、プロジェクトの前提や基礎となる事実、実現可能性について活発に意見を戦わせる。

**プライムサービスやアレクサ、クラウドサービスといったアマゾンの大きなイノベーションはすべて、6ページ資料の関門を通過したものだ。**しかし、すべての提案が6ページを必要とするほど複雑だったり、データに依拠していたりするわけではない。単純な問題には、短いメモのほうが適している。また、プロジェクトの進行に合わせて、準備が整うまで何度も、資料の内容に修正が加えられる。場合によっては、6ページ資料を編集したものが、実際のプレスリリースに使われることもある。

## CEOよりもデータを持つ者が強い

6ページ資料を検討するためのものであろうとなかろうと、アマゾン社内におけるすべての会議のゴールは、真実にできる限り近づくことだ。ジェームズ・マーカスは1990年代の後半に、ベゾスと数人の幹部が本の売上げについて話していた会議のことを覚えている。

当時まだ若く、「評価指標の文化」を構築すると公言していたベゾスは、サイト上で書籍の売上げが好調であることを示すデータを、自社のデータベースから誇らしげに引用した。しかし、たまたま倉庫で実際の売上げを毎日チェックしていたマリリンというマネジャーが、その数字が実際より2～3倍も大きいことに気づいた。マーカスによれば、彼女はベゾスにこう言ったそうだ。

「ジェフ、それは間違いです」

「しかし、データベースから直接拾ってきたデータだよ」とベゾスは反論した。

「それでも間違いなものは間違いです」とマリリンも食いさがる。

ベゾスは意見を変えようとしなかった。しかしある日、彼は会議に現れてこう報告した。「どうも実際の売上げではなく、買い物かごに追加されたアイテムの価格をカウントしていたようだ」。つまり、コンピュータは、買い物かごに入れられた商品すべてを売上げとしてカウントしていたが、実際には、途中で注文をキャンセルする顧客もいるわけだ。そんな些細なミスがあったのである。

そこでマリリンのような部下が異議を申し立て、ベゾスに反論したことは、アマゾンの文化について多くのことを語っている。ただ、それ以上に重要なのは、ベゾス自身が時間と労力をかけ、真相を究明したことだ。最先端のデータベースと、それを構築した優秀な技術者を単純に信じるほうが簡単だっただろう。しかし、真実が勝ったのである。

**プライム・ビデオ部門で働き、2017年に退職して自分の会社を立ち上げた元マネジャーは、アマゾンの、データの下での平等主義的な雰囲気があったからこそ、下の者が上の者に対し、不利益を被ることなく挑戦できたのだと説明する。**彼の前職は大手国営放送の社員だが、その会社の会議では、副社長以上でなければ席に着けなかったことを覚えている。

「しかし、アマゾンではまったく違っていました」と彼は言う。「アマゾンでは、健全な対立をすることをみんなに奨励しています。これほどフラットな組織にいたことはありません。強い影響力を持つ人物とコンタクトをとることもできます。自分自身がCEOとなって、ブランドを確立し、ほかのすべての人々とコラボレーションして、迅速に仕事を進めるのです。また、お客様のことを第一に考えて仕事をすることは、とても新鮮でした。どうやってお客様とつながり、彼らを第一に考えるかということがすべてであり、それは口先だけの話ではありませんでした」

もちろん、だからといってアマゾン社内の会議が和やかに行われている、という意味ではない。10年近くアマゾンに在籍した元幹部は、こうした「真実を語る」会議がどのようなものであったかを、次のように語っている。

「ここは、働くにはひどい場所です。私は投資銀行で働いていたことがあるので、それを痛感します。毎週行われる会議は、まるでゲームショーのようでした。参加者をテストするのです。数字を達成できたか？　と聞かれて、答えられなければ、『ここから出ていけ』となります」

このような激しさの裏側には、顧客の生活を快適なものにしようという、アマゾンの執拗な取り組みがあった。顧客が怠けてマニュアルを読もうとしなくても、彼らはそれに対応して、直感的に操作できるような製品を作った。リビングから出なくても、キンドルで本が読めるようになった。アレクサはショッピングや音楽鑑賞をより簡単にできるようにした。

先ほどの元幹部は、「私たちは顧客の生活から煩わしさを取り除くことを繰り返し行ってきました」と言う。「私たちは常に顧客を第一に考え、そこから逆算して仕事をしていました。アマゾンでは、従業員は顧客ではありません。ブランチや寿司を食べに行くこともなく、アシスタントもいませんでした」

6ページ資料を支持する人物の一人が、アマゾンの映画・テレビ番組ストリーミングサービスである、プライム・ビデオを運営するグレッグ・ハートである。彼によれば、ベゾスはパワーポイントのスライドやホワイトボードよりも、6ページ資料を好むのだという。

その理由は、企業で一般的なそれらのツールを使っていると、プロジェクトに関する情報のほとんどが、発表者の頭の中にとどまってしまうとベゾスが信じているからである。多くの情報を首尾一貫した形で提供し、キーポイントを明確に伝えるために、発表者にはきわめて高度なコミュニケーション能力が求められる。それと同時に、パワーポイントの使い手には、無数のデータが詰め込まれたスライドを次から次へと表示しながら、暗い部屋に集まった参加者たちの注意を維持することも求められるのである。

それとは対照的に、6ページ資料では、作成者は何を言いたいのかを慎重に考えなければならない。製品やサービスの可能性を明確に説明し、最も必要で関連性の高い情報のみを含めながら、プロジェクトのストーリーを組み立てなければならないのである。資料を読んだ人は内容に疑問を持つかもしれないが、うまくいけば、そうした疑問を解決する情報もそこには含まれている。重要なのは、それが生きたドキュメントであり、プロジェクトのライフサイクルを通じて、担当者が常に内容の改善とアップデートを続けるという点だ。

## アレクサの開発物語と6ページ資料

アレクサの開発は、6ページ資料がどう機能するかを端的に示している。ハートはプライム・ビデオを担当する前、アレクサ開発チームの責任者だった。2011年という早い段階で、ベゾスは人間が機械とコミュニケーションする際の手段として、音声が重要な存在になるかどうか、そしてそれがどのようなものになるかという議論を、社内で開始していた。

その結果、アレクサにシンプルな理想像を掲げた。それは「画面を持たない、人間と音声だけでやりとりするデバイス」というものである。キーボードも、タッチスクリーンもない。ベゾスはハートに、「ドップラー」と名付けられたこのプロジェクトを担当し、6ページ資料を作成するように命じた。

「ベゾスの先見の明には驚かされます」とハートは言う。「先を見て、無関係に見える情報やパターンを結び、その間に価値のあるつながりを見出す彼の能力は、普通の人間ができることではありません」

当初、ハートは戸惑っていた。ウィリアムズ大学で英語を専攻していた彼には、家電製品を扱った経験はなく、ましてや最先端の音声認識ソフトウエアなど、未知の存在だったのである。

ハートが最初に行ったのは、音声とハードウエアについて、できる限り多くを学ぶことだった。彼はアマゾンの秘密の研究開発センターである、ラボ126（この名前はアルファベットにちなんでいて、1はA、26はZを表している）のエンジニアたちと長い時間を過ごし、どうすれば優れたデバイスを生み出せるかを試行錯誤した。

**ハートはチームと共にこの技術について詳しく調べるのと並行して、6ページ資料を作成して修正を繰り返し、上層部への正式なプレゼンテーションに備えた。ハートはプレスリリースと同じ体裁で6ページ資料を整え、製品のスペック、価格、発売日、さらにはこの新しいデバイスについて、アマゾンが報道機関とコミュニケーションする方法まで盛り込んだ。**

また、アマゾン社内の人間が抱く可能性のある疑問についても対応していた。周囲にノイズがある環境で、どう音声を聞き分けるのか？　口語や方言をどう認識するのか？　ユーザーはそれをどう使うのだろうか？　買おうとしているものが見えないのに、買い物をする人がいるだろうか？

それからの数カ月、ハートは製品の仕様が変わるのに合わせて資料の更新を続け、ベゾスをはじめとする経営陣からフィードバックを受けながら、６ページ資料がCEOの当初のビジョンに沿ったものであることを確認していった。当初の資料で示されていたように、アレクサは「普通の会話」ができる必要があった。

ベゾスは定期的に、ハートと彼のチームに対し、「レイテンシー」と呼ばれるもの（アレクサが質問に答えるのにかかる時間）を短くするよう求めた。ベゾスは小売店の客がいかに気まぐれであるかをよく知っていて、アマゾン・ドットコムを立ち上げた際には、顧客のクリックにできる限り速く反応するサイトを構築するよう、プログラマーに働きかけていた。素早く反応できなければ、ユーザーたちはアレクサを使うのを苦痛に感じてしまうだろう。

## ６ページ資料の進化がフライホイールを回す

**２０１４年にアレクサ・デバイス（現在はエコーと呼ばれている）が発売される直前、ハートは実際に発売する製品の内容を反映させるために、もう一度６ページ資料を更新して、オリジナルの内容と比較した。「私たちは自分自身に問いかけました」とハ**

**ートは回想する。「まだ満足できているか？　妥協して保つべき価値を失ってはいないか？　それとも適切な妥協だっただろうか？　機能を拡大させすぎて、不要な変更を加えてはいないか？」**

6ページ資料は、彼と彼のチームに対して、自分たちがしてきたことの真実と向き合うことを強いたのである。もし、最終的な製品がベゾスの当初のビジョンに届いていなかったら、ハートは振り出しに戻るところだった。ベゾスは自分が目にしたものに満足し、ゴーサインを出した。そしてエコーは大ヒットを飛ばしたのである。

製品発表後も、アマゾンはエコーの改良をやめなかった。あるときには、ベゾスは幹部らと共に、エコーの音声認識性能が現状で十分なのか、それとも騒がしい部屋でも使えるように、小さなハンドヘルド型のマイクを付けたほうがよいのかを議論した。「アレクサ、聞こえるかい？」この問いに答えを出すために、アマゾンは再び顧客に目を向けた。

最初のエコーは、ユーザーが部屋の反対側からでもデバイスを使用できるようにする、音声起動式のリモコン付きで出荷された。すぐにアマゾンは、エコーがどのように利用されているかを監視し始めたが、そこから得られたデータは、人々がリモコンを使っていないことを示していた。

後日の出荷分からリモコンは静かに取り除かれ、アマゾンはコストを削減して、消費者のために価格を下げることができた。彼らは顧客の生活から煩わしさを取り除いたのである。こうしてＡＩフライホイールの回転が続いていくわけだ。

## ベゾスとイノベーションをつなぐSチーム

アレクサ・プロジェクトは、ベゾスがいかにしてイノベーションを起こし、社員のモチベーションを高め、相互につながり合った膨大な数の細部に対応するかを、端的に示している。６ページ資料は、さまざまなレベルで機能している。

第一に、それはアマゾンが複雑な状況に対処するのを助けている。６ページ資料が適切に作成されていれば、チーム全員が、アレクサのように新しく複雑なプロジェクトに取り組むために、必要な情報を得ることができる。資料を丁寧に読めば、誰もが、少なくともプロジェクトの基本を理解でき、情報の面でみんなを同じ土俵の上に立たせることができる。

ベゾスはここで、みんなの意識を高める働きをしている。彼は提出された資料を、集中してじっくりと読むのだ。６ページ資料を使った会議に数多く参加してきたある幹部は、ベゾスが資料を読む姿はオリンピックの選手のようだと評している。スタートを待つオリンピックのスキー選手が、目を閉じて、自分がコース上でターンする姿を頭に思い浮かべながら、体を動かしている――そんなふうに見えるというのだ。

つまりベゾスは、資料に書かれているすべての情報を吸収し、会議内で生じるであろうさまざまな対立や障害を予想しているのである。そうした準備ができていれば、資料の内容について、戦略的なフィードバックと戦術的なフィードバックの両方を行える。

アマゾンのように巨大で複雑な組織では、ベゾスがすべてのリーダーと定期的に会うことはできない。そこで彼は、6ページ資料の会議を利用して、幹部らが各プロジェクトの目標に沿って行動しているかを確認している。そしてその幹部たちが、次の階層にいる部下たちに同じことを求め、そして彼らが次の階層にというように、指示を広めていくのだ。

**この体制がうまくいっているのは、ベゾスの周囲に、彼が「Sチーム」と呼ぶ18人の幹部がいるからである。彼らは長い間アマゾンで働いているリーダーで、ベゾスの考え方や価値観を理解しており、真実を追求しようという強い思いを抱いている。その多くは長年（なかには10年以上）ベゾスと一緒に働き、同社を離れることはほとんどなく、ベゾスに忠誠を誓っている。**

ベゾスは2017年の全社会議において、「Sチームの離職率が低いのは、非常に喜ばしいことだ」と語っている。「何も変えようとは思わない……君たちのことが大好きだ」

## ベゾスの分身となるシャドーたち

Sチームのメンバーであり続けるには多くのハードワークが必要だが、ベゾスには秘密兵器がある。Sチームのメンバーの何人かは、キャリアのある時点で、ベゾスの技術顧問（アマゾン社内では「シャドー」として知られている）を務めていた。運よくベゾスのシャドーの一員になれれば、その幹部は2年間ベゾスに付き添って行動し、彼と会議に出席したり、特別な任務を受けたりすることができる。

アマゾン以外にも、こうした「シャドー」を活用した企業はある。1990年代のインテルでは、ポール・オッテリーニという若い幹部がアンディ・グローブCEOのシャドーを務め、同社のトップにまで上り詰めた。アマゾンのシャドー制度が特に効果的なのは、それがありふれたメンター制度ではなく、フルタイムのポジションであることだ。

アマゾンの立ち上げ当初、ベゾスは数名の幹部を厳選して指導するようにしていたが、成果は思うように上がらなかった。指導を受けた人物の中には、会社を辞めてしまう者もいたのである。

**ベゾスの最初のシャドーになったのは、アンディ・ジャシーだった。彼はハーバード大学でMBAを取得していたが、何の技術的バックグラウンドも持っていなかった。ジャシーに託された唯一の任務は、ベゾスの後を追い、彼がどう考えるか、どのよう**

**に問題の核心を見つけ出すか、世界がどこに向かっていると考えているかを学ぶことだった。**

2003年から04年にかけてベゾスのシャドーを務めたジャシーは、前述したように、世界最大のクラウドサービス事業であるAWSの立ち上げに貢献し、現在はその運営を担当している。それはまさに偉業だが、テクノロジーのバックグラウンドを持たない人物が成し遂げたとなれば、なおさらだろう。もしジャシーがシャドーを務めている間にベゾスの信頼を得ていなかったら、彼はこのように重要な役割を非技術者に任せることはなかっただろう。

それ以来、技術顧問プログラムはアマゾンの文化に欠かせないものとなり、ベゾスは長年にわたって、このプログラムを通じて優秀な幹部を輩出してきた。2020年現在ベゾスのシャドーを務めているのは、中国出身の女性ソフトウエア開発者で、アマゾンで14年のキャリアを持つウェイ・ガオだ。

そして、このシャドー制度は規模を拡大している。世界全体のEコマース事業を統括し、アマゾンで2番目の権力者と言われるジェフ・ウィルクにも、自身のシャドーがいる。それは同じく中国系のユンイェン・ワンで、彼女は以前、アマゾンのマーケットプレイス事業（サードパーティー小売業者が自社製品を販売できるサービス）でディレクターを務めていた。

2人の女性が、こうした期待されるシャドーの役割を演じているということは、男性が圧倒的に強いテクノロジー界隈を、アマゾンが変えていこうとしていることを示している。

プライム・ビデオを統括するグレッグ・ハートは、ベゾスからシャドーにならないかと誘われた日のことを、鮮明に覚えているという。

ハートによれば、彼は当時担当していた仕事に満足していて、ボスからシャドーになるよう求められて驚いたそうだ。しかし、ベゾスと昼食をとると、彼はすぐに説得された。ベゾスはとても親切に対応してくれた、と彼は言う。ベゾスは彼に「もし気が進まなくて、今の仕事が好きなら、それでもいいんだ。誰にも知られることはないから」と告げた。しかしハートは、ランチが終わるとすぐに、この提案を受け入れた。

彼は「それはとてつもないチャンスでした。その夜、家に帰った私は、妻に向かって『産業革命が始まった頃にヘンリー・フォードが現れて、自分のそばにいて付き従うようにと誘ってくれたようなものだ』と言いました」と語っている。

## 2つの制度はアフター・ベゾスの保障にもなる

Sチームとシャドー制度は、アマゾンの中でもう一つ重要な役割を果たしている。それは、来るべき日に、ベゾスに代わってCEOの座に就く可能性のある候補者のリストを、アマゾンに与えているということだ。

アマゾンはアップル、マイクロソフト、テスラ、グーグル、フェイスブックのように、著名な創業者を抱く企業だ。本書の執筆時点でベゾスは55歳だが、投資家たち（もちろんアマゾン社員たちも）はベゾスが退職したり、彼の身に何かあったりしたら、アマゾンはどうなるのだろうと案じている。

ベゾスがSチームと共に世界に向けて発信しているのは、もし何か起きたり、彼が引退したりしても（それがすぐの話だとは誰も考えていないが）、アマゾンには同社を率いることのできる数多くのプロフェッショナルたちが控えている、というメッセージだ。

もちろん、**そうした有能な幹部たちの中に、ジェフ・ベゾスのようなビジョン、直感、才能を持つ人物がいるかどうかは不明だ。アップルがスティーブ・ジョブズの死後、創造性をどう発揮するかをいまだに模索しているのと同じように、ベゾスの引退は間違いなく、アマゾンにとってマイナスになるだろう。とはいえ、ウォール街に向けて送られているメッセージは、「ベゾスがいなくても、アマゾンとそのAIフライホイールは回転し続ける」というものであり、一部の株式アナリストたちには受け入れられている。**

ベゾスはSチームを信頼しているからこそ、経営陣に多大な権限を委譲し、アマゾンのように大規模で複雑な多角的事業をうまく管理できている。ただ、忠実で経験豊富な経営陣を持つことは、特に目新しくもなければ、驚くべきことでもない。ベゾスが特徴的なのは、新しい製品の提案を受けたときに、そのプロジェクトをしっかりと理解するまで、部下たちが会議室を出ることを許そうとしていない点だ。そのプロセスは、穏やかなものでないことも多い。

ベゾスは会議の参加者全員に対して、事実に関する疑問を投げかけ、希望的観測や推測の余地を与えないようにする。誰かが準備不足だったり、それをごまかそうとしたりすると、ベゾスは「激昂」状態になることがある。彼が不満を爆発させるのを、社員たちはそう呼んでいるのだ。

準備のできていないチームメンバーに対して、切れてしまうこともある。「すまないが、私はバカになる薬でも飲んだのか？」「君は怠けているのか、それとも単に無能なだけか？」さらには、「このアイデアをもう一度聞いたら、私は自殺するだろうな」といった具合だ。そのようなときには、ベゾスは親切になるよりも賢くなるほうを選んでいるわけだが、彼のすぐそばで一緒に仕事をしてきた人物の中には、ほとんどの場合正しいのはベゾスなので、彼の「激昂」は許されるのだと言う人もいる。

ハートは、ベゾスの発狂を何度も目にしてきた。彼自身がその犠牲者になったこともあるが、それを個人攻撃だと感じたことはない。「どんなリーダーでも、熱くなる瞬間を持つことは、非常に大切です」とハートは言う。「ジェフは他人やチームにいらいらしたとき、その人物に対してではなく、彼らのパフォーマンスに対してフラストレーションを感じたのであり、君たちは最高のアイデアに至っていないのだ、と説明するのが上手です」

ベゾスの言うとおり、ベストを尽くしていない社員も時にはいる、とハートは認める。ベゾスと彼に寄せられる報告書は、真実をつかむために、対象となるテーマについて行ったり来たりすることが多い、とハートは言う。時には、報告者がうまくプレゼンテーションできていないというだけで、ベゾスのフラストレーションが高まることもある。ベゾスが彼らの見解を理解すると（あるいはその逆が起きると）、議論が前進し、建設的な対話が始まるのである。

## 社内の人間的な結束は信じない

２０１０年代の初めにアマゾンで働いていたマーク・ローリーは、同社の議論する文化について、異なる意見を持っている。２０１０年、ダイパーズ・ドットコムの親会社となるオンライン小売業者、クイッツイの共同創業者であるローリーは、自社をおよそ5億ドル〔約５３０億円〕でアマゾンに売却し、会社にとどまってベゾスのために働くことに合意した。数年後にアマゾンを離れた彼は、ジェット・ドットコムを立ち上げ、２０１６年にはそれをウォルマートに33億ドル〔約３５００億円〕で売却し、彼はこの巨大小売業者の米国Eコマース責任者に就任した。

ローリーがアマゾンを辞めた理由の一つは、幹部たちが真実を追求するために、声を張り上げて激しく議論するという、ベゾスがつくり上げた文化が気に入らなかったからだ。ハドソン川を見下ろすニュージャージー州ホーボーケンのモダンなオフィスに座り、ウォルマートらしからぬ黒のTシャツとジーンズを身に着けたローリーは、アマゾンでの数年間を振り返った。

「ジェフは社内の人間的結束を信じていないと言っていました。それは間違った答えに導く可能性があるから、というのが理由です」とローリーは説明する。「このアプローチにも利点はあります。自分が考えていることを正確に伝えれば、たとえ相手の気持ちを傷つけてしまっても、正しい答えを得ることができるでしょう」

しかしローリーは、それにはデメリットもあると指摘する。それは、共に働く人々の気持ちを傷つけてしまうと、リーダーへの信頼感が薄れたり、次回から発言しなくなったり、リスクを嫌ったり、会社を辞めてしまったりする、というものだ。

「どちらのアプローチにも賛否両論ありますが、個人的に私は、結束を重視するウォルマートの文化が好きです。そこでは感情が大事にされます。他人とどう接するか、相手にどう感じさせるかというのは非常に重要です。正解にたどり着くことが、常に正しいとは限らないのです」

ローリーの指摘はもっともだが、何としても真実を追求しようとする姿勢は、この世界で最も偉大な企業を生み出してきた方程式なのである。アップルのスティーブ・ジョブズは、自分が正しいと思う解決策にたどり着くまで、同僚たちを追い込んだことで有名だ。ジョブズは時に無愛想で無礼な態度をとり、不可能を可能にするように説得することもあった。

ジョブズは「私の残忍なまでの正直さは、私と一緒の部屋にいるための入場料だ」と言うのを好んだ。彼は社員たちに、みな嘘ばかりつくと言っていた。社員たちも、ジョブズが嘘ばかりつくと彼に向かって言うことがあったが、最終的には彼らは偉大なことを成し遂げた。

1600億ドル〔約17兆円〕もの資金を運用する世界最大のヘッジファンド、ブリッジウォーターの億万長者の創設者、レイ・ダリオは、「徹底的に真実と透明性を追求する」というビジネス哲学を持っており、それが組織の中で独自の考えを持つ人間を育てる最良の方法だと信じている。従業員はミーティングの際、どれほど真実と透明性を重視し、正しいことを述べているかを、リアルタイムで評価される。これは極端な文化だが、生産的でもある。

**米海軍特殊部隊ネイビーシールズの組織文化「アップ・オア・アウト〔昇進するか辞めるか〕」のように、誰もがそうした圧力や監視に耐えられるわけではないが、最終的にはジョブズもベゾスも、一流で忠誠心が高く、より大きな責任を与えられる、信頼できる社員がそろった組織を手に入れたのである。**

## ストレスのある仕事でも会社を訴えてはいけない

アマゾンで働くことを過酷なものにしているのは、厳しい会議だけではない。2015年、ニューヨークタイムズが長編の記事を掲載し、同社の文化について、次のように描写した。

「社員たちは会議で他人のアイデアを徹底的に批判することを推奨され、夜遅くまで残業し（深夜0時を過ぎてもメールが届き、返事がない理由を尋ねるテキストメッセージが続く）、同社が誇る『理不尽なほど厳しい』規範に拘束される」

さらにこの記事では、内線の電話帳の中に、同僚の上司に対して秘密のフィードバックを送る方法が掲載されていることや、デスクで泣いている社員を見るのが珍しくないことも解説している。ある元アマゾン社員は、こうした文化を「意図的なダーウィニズム」という言葉で要約している。

この記事が掲載されると、ベゾスは、タイムズ紙の記者が描写した企業がどこだかわからない、と述べた。私が話を聞いた数十人のアマゾン現役社員や、元社員の中にも、そこまでひどい話を思い出す人や、アマゾンの厳しい守秘義務に脅されて話をしないという人はいなかった。とはいえ、みんながアマゾンの文化は非常に厳しく、気の弱い人には向いていないと口をそろえている。

アマゾンは、社員に優秀さを求めるという事実を隠そうとせず、同社に雇われるほどの才能を持つマネジャーやエンジニアであれば、運営方法が気に入らなければ簡単に次の仕事に移ることができるという面もあるだろう。

**ベゾスがアマゾンを設立したとき、新入社員が署名しなければならない契約書には、同社で働くことが「業務に関連した高度なストレスを伴う可能性がある」ことを認め、そうしたストレスを感じたとしても、会社に対して訴訟を起こさないことを定めた条項が含まれていた。**

ハートは、アマゾンの社内文化は、対立的で意地悪な態度をとることというより、徹底的に集中して粘り強く行動することだと信じている。真実を追求し、正解があると信じることで、激しい議論を引き起こすこともあるが、社員たちは最初から対立的になることはないと彼は言う。多くの関係者の話を聞く限り、結局のところ、ベゾスの絶え間なく真実を追求しようとする姿勢は、社員たちの思考力を向上させることが多いようだ。

## シリコンバレーの経営者たちに共通するリスク

データに強く依存することには、マイナス面もある。ベゾスが持つような、事実に基づき、執拗なまでに焦点を絞ろうとする姿勢は、アキレス腱となる可能性がある。世間はベゾスに共感するより、彼には、人生の暗い側面を見る目がないように感じる場合があるだろう。

ベゾスを批判する人々は、彼を「株主を儲けさせるという名目で、顧客にばかり執着し、社員や地域社会をおろそかにしている独裁者」だと見なしている。

例えば彼らは、顧客に尽くすことを強いているように見えるアマゾンの厳しい労働条件や、アマゾンがロングアイランドに第二本社を設置すると発表した際の、地元の政治家や住民の不安を和らげようとしないベゾスの態度などを指摘している（それはおそらく、こうした問題の解決に手間をかけるよりも、貴重な時間とリソースを顧客へのサービス提供に費やしたいからだろう）。

**皮肉なことに、短期的にベゾスを成功させたものが、最終的には彼にとってマイナスに働くかもしれない。ベゾスは自分を善人だと考えている節があり、雇用を創出して慈善事業に数十億ドルを費やしている。しかしそれは、アマゾンの下敷きにされてしまった人々や、彼らの代弁者となる政治家たちの慰めにはならない。アマゾンに対する政治的な反感の高まりが、いつの日かアマゾンの将来を劇的に変えてしまうかもしれない。**

大手テクノロジー企業の傲慢さを示しているのは、ベゾスだけではない。フェイスブックのマーク・ザッカーバーグや、ウーバーの共同創業者で元CEOのトラビス・カラニック、グーグルの共同創業者でCEOのラリー・ペイジなど、ほかのインターネット界の大物たちも、シリコンバレーの社会問題に目を向けようとしない姿勢を表明している。

彼らはいずれも優秀な技術者であり、人間の感情のように数値化できないものよりも、数値化できるもののほうが快適だと感じている。カラニックはウーバーのトップを務めていたとき、「許可を求めるのではなく、許しを請う」という態度を貫き、時には各地域の規制を無視して自社の配車サービスを拡大したり、そのコミュニティの住民たちを怒らせたりした。

ザッカーバーグは「あらゆる手を尽くして成長する」という哲学を持っており（ツイッターの元CEOであるディック・コストロは、雑誌ニューヨーカーの記事の中で、彼を「冷酷に仕事を進めるマシン」と表現している）、それは多くの人々を悩ませている。

2016年の大統領選挙期間中に起きた、ロシアによるフェイスブックの操作や、ケンブリッジ・アナリティカのスキャンダル（フェイスブック上の個人データが乗っ取られ、有権者にトランプを支持させるために使われた）の際、彼の飄々《ひょうひょう》とした態度を多くの人々が非難した。

同様にグーグルのラリー・ペイジCEOは、社員たちによる反対意見が表明されてようやく、一定の安全対策が講じられるまで、法執行機関への顔認証ソフトウエアの販売を停止することに同意した。ビル・ゲイツがニューヨーカーに対して語ったように、「頭が良くて金持ちであるにもかかわらず、問題をすぐに認識しない人は、傲慢だと攻撃されるでしょう。それは避けられないことです」。

飛び抜けて頭の良いベゾスは、すぐに一般の人々とのコミュニケーションに長けて、人間味を出せるようになるかもしれない。ザッカーバーグにとってのシェリル・サンドバーグに当たる人物を雇うかもしれない（サンドバーグはＣＥＯの代理人として、また各種カンファレンスの登壇者として、一般の人々に対して上司よりもうまくフェイスブックを説明している）。

彼がこの新しい現実に適応していることを示す兆候もある。ベゾスはグローバル広報部のトップであるジェイ・カーニーに対して、アマゾンをＰＲするチームを立ち上げる許可を与えた。このチームには当初、数名の広報のプロだけが参加していたが、２０１９年の時点で２５０名が所属する組織に成長している。彼らが適切な仕事をすれば、このチームはより良いアマゾンのイメージを世界に向けて発信し、おそらく将来の反アマゾン感情を抑えることができるだろう。

世間の目から見ると、ベゾスは共感性に欠けているかもしれない。しかし、これまで見てきたように、彼にもポジティブな側面がある。臨機応変で、真実に立ち向かおうとする姿勢が、彼が帝国を築くことを可能にした。また、彼の成功に欠かせなかったのが、長期的な視野だ。多くのビジネスリーダーが次の四半期、あるいは2～3年先のことを考えているのに対し、ベゾスは何世紀も先のことを考えているのである。

The 10,000-Year Man

第4章

# 長期的視点しかいらない

1万年後のための計画をいま実行する

## アマゾンの最終目標を見据える町

ニューメキシコ州カールスバッドのキャバーンシティ空港から車で東へ2時間ほど走ると、テキサス州のヴァンホーンという地味な町に着く。テキサス州の最西端に位置する、人口1919人のこの静かな辺境の町には、バジェットインやシェルのガソリンスタンド、メキシカン・レストランのチュイズなど、典型的な商業施設が並んでいる。

しかし**ヴァンホーンは、ほかの米国の田舎町とは一線を画している。そのすぐ北側に、ベゾスが所有する30万エーカー（約1200平方キロメートル）以上の牧場があり、その面積はロサンゼルス市よりもわずかに小さいぐらいだ。この牧場は、彼がさまざまなものから逃れるための場所、というだけではない。**

**ここはベゾスの宇宙開発企業「ブルーオリジン」のロケット打ち上げ場であり、同社の最終的な目標は、宇宙の植民地化である。このプロジェクトは、ベゾスの長期的な視野の象徴だ。**また、ベゾスがほかの人々と異なる性格を持つ理由や、アマゾンを史上最も手強い資本主義マシンに育て上げることができた理由を、理解するのにも役立つ。

ほかの人が数カ月先や数年先という短期的な目標に目を向けているのに対し、ベゾスは数十年、数百年という単位で長期的に物事を考えているのである。

1998年の初めに発表された、ベゾスの株主に対する最初の書簡において、彼は長い目で見て考えることの重要性を説き、その哲学は現在のアマゾンにも受け継がれている。彼は大胆な一歩を踏み出すこと、元が取れるかどうかわからない新しいテクノロジーやビジネスに投資すること、そしてそれが判明するまで何年もがまんすることについて述べている。

書簡の最初のパート（「すべては長期的な視野」というサブタイトルが付けられている）において、ベゾスはアマゾンが「短期的な収益や、ウォール街の短期的な反応ではなく、長期的な市場のリーダーシップを考慮したうえで投資判断を行う」と書いている。つまり、キャッシュフローと市場シェアを拡大することは、短期的な収益性よりも常に優先されるということだ。このアプローチにより、彼はアマゾンをあたかも非公開企業であるかのように、運営することができるようになった。

## 短期志向の株主を無視する

アマゾンの急激に上昇する成長率と、将来的に利益を手にできるという見込みは、ウォール街の一部の人々からの批判や懐疑論に直面しても（事業が損失を出し続けていた期間ですら）、ベゾスが資金を調達することを可能にした（もちろん、ベゾスがアマゾン株式の16%を保有していることも、ほとんどのCEOが夢に見ることしかできないような経営上の余裕を彼に与えているのだが）。

2014年、ベゾスはニュースサイト「ビジネス・インサイダー」のヘンリー・ブロジェットに対し、自分は1年間に6時間しか投資家との対話に費やそうとせず、その相手もアマゾン株を長期間保有している人々だけだと語った。彼は基本的に、短期でアマゾン株を売買する人々がどう思うかを、気にしていない。

**ベゾスは究極の長期的思考者だ。彼は数十年、数百年単位で考えることが、短期的な視野で考えていては想像すらできなかったであろうことを達成するカギであると信じている。いま誰かに向かって、世界の飢餓を解決してほしい、あるいは中東に平和をもたらしてほしいと頼んだら、ほとんどの人はあきれてしまうだろう。しかし、100年後にこうした問題を解決するよう頼んだとしたら、それはより対処可能なものになっているはずだ。**

これこそ、アマゾンを成功に導いた長期的な思考である。多くのCEOが次の四半期や、その次の四半期を心配しているのに対し、ベゾスは5年後、6年後、7年後に結果を出すことを考えている。そうすることで社員たちに、創造性を発揮して問題を解決する時間を与えているのである。

「もし、あらゆることに2～3年で結果を出さなければならないとしたら、できることが制限されてしまいます」とベゾスは言う。「しかし『大丈夫、7年かけていいんだ』と一息つく余裕があれば、突如として多くのチャンスが手に入ります」

社員たちに長期的な視野を持たせることで、時間の使い方、計画の立て方、エネルギーの注ぎ方が変わってくる。そして、隅々まで見渡す力を持つようになる。このような企業文化をつくるのは、容易なことではない。ベゾスはこう言っている。「これは人間にとって、自然なことではありません。意識して身につけなければならないのです。『ゆっくり金持ちになる方法』など、通販番組では売れないでしょう」

ベゾスの長期戦略は、アマゾンに大きな配当をもたらした。この20年間、ベゾスはアマゾンのキャッシュフローを株主に還元するのではなく、その大部分を事業の拡大、研究開発への投資、優秀な人材の採用に充ててきた。ウォール街は四半期ごとに利益を出せと叫び、アマゾンの株価はジェットコースターのように上下したが、ベゾスはそれらを無視し、世界で最もスマートな会社をつくるという自身の戦いに集中した。

## AWSは長期志向の賜物

ベゾスの長期的な視野を示す最良の例は、2003年に彼が下した、AWSに賭けてみるという、先見の明のある決断だろう。それは最終的に、世界最大のクラウドコンピューティング事業へと成長した。

2003年に、ワシントン湖の畔にあるベゾスの自宅で行われたオフサイト・ミーティングにおいて、アマゾンのソフトウエア・エンジニアが、アマゾン・ドットコムのサイトに機能を追加するのが難しいことを議題に上げた。新しい機能のプログラムを開発するたびに、彼らはそれをアマゾンの巨大なコンピュータ・インフラ上でどうやって動作させるか、IT部門が答えを出すのを待たなければならなかったのである。

当時、ベゾスのシャドーを務めていたアンディ・ジャシーは、フィナンシャル・タイムズに対して、当時の様子を次のように説明している。「彼らはみな、『車輪の再発明』をしていました……あるプロジェクト内で開発されたものは、そのプロジェクトを越えて使われることはなかったのです」

それに対するジャシーのアイデアは、エンジニアが新機能の設計を簡単かつ迅速に行えるようにするために、オンデマンドで利用できるコンピューティング・パワーを、クラウド上に用意するというものだった。しかしそのためには、アマゾンが自社内で大規模なコンピュータサービスを構築しなければならなかった。当時はまだ、「ドットコム・バブル」崩壊の影響が残っていた。事業で苦戦しているオンライン小売業者が、コンピュータサービス会社を開始することを正当化できるだろうか？

リスクはあったが、ベゾスはクラウドサービスの構築にゴーサインを出した。そしてこの挑戦は大成功を収め、アマゾンは最終的に、同じソフトウエアツールを他の企業にも提供するようになった。

今日、ＡＷＳはアマゾンで最も収益性の高いビジネスであり、ネットフリックス、エアビーアンドビー、ＣＩＡなどの、数千もの顧客を持つサービスとなっている。これは長期的には大きな賭けだったが、実を結んだのだ。**2019年半ば、投資調査会社のコーウェンは、AWSだけで5000億ドル〔約53兆円〕以上の価値があり、これはアマゾンの株式時価総額の半分以上に相当すると推定している。**

## 一か八かの賭けを避けるための失敗

こうした、ベゾスの大胆で長期的な賭けは、必ず報われるというわけではない。2019年、アマゾンはフードデリバリー事業の「アマゾン・レストラン」を中止した。この分野にはドアダッシュやウーバーイーツといった競合がひしめいており、生き残りは難しいと判断したのである。

同じ年には、消費者がボタンを押すだけで洗濯用洗剤などの日用品を再発注できる製品「ダッシュボタン」を廃止した。利用者がそれに利便性を感じなかったのである。ドットコム・バブルの頃には、アマゾンは宅配サービスのコスモ・ドットコムとペッツ・ドットコムに投資したが、これらのオンラインビジネスはものの見事に失敗した。

おそらく、公になっている失敗の中で最大のものは、アマゾン・ファイアーフォンだろう。2007年に発表されたアップルのiPhoneは大成功を収め、グーグルにも急成長中のアンドロイドOSがある。ならば、アマゾンのプライム会員にアピールできる携帯電話を開発してみてはどうだろうか、とベゾスは考えた。

2014年、アマゾンは「ファイアーフォン」と名付けられた端末を650ドル〔約6万9000円〕で発売し、iPhoneやサムスンのアンドロイド端末と競合するようになった。しかしこの携帯電話は、グーグルマップやスターバックス・アプリのような人気アプリに対応しておらず、アップルのiTunesライブラリのようなプログラムをインポートする際に、手間がかかることに不満を漏らすユーザーもいた。結局、この端末は人気を得られず、販売されてからまもなく、アマゾンは売れ残った在庫に対して多額の評価損を計上することとなった。

アマゾンを「失敗するのに世界で最高の場所」と呼ぶベゾスは、こうした損失が会社にとって痛ましいものであるとしても、ほかに方法はないと考えている。会社の失敗の規模が大きくなり続けなければ、大きなブレイクスルーを達成するような発明はできないと彼は信じている。

ベゾスはAWSやアマゾン・プライム、キンドルなどの成功例を含め、大規模で長期的な賭けをするよう部下たちに奨励している。しかし、この高リスクなアプローチは、ファイアーフォンやペッツ・ドットコムのような大失敗も数多く生み出してきた。

ベゾスがこうした一連の失敗を乗り越えてこられたのは、これらの失敗はすべて大きな賭けだったものの、どれも「社運を賭ける」ほどのものではなかったからである。企業が常にイノベーションを続けていれば、成功した賭けがもたらす利益は、失敗による損失を補って余りあるだろう。しかし、イノベーションに取り組んでいなければ、気づいたときには、運を天に任せて一か八かの賭けをしなければならない状況に陥ってしまうかもしれない。

**ベゾスはビジネス・インサイダーのブロジェットに対して、「アマゾン・ドットコムに関して言えば、何十億ドルもの失敗をしてきました。文字どおり、何十億ドルも無駄にしたのです」と語っている。**「ペッツ・ドットコムやコスモ・ドットコムの件を覚えているでしょう。あれは、麻酔なしで虫歯の治療を受けるようなものでした。まったく楽しい経験ではありません。しかしそれも、たいしたことではないのです」

ウォール街の金融関係者たちは、こうした損失を気にするかもしれない。しかしベゾスは、これまでのキャリアを通じて、粘り強く事業に取り組み、他人を説得し、投資家からの厳しい批判をかわすのに、十分な成功を収めてきた。そしてその間に、彼は忍耐強く投資を続けてくれる忠実な投資家たちを集めるに至っている。

## 長期志向だから実現できる果実

ベゾスのように成功したCEOは、単に長期的に行動したいから、長期的に行動しているのではない。長期的に行動することで得られるものこそが、彼らにとって重要なのだ。長期的な視野に立つ企業は、競合企業を飛び越して、5年後、10年後、さらには15年後にある明るい未来の中に、自らを位置付けることができる。

例えばアマゾンは、13億人の消費者を抱えるインド市場に参入しようと考えていた。そしてすぐに、インド各地のローカルで複雑な規制を紐解く必要があることを理解した。抜け目のないベゾスは、アマゾンは、「インドの輸出を促進する」というナレンドラ・モディ首相の目標に合致する、善い存在なのだとアピールした。

アマゾンは現在、インドの小売業者がサイト上で米国の消費者にリーチするのを支援する、重要な一連のサービスを提供している。2019年の時点で、5万社以上のインド企業がアマゾンを通じて米国市場での販売を行っている。アマゾンのインド進出が成功するかどうかを判断するのは、時期尚早だ（インドの規制当局は、アマゾン、ウォルマート、アリババなどの海外のEコマース企業に対して厳しい姿勢をとっている）。しかし、国際的な市場開拓の一環として、これほど先見性のある行動をとっている企業はほかにないだろう。

**ベゾスの長期的な視野へのこだわりは、取締役会にまで及んでいる。彼は長年にわたり、会社が成長を求めている市場の専門知識を持つ役員を選んできた。**例えば、アマゾンはハリウッドへの進出を積極的に進めており、オリジナル番組に毎年数十億ドルを投資している。したがって、ベゾスが2014年にジュディス・マクグラスを取締役に選んだのは、偶然ではない。彼女はかつて、コメディ・セントラルやニコロデオンを統括する、MTVネットワークス・エンターテイメント・グループのCEOを務めていた。

もう一つ例を挙げよう。AWS事業において重要な部分の一つが、国防総省やCIAなど、米国政府にクラウドサービスを提供しているという点だ。したがって、ジェイミー・ゴアリックがアマゾンの取締役を務めていることには、何の不思議もない。彼女は米国の司法副長官や国防総省の法律顧問を務めた、軍産複合体の重鎮なのである。

アマゾンが進めようとしている事業と、取締役の経歴との間にある関連性は、これだけにとどまらない。アマゾンは大手家電メーカーとしての顔も持ち、キンドル、ファイアーTV、アレクサが搭載されたエコーといった製品を製造している。

そこでは、2010年から役員を務めているジョナサン・ルビンスタインの専門知識が、確実に役立っている。彼はスマートフォン・メーカーのパームでCEOを務めた人物で、それ以前はアップルでiPod部門を率いていた。

同様にホールフーズの買収は、ベゾスが7000億ドル〔約74兆円〕の規模を持つ米国の食料品ビジネスを、本気で攻略しようとしていることを示している。したがって、同社が2019年2月、食品ビジネスの経験が豊かな2人の新しい取締役を任命したのも不思議ではない。

その1人は、食品・飲料大手ペプシコのCEOを退任したばかりのインドラ・ヌーイで、もう1人は、スターバックスのCOOであるロザリンド・ブルーワーだ。スターバックスは実店舗経営の経験が豊富なだけでなく、複数の食料品チェーンで大きな存在感を示している。またブルーワーが、アマゾンのライバルである、ウォルマートのディスカウントストア・チェーン「サムズ・クラブ」を率いていた時期があることも、注目に値するだろう。

## 政治的に長期的バランスを取るベゾス

ベゾスが長期的な視野を適用しているのは、ビジネス上の問題だけではない。それはある意味で、彼の社会的意識にも影響を与えている。ベゾスのアマゾン以外での活動を検証すると、彼が単なるビジネスマンではなく、むしろ文化的な重要人物、あるいはアイデアを生み出す人物として見られたい、という野心を持っていることがわかる。

**政治的には、ベゾスはリバタリアン〔自由市場主義者〕の傾向があるが、アマゾンの広報担当者によれば、彼は自分をリバタリアンだとは言っていない。彼は民主党と共和党両方の候補者に資金を提供しており、長期的に見て、自分の賭けがどちらに転んでも大丈夫なようにしている。**

2012年、彼は社会の風が今後どちらの方向に吹くかを察知して、ワシントン州での同性婚を擁護するキャンペーンに250万ドル〔約2億6000万円〕を寄付した。また2018年には、退役軍人を議会に選出することを目的とした超党派のスーパー

PAC〔PACは政治行動委員会の意味で、米国において政治家に献金を行うために設置される政治資金団体を指す。これには献金の上限額が決められていたが、2010年の米最高裁判決でこの上限が取り払われた後、巨額の献金を行うようになった団体をスーパーPACと呼ぶ〕に1000万ドル〔約10億5000万円〕を寄付した。

2013年、経営難に陥っていたワシントンポストを2億5000万ドル〔約264億円〕で買収したのは、同紙が「救う価値のある民主主義の柱」だと考えたからだ。2016年にチャーリー・ローズが行ったインタビューにおいて、ベゾスは次のように語っている。「買収したのは、それが重要だからです。私は、経営難に陥ったスナック菓子の会社は買収しません。それは私にとって何の意味もないのです」

ベゾスの友人で、ワシントンポストの元オーナーであるドン・グラハムが、苦戦している同紙の買収を打診したとき、彼はポストの長所だけでなく、購読者数の減少や広告収入の落ち込みなどの問題点もすべて説明した。その内容は、買収に強い意欲を持つ人物でさえ震え上がるようなものだった。

しかし、ベゾスはグラハムを非常に信頼しており、財務上のデューデリジェンスを行わずに同紙を買収した。ベゾスは数年後に、「彼が言っていたことは、すべて真実だったとわかりました」と語っている。

買収以降、ワシントンポストは購読者数を増やし、報道スタッフも強化している。何より重要なのは、黒字に転じたことだ。この劇的な好転は、ドナルド・トランプが大統領になったことをきっかけに、政治ニュースの需要が高まったことが大きく関係しているのは確かだ。

しかし、同紙で働くジャーナリストによると、ベゾスはアマゾンの技術的な魔法をポストに持ち込み、長期的な投資を行うようになったという。ワシントンポストが今後も力強い成長を続けるために、インフラや優秀なジャーナリストなど、必要とされるあらゆるものに投資しているのだ。同紙のスタッフに疑念を抱かせないために、ベゾスは日々の編集上の決定からも手を引いている。

## 宇宙計画は夢の追求ではない

ベゾスはアマゾンやウォール街、さらにはジャーナリズムについて長期的な視点を持っているが、彼の「遠い未来に目を向ける」という姿勢は、宇宙空間の植民地化への取り組みに対しても発揮されている。

2003年、アマゾンはドットコム・バブル崩壊の影響を乗り越え、株価が再び上昇していた。会社が軌道に乗ったと感じた若いベゾスは、民間の宇宙開発企業を立ち上げる良いタイミングだと考えた。そしてシアトルに新たなオフィスを開き、このスタートアップ企業を「ブルーオリジン」と名付けた。

ベゾスにとって、それは金持ちの趣味以上の取り組みだった。彼は2017年に、

「長期的な視野で考えると、私が手掛けている中で最も重要な仕事は、ブルーオリジンを立ち上げて人類を太陽系全体に広げることです」と述べている。

ベゾスは現在でも5日のうち4日はアマゾンに集中しているが、このシアトルのトニー・スターク〔アイアンマンの主人公〕は、ブルーオリジンが成功しない限り、自分が真の成功者だとは感じないだろう。変に聞こえるかもしれないが、ベゾスがアマゾンをつくった理由の一つは、彼のロケット会社に資金を提供することにある。彼は毎年10億ドル〔約1000億円〕分のアマゾン株を売却して、プロジェクトの資金に充てることを約束している。

**なぜ宇宙開発なのか？　ベゾスは、それが地球を救う唯一の方法だと信じているためだ。地球の人口が増えると、人類が生きていくための資源を提供できなくなる、と彼は主張している。そこで彼は、ほかの惑星に行って鉱物を手に入れ、地球の人口が増えても大丈夫なように、必要な機器類を作らなければならないと考えているのだ。**

彼は自分のアイデアを「大いなる逆転」と名付けている。一言で言えば、地球を住宅地と軽工業地帯にして、鉱業と重工業を宇宙に移そうとしているのだ。人間は地球だけでなく、宇宙空間に建設される巨大な宇宙ステーションにも住むことができる。

ベゾスは次のように語っている。

「宇宙には限りない資源があります。太陽系に1兆人の人間が住んだとしても、混雑することはないでしょう。1兆人の人口があれば、1000人のアインシュタイン、

1000人のモーツァルト、1000人のダ・ヴィンチが生まれるかもしれません。それは素晴らしいことです。私たちは地球を救うために宇宙に行かなければならないし、それを急いでしなければなりません」

## 1万年後の超長期計画

ブルーオリジンの立ち上げ当初、ベゾスはいくつかの不運や挫折を経験した。時には、テキサス州ヴァンホーンにあるオペレーション・センターの上空で、ロケットが爆発してオレンジ色の火の玉に包まれるということもあった。しかし、それを乗り越え、宇宙旅行を手頃な価格で実現するというベゾスの夢は、徐々に上昇を始めている。

2018年には空軍から、物資を宇宙空間に運ぶ契約を獲得した。

また同社は、地球が丸いことを確認できる、十分な高さの宇宙空間に乗客を連れて行くサービスを提供すると述べている。検討されている料金は、乗客1人当たり30万ドル〔約3200万円〕ほどだ（ベゾスは自分と彼の家族が最初のフライトに参加すると述べている）。

**2019年の春、ベゾスはワシントンD.C.で、iPhoneの発表会に似たイベントを開催した。そこで彼は、有人宇宙船「ブルームーン」を発表した。この宇宙船はNASAの基準に合致するもので、2020年代半ばまでに、人類を月面に連れて**

**行くことができると彼は述べた。それは彼が宇宙への道を築くうえでの、もう一つの重要なステップだった。**

1兆人もの人々が、太陽系やその先まで進出するという壮大なビジョンが、何百年も先のことであるというのは、ベゾス自身も認識している。しかし、彼の考え方からすれば、それはすぐそこまで来ているのである。

彼の長期的な視野の最も顕著な例は、これから1万年後まで時を刻むという装置、「1万年時計」に資金を提供したことかもしれない。ベゾスはこの時計を作るために、4200万ドル〔約44億円〕支出することを約束した。

時計はベゾスが所有する石灰岩の山の、標高1500フィート〔約457メートル〕付近の、低木が生い茂る場所に設置されている。テキサス州ヴァンホーンとブルーオリジンの施設から、ハイキングで1日ほどの所だ。

時計が設置されている施設の入り口は、ステンレス鋼で縁取られた翡翠《ひすい》の扉と、その先にあるもう一つのスチール扉で守られている。ほこりや侵入者を寄せ付けないためだ。この入り口は、山の中心部に掘られた、高さ500フィート〔約152メートル〕、直径12フィート〔約3・7メートル〕の竪穴の底部に続いている。

本書が出版された時点でも、作業員は依然として1万年時計を建造中だ。その大半は、チタン、マリングレードのステンレス鋼、ハイテクセラミックスでできている。高さ500フィートの竪穴の最上部付近には、時計の文字盤となる直径8フィート

〔約2・4メートル〕の円盤があり、天文時のサイクル、星や惑星の運行、地球を起点とした銀河年、そしてもちろん、現在の時間を示す。

時計は1年に1つ目盛りが進むようになっており、100年に1つ目盛りが進む針も付いている。また、1000年に1度、カッコウが鳴く仕掛けまである。さらに、機械式のコンピュータが350万種類以上のメロディを計算し、それを時計のチャイムが、何世紀にもわたって演奏するようになっている。

この1万年時計プロジェクトは、ベゾスの友人であるダニー・ヒリスの発案で、完了日がいつになるか、特にアナウンスはされていない。ヒリスは並列処理スーパーコンピュータのパイオニアだが、ディズニーのテーマパークを設計する企業、ウォルト・ディズニー・イマジニアリングにおいて、クリエイティブを担当するという顔も持つ（テーマパークを歩き回る実物大の恐竜をデザインしたこともある）。

1996年、彼は生物学者のスチュアート・ブランド（彼は文化面でもパイオニアで、1960年代のバイブル的存在である雑誌『全地球カタログ』の編集者も務めていた）と共に、この時計を作るための非営利団体を立ち上げた。ロックミュージシャンのブライアン・イーノは、この組織を「ロング・ナウ協会」と命名するのに一役買った。彼がこう名付けた理由について、同協会のウェブサイトは次のように解説している。「この時計は、時間感覚の拡大を促すだろう――次の四半期、来週、次の5分間といった短い時間ではなく、何世紀にも及ぶ『長い今（ロング・ナウ）』を意識するようになるのだ」

1万年時計が一般公開されれば、それは人々が長期的な視野に立ち、物事を広い視野から捉え、大きな問題を解決することを促すだろうとベゾスは期待している。こうした長期的な視野こそが、ベゾスが資本主義の歴史の中で最も強力なエンジンの一つである、AIフライホイールを生み出すのを助けたのだ。

Cranking the AI Flywheel

第5章

# AIフライホイールの発明

弾み車を加速させるために働け

## 仕事の過酷さを和らげる機能を持つオフィス

**アマゾンのシアトル本社は、ベゾスがオフィスを構える「デイワン」タワーを含む47のオフィスビルから成る、広大なキャンパスだ。デイワン・タワーとデイツー・タワーの間には、ベゾスが社員と会議を開いたり、リラックスしたり、集中したりするためにつくった、ガラスとスチールでできた巨大なイグルー〔氷のシェルター〕のような建物「スフィア」がある。**

これは60面体の建物が2つ組み合わさった構造をしており、鉄骨の枠組みに2634枚のガラスがはめ込まれている。まるでSF作家が想像する、生物が生きられる空間を確保するために火星上につくられた施設のようだ。

スフィアは巨大なテラリウム〔ガラス容器で植物・小動物を育てる園芸スタイル〕として機能し、30カ国以上から集められた約4万種の植物が育てられている。その中には、高さ55フィート〔約17メートル〕、幅30フィート〔約9メートル〕、重さ4万ポンド〔約18トン〕のコバノゴムビワの木〔これには「ルビ」という愛称が付けられている〕もある。この木は球体の上部から、クレーンを使って運び込まれた。

スフィアの内部は落ち着いた雰囲気で、さまざまな動植物があふれる空間の中に置かれた椅子とテーブルに社員たちが集い、ノートパソコンで作業をしたり、静かに話をしたりしている。スフィアの頂上まで続く歩道を散策すると、そこは外国の植物のために霧のスプレーによって湿度が保たれていて、熱帯雨林を散策しているような気分になる。

ベゾスが新しい本社に熱帯雨林をつくったのは、たまたまではない。1990年代半ばにアマゾンを立ち上げたとき、彼は最初、自分の会社に「リレントレス・ドットコム（Relentless.com）」という名前を付けようとしていた。その後に思いついたのが「アマゾン・ドットコム」で、これはブラジルの熱帯雨林を流れる大河にちなんだ名前だった。そしてアマゾンは、世界の隅々まで商品を届ける巨大な河へと、瞬く間に成長していった。

8月下旬、シアトルにしてはめずらしく澄み渡った青空のある日、私はデイワン・ビルを訪れた。受付の所にスナック菓子が置かれているのを見た私は、それに手を伸ばそうとして、人間用ではないことに気づいた――それはカラフルな犬用ビスケットだったのである。アマゾンのキャンパスには、7000匹以上の犬が登録されているのだ（もちろん、受付にやってくる犬の数はずっと少ないだろう）。

受付エリアの外には、フェンスに囲われた屋外スペースがあり、そこでおよそ半ダースの犬たちが楽しそうに、フリスビーを追ったり、お互いに追いかけっこしたりしている。ベゾスの犬好きは、アマゾンの立ち上げ当初、彼が社員たちと共に過酷な労働をしていた頃からだという。

ブラッド・ストーンの『ジェフ・ベゾス 果てなき野望』によれば、そうした労働を少しでも楽しいものにするために、エリックとスーザン・ベンソンという2人の社員に対し、ウェルシュ・コーギーのルーファスを毎日オフィスに連れて来てもいいと許可した。ルーファスは、マスコットとお守りを合わせたような存在になった。アマゾンが新機能を追加するたびに、ルーファスに幸運を呼んでもらおうと、彼にキーボードの上に前足を置いてもらったのだ。

現在、キャンパス内にあるビルの1棟に、ルーファスの名前が付けられている。実は、シアトルにあるアマゾンの47棟のビルには、すべて風変わりな名前が付けられている。例えば、あるビルはフィオナという名前だが、これはキンドルの発売前のコードネームにちなんだものだ。また、ネッシーという名前のビルは、ネス湖の怪物にちなんだものではなく、アマゾン・ドットコムのアクセス急増やトレンドを監視するシステムからとられている。

## ハーバードの常識に逆行する「2枚のピザチーム」理論

アマゾンのキャンパスは、都市部に無計画に建設された高層ビルの集合体に見えるが、何の意図もなしにそうなっているのではない。ベゾスはマイクロソフトやグーグル、アップルなどの大企業が行ってきたように、本社を郊外の巨大なキャンパスに移転することもできた。しかし、何万人もの若い技術者にとって魅力的な場所である、ダウンタウンのにぎやかな地域に留まることを選んだのだ。そして会社の規模が拡大するのに合わせて、新たなビルを建てたり、買い取ったりしてきたのである。

一方でこのような姿勢は、事業部間や事業部内でのコミュニケーションやコラボレーションが多すぎると物事が遅くなる、というベゾスの強い信念を反映したものでもある。この考え方は、ハーバード・ビジネススクールの教授たちが教えていることとは正反対だ。コミュニケーションとコラボレーションは、チームワークを育み、従業員たちに会社の戦略を理解させることにつながる、と考えられている。しかしベゾスは、それとは反対の結論を下した。プロジェクトの最新情報を誰もが知りうる状態を保とうとすると、プロジェクトの進行が遅くなるというのだ。

**2002年、ベゾスはソフトウエア開発のために、現在では伝説となっている「2枚のピザチーム」理論を考案した。プロジェクトチームの人数は、食事の際にピザ2枚でまかなえるくらいの数、つまり10人以下に抑えるべきだというものだ。**

こうすることで、官僚主義が抑えられ、時間を浪費する企業内コミュニケーションも、最小限に抑制されるようになった。アマゾンのグレッグ・ハートは、次のように述べている。「チームに対する私たちの全体的なアプローチは、少しずつ進化していきます。しかし基本的な組織原理は、可能な限り最小の単位に対して、彼らが取り組んでいることの成否をコントロールするのに十分な程度の、責任と自律性を与えるというものです」
外部の人間からすると、この姿勢は失敗を招くもののように感じられる。**数百ものピザチームが、シアトルのダウンタウンにあるいくつものビルに散り散りになって、個々に活動しているのである。しかしこの仕組みは、ちゃんと機能している。理由はたった一つ――ベゾスは「ベゾノミクス」の教義を、自分の会社に根付かせているのだ。**

この教義は、霧の中を進む個々のグループに対して、道筋を示す灯台のような役割を果たしている。彼らが取り組んでいるのが「キンドル」という名の新しい電子書籍端末だろうと、新しいビデオストリーミング・サービスだろうと、「アレクサ」という名の音声認識アシスタントだろうと、アマゾン・ドットコム上での買い物をよりスムーズにする方法だろうと、チームを導いてくれるのだ。

## 社員の仕事は、ベゾノミクスに貢献することだけ

簡単に言えば、ベゾノミクスの基本原則とは、顧客へのこだわり、画期的なイノベーション、長期的な視野に立った経営である。ストックオプションを手にするのにふさわしい有能なCEOであれば誰でも、これらの原則のいくつか、あるいはすべてに従っていると主張するだろう。

しかし、**大部分のCEOは、これらの原則を一貫して、長期にわたって実行することに失敗している。ではなぜ、アマゾンは違うのか？　ベゾスの秘密は、彼が「フライホイール」と呼んでいるもの、つまりベゾノミクスの3つの価値観を推進し、組織がその原則を忠実に守るようにさせる、概念的なエンジンにある。それはアマゾン社員の行動に影響を与える考え方、メンタルモデルなのである。**

本質的には、フライホイールは好循環のメタファーだ。アマゾンの社員は競争に集中するよりも、あらゆる仕事を、顧客の生活をより良いものにするために行っている。その一つの方法は、買い物客が負担するコストを下げることだ。

そうすることで、アマゾン・ドットコムを訪れる顧客の数を増やす。するとそれは、アマゾンのプラットフォームに流れ込むトラフィックにリーチしたいと考える、独立系小売業者をより多く引き付けることになり、それはアマゾンがより多くの収益を手にすることを意味する。それは規模の経済を実現し、顧客のためにさらにコストを下げることが可能になる。そしてコストが下がると、より多くの顧客が集まり、それはより多くの売り手を集め……というように、フライホイールの回転が続くことになる。

**アマゾンのマネジャーなら誰もが理解している「フライホイール」の概念が、この巨大企業を独立国家の連合体として運営することを可能にしている。社員は自分の役割が何であるか、何をすべきかを考える必要はない。彼らの仕事は、毎日少しずつ、フライホイールを加速させることだ。それが指針となり、彼らに自律的に行動する自**

**由を与えているのである。**

フライホイールはアマゾンの企業文化に欠かせないものであり、アマゾンに応募する人には、その概念を理解し、自分の仕事がフライホイールの回転にどのように貢献するのかを、説明することが求められている。

アマゾンのブログにはこう書かれている。「アマゾンで数週間働いている人なら誰でも、『フライホイール』という言葉を聞いたことがあるだろう。実際、アマゾンでインタビューを行っている人の多くは（大部分ではないにしても）、インタビュー中にフライホイールについて話しているのではないだろうか。それゆえ、この会社でインタビューを受ける場合には、事前にアマゾンの『好循環』という概念について、整理しておくとよいだろう」

## ジム・コリンズが教えたフライホイール理論

フライホイールが誕生したのは、アマゾンが困難に直面している時期だった。2001年、同社の事業は下降傾向にあった。ドットコム・バブルが崩壊し、イートイズ・ドットコム（eToys.com）や宅配サービスのウェブバン・ドットコム（Webvan.com）など、それまで野心的で過大評価されていたドットコム株が、サイバー墓地に葬られてしまったのだ。

2000年から05年の間に、ナスダックに上場していた銘柄は、5兆ドル（約530兆円）もの市場価値を失った。アマゾンも例外ではない。同社の株価は急降下していた。1999年12月には、アマゾン株は1株107ドル近くで取引されていたのだが、2001年9月には、1株わずか5・97ドルになっていた。メルトダウンの前夜、ビジネス誌のバロンズに掲載された記事には、「アマゾン・ドット・ボム（爆弾）」というタイトルが付けられていた。

2001年秋、ニューヨークの世界貿易センタービルとペンタゴンへの同時多発テロの後、米国は陰鬱な空気に覆われていた。アマゾンでは、会社の低迷という事実と相まって、テロ攻撃の衝撃はさらに深刻なものとなった。コスト削減とリストラが行われ、「今年の終わりには、アマゾンは現金を使い果たすだろう」と主張するウォール街のアナリストたちの、厳しい監視下に置かれることとなった。

同じ頃、ジム・コリンズによるリーダーシップに関する著作で、その後大きな影響を与えることとなった『ビジョナリーカンパニー2 飛躍の法則』（日経BP社）が出版された。深い研究に基づいて書かれたこの本は、なぜ存続し、繁栄する企業がある一方で、失敗に終わる企業があるのかを探るものだった。同書は、世界で500万部以上が販売されている。

アマゾンはコリンズをシアトルに招待し、ベゾスや取締役たちと会って、経営陣を指導するよう依頼した。シアトル滞在中、コリンズは成長のための新しいエンジン

「フライホイール」をつくる必要性について語った。「このようなときには、悪いニュースに反応するのではなく、フライホイールを構築することで対応すべきだ、と私は彼らに語りました」とコリンズは回想している。

取締役会でのベゾスは、「本当に鋭く、聞き上手だった」とコリンズは語っている。振り返ってみると、ベゾスは「フライホイールの思考力」を本能的に有していたが、単にそれを言語化できていなかっただけだ、とコリンズは考えている。

コリンズからこの概念を説明されたとき、ベゾスは創業以来アマゾンが示してきた方向性と原則を、明確なものにすることができたのである。「ジェフは素晴らしい生徒でした」とコリンズは言う。「彼は何かを学ぶと、それを、想像を超える高いレベルにまで引き上げるのです」

コリンズはベゾスと取締役会に対し、偉大な企業や組織、スポーツチームの成功は、けっして一つの出来事や、一つのアイデアによるものではないと説明した。どこかに最初に到達するとか、巨大な買収をやってのけるといったことが偉大なのではない。むしろ成功は、大きなフライホイールを回し続けることから生まれるものなのだ。

**「最初にフライホイールを回そうとすると、1回転させるのに大きな力が必要になります」とコリンズは説明する。「しかし、力を緩めずに回し続けると、2回転目には勢いが出てきて、さらに加速していきます。4回転、8回転、16回転、32回転……さらには何千、何万、何百万と回転を続けるうちに、そのフライホイール自体に運動エ**

ネルギーが蓄積され、ますます勢いが増していくのです」

コリンズによれば、優れた企業のフライホイールは、単に一つの事業部を指すのではない。それは複数のビジネスや活動に適用し、拡張することができる、モメンタムの基礎となるアーキテクチャなのだ。新しいテクノロジーは、フライホイールが何百万回、何十億回と回転し続けるのを助ける、強力なアクセルになる可能性がある。

コリンズはアマゾン社員に対して、フライホイールは単なる円の形に描かれた、優先順位リストではないことを説明した。それは考え方なのだ。フライホイールにおいて重要なのは、それを回転させるのは、たった一度の大きな一押しではないという点である。

それはウォーレン・バフェットに対して、あなたを偉大にした投資を一つ教えてくれ、と尋ねるようなものだ。彼を偉大にしたのは、1回の行動や決断ではなく、首尾一貫した姿勢に基づいて行われた、一連の優れた判断だった。アマゾンの場合、それは「純粋に顧客中心主義であること」であり、それは時間の経過とともに蓄積され、会社に勢いを与えたのである。

## アマゾンのフライホイールの誕生

ベゾスはこのアイデアに飛びついた。彼はチームと共に、アマゾンのフライホイー

ベゾスのAIフライホイール

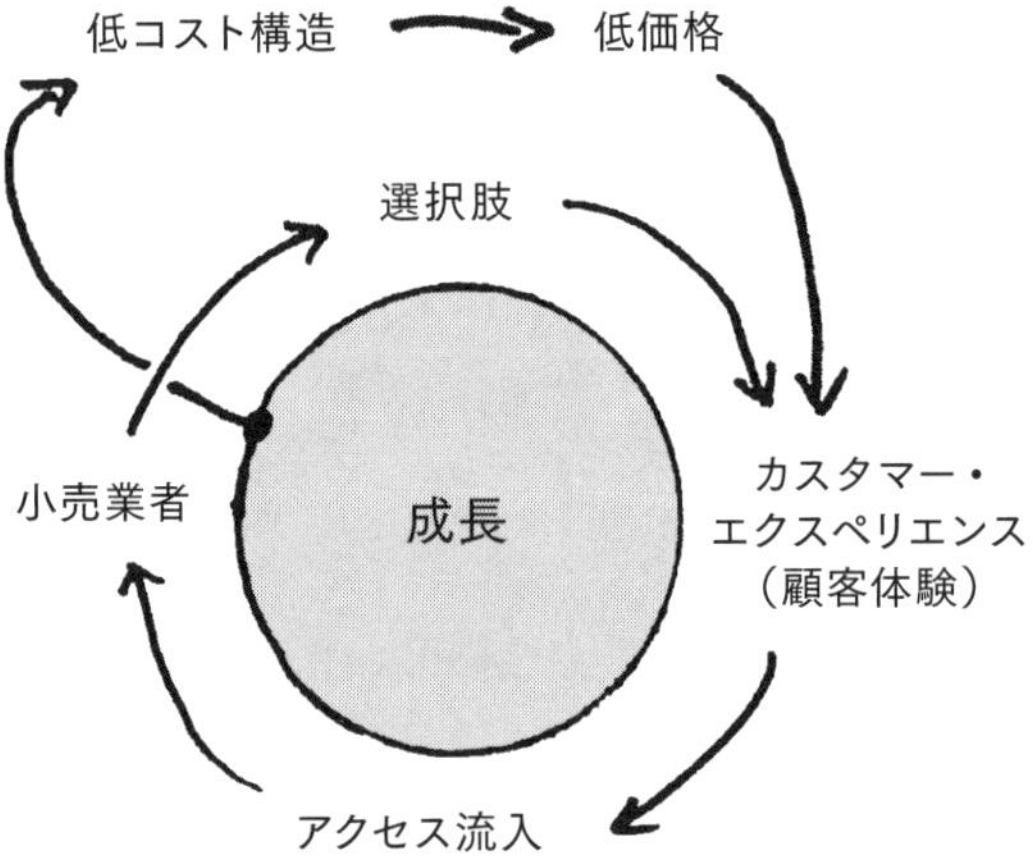


ルがどのようなものであるべきかをスケッチした。既に解説したとおり、アマゾンは顧客のためにコストを下げ、サービスを向上させることに、徹底的に注力している。

そこで、ベゾスらがフライホイールをスケッチするに際し、最初のステップは「顧客のためにコストを下げること」になった。

コストを下げると、アマゾン・ドットコムを訪れる顧客が増える。すると、アクセスが増加しているアマゾンのプラットフォーム（フライホイールの2番目のステップ）に魅力を感じたサードパーティーの小売業者が引き寄せられ、それはアマゾンにさらなる売上げをもたらす。

すると規模の経済が推進され、顧客のためにさらに価格を下げることが可能になる（フライホイールの3番目のステップ）。それは、アマゾン・ドットコムを訪れる顧客を増やすことになり、フライホイールは出発点に戻る。こうして円が完成した。

**ベゾスは、フライホイールを構成するそれぞれのステップ――アクセス、小売業者、選択肢、顧客体験――に社員たちの意識を集中させることができれば、すべてのステップに対して、より多くのエネルギーを分配できることに気づいた。つまり、システム全体が成長するのである。ベゾスはこれらのつながりを見事に理解していた。**

## 回転は加速を始めた

フライホイールは静止していない。ここに、ベゾノミクスの第二原則である、「純粋に発明に取り組む」が適合する。アマゾンの勢いをさらに加速させるには、イノベーションによってフライホイールの各要素を継続的にアップデートしなければならない、とベゾスは理解した。

これは、アマゾンの社員が想像力を働かせて考えなければならないことを意味していた。顧客を喜ばせ、より多くのサードパーティーの小売業者を引き寄せるために、フライホイールの構造の中で、何を新しく、これまでと違う形でできるのかを、絶えず問わなければならないのである。

**「私たちは開拓者、そして発明家でありたいと願っています」とベゾスは言う。「このことは、顧客への執着とうまく調和します。顧客は常に不満を持っているからです。それを自覚していなくても、自分が幸せだと感じていても、そうなのです。彼らは常により良い方法を求めていますが、それが何なのかはわかっていません。私は社員に対して、顧客に執着するとは単に顧客の声に耳を傾けることだけでなく、彼らのために何かを発明することなのだと注意しています」**

2日以内の無料配送、ストリーミングサービス、キンドル、ファイアーTV、エコー、アレクサなど、あらゆるアマゾンのイノベーションはすべて、新しい顧客を獲得し、現在の顧客を満足させ続けるように設計されている。それがより多くのサードパーティー小売業者を引き付け、売上げを促進し、フライホイールをさらに速く回転させることになったのである。

コリンズとの運命的な出会いに続く数年間、ベゾスはイノベーション・エンジンの強化に努め、フライホイールの回転は速くなった。彼は配送時間の短縮化、倉庫へのロボットの配備、キンドルやファイアーTV、アレクサなどのデバイス、AWSやプライムなどのサービスの開発に多大な投資を行った。フライホイールは社員たちに対し、ビジネスをより良くする方法を考えることに、毎日集中するよう促した。

## 年間3兆円の研究開発費の投資先

**2018年までに、アマゾンは研究開発に年間288億ドル〔約3兆円〕を費やすまでに成長しており、この額は世界のどの企業よりも多い。**

しかし、この数字は誤解を招くものだ。そこには研究開発費だけでなく、同社の年次報告書において「既存の製品やサービス、サーバーファーム、店舗、ウェブサイトを維持するための費用」と表現されるコストまで含まれているからである。これらのコストは、普通の企業であれば研究開発費ではなく、営業費用として報告しているものだ。

**これが意味するのは、ベゾスは研究開発をビジネスと切り離して考えていないということである。研究開発こそがビジネスなのだ。とはいえ、この会計処理はあまりにも奇妙なため、米証券取引委員会はアマゾンに対し、研究開発費を通常の会計基準に基づいて仕分けるように求めた。**

ブルームバーグのジャスティン・フォックスは、アマゾンの副社長兼ワールドワイド・コントローラーのシェリー・レイノルズが2017年12月に送った書簡を掘り出したのだが、その中で彼女は、アマゾンはイノベーションと顧客第一主義に執念を燃やしているため、「一般的に研究開発と受け取られている活動と、ほかの活動」を分けて考えていないと主張している。つまり、アマゾンがほかの多くの企業よりもイノベーションを推進できているのは、そのフライホイールが組織の隅々に至るまで、継続的な改善を生み出しているからだ、というわけだ。白衣を着た一握りの科学者だけではなく、誰もがイノベーションを起こすことが期待されているのである。

「真に長期的な思考を心がけている」人物として、ベゾスはフライホイールの構築と維持が、長く辛い作業であることを知っていた。多くの企業は、数年間は自分でフライホイールを発明しようとするが、やがて飽きてきて新しいものに目移りし、新しい戦略や戦術へと乗り換えてしまう。

こうした振る舞いは混乱を招き、時間を浪費し、会社に損失を与える結果となる。ベゾスはフライホイールの構築に数カ月ではなく、何年もかかることを理解していた。そして彼は、2001年から2010年代半ばまでの間、アマゾンが損失を出したり、利益が伸び悩んだりする中で、顧客を喜ばすためのイノベーションに多額の投資を行っていたにもかかわらず、ウォール街を説得してアマゾン株を支え続けてもらうことができた。

キンドルからAWS、エコーに至るまで、アマゾンの主要なイノベーションはすべて、何年もの歳月をかけて開発されたものだ。他社に出遅れたうえに平凡な性能だったファイアーフォンのように、失敗があってもアマゾンがイノベーションを続けたのは、ベゾスが「結果はどうであれ、長い目で見れば努力は報われる」と信じていたからだ。失敗に終わったファイアーフォンも、そこから得られた教訓が、スマートスピーカー「エコー」の成功に生かされている。

## フライホイール思考を私生活に応用しなさい

ベゾスはフライホイール思考を私生活にも応用している。アマゾンでは、ベゾス自ら、トップ社員を対象にしたリーダーシップ・コースを教えている。同社の長時間労働と、競争の激しい職場環境から、ベゾスはワーク・ライフ・バランスについて質問を受けることがある。しかし彼は、この質問が適切なものではないと考えている。

**ベゾスはそれを、「ワーク・ライフ・ハーモニー」の問題と考えているのだ。週に何時間働くかが問題なのではない、とベゾスは信じている。重要なのは、仕事が人にエネルギーを与えているか、それともエネルギーを消耗させているか、という点だ。**

「仕事で元気になったり、幸せを感じたり、自分の価値を高めたり、チームの一員になったり、そのほかのさまざまな理由でエネルギーを得られれば、プライベートもより良いものになるでしょう」とベゾスは訴える。

「同じように、家庭で幸せなら、良い社員や良い上司になることができます。……会議に参加して、その場を盛り上げてくれる人もいれば、参加した会議を委縮させてしまう人もいます。どちらのタイプの人間になりたいか、考えなければなりません。これはフライホイール、好循環をどう生み出すかという問題で、バランスの問題ではありません。だから比喩が危険なのです。バランスと表現すると、そこにトレードオフがあるように感じられます。仕事を終えて家族と過ごしていても、仕事のことで落ち込んでいては、家族があなたのそばにいたくないと感じてしまうかもしれません」

## フライホイール思考で達成された革新

フライホイールは、コリンズが『ビジョナリーカンパニー2 飛躍の法則』で解説して以来、ビジネスの世界でよく知られる概念になった。本当に革新的だったのは、ベゾスがこの概念を使って達成したことだ。過去10年間、ベゾスはフライホイールの概念を、まったく新しいレベルに引き上げた。彼はビッグデータや人工知能、機械学習をフライホイールにいち早く取り入れ、それをさらに速く、そして自力で回転するようにした。

2016年の株主に向けた書簡の中で、ベゾスは機械学習の力を、次のように解説している。「機械学習は、当社が需要予測、商品検索ランキング、お買い得情報のお勧め、マーチャンダイジング、不正検出、翻訳などに使用するアルゴリズムを、動かす力となっています」。毎日、毎時、毎秒、スマートなアルゴリズムが、価格を下げたり、配送にかかる時間を短縮したり、適切な曲や映画を提案したり、アレクサが質問に対して数ミリ秒で正しい答えを返したりする方法を考え出すことで、アマゾンの顧客を喜ばせる方法を学習しているのだ。この新しいプロセスこそが、ＡＩフライホイールである。

ベゾスの雇った何万人ものエンジニア、データサイエンティスト、プログラマーたちが、ＡＩフライホイールを学習マシンにした。それは、アマゾンが3億人の顧客から収集したすべてのデータを取得し、詳細に分析する、独自の知能を備えたサイバー装置だ。このマシンは、どのような商品を購入するか、その商品をいくらで売るか、世界のどこに在庫を置くか、などの意思決定を行う。

ＡＩは顧客の過去の購入履歴、カートに追加されたが購入されていない商品、ほしい物リストに保存されている商品、さらには買い物客のカーソルの動きなど、山のようなデータを分析して、誰が何を注文するかを予測することができる。

米サウスカロライナ州マートルビーチに夏が到来し、ビーチに行く人々が新しいパラソルや、日焼け止めを探し始めたとしよう。ＡＩは、サウスカロライナ州の倉庫にそうした商品をより多く在庫すべきだと理解しているので、アマゾンの顧客は在庫切れを心配する必要がなく、場合によっては、翌日までに手に入れられる。そしてＡＩフライホイールは回り続ける。

## アマゾンに一貫性ある戦略を与えたAIフライホイール

私は最初、この概念を信じることができなかった。アマゾンが世界中で販売している何億もの商品に関するビジネス上の意思決定を、ほぼリアルタイムで行えるほど、機械は賢くなれるのだろうか？

AIが賢くなってきていることや、途方に暮れるほど大量のデータを処理するコストが下がってきていることは知っていたが、この技術については、多くの誇大宣伝がなされている。アマゾンが言うほど、機械は進化したのだろうか？

その答えを得るために、私はシアトル滞在中、アマゾンのワールドワイド・コンシューマー部門CEOの、ジェフ・ウィルクに話を聞いた。ウィルクは１９９９年にアマゾンに入社し、同社を巨大物流企業に成長させるのに貢献した。彼は世界中のEコマース部門を管理しており、その中にはマーケティング、オペレーション、物理的な店舗での小売り、アマゾン・プライム、ホールフーズの店舗などが含まれている。

ウィルクの外見は、オープンカラーのシャツにスラックス、そしてフレンドリーな態度と、まさにシアトルのテクノロジー企業の幹部といったところだ。しかし、その裏側にあるのは、ロジスティクスに関する優れた才能だ。プリンストン大学を首席で卒業し、MITでMBAと化学工学の修士号を取得したウィルクは、アライドシグナル社で医薬品事業を管理し、その後32歳でアマゾンに入社した。

当時アマゾンは、増え続ける商品の注文に対応するのに苦労しており、ベゾスはウィルクに、倉庫システムのリエンジニアリングを命じた。当時の業界の標準は、倉庫から大ロットの注文を少数出荷する（例えば、コーンフレーク100箱が入った木箱を出荷するなど）というものであり、アマゾンが必要としていた、1日に数百万もの小ロットの出荷を行うというものではなかった。

そこでウィルクは、従来の倉庫管理者だけを雇うのではなく、オペレーションの研究者やデータサイエンティストを雇って独自のシステムを作り、それをアマゾンの柔軟性の高い倉庫システムへと成長させた。

ある夏の日、私はシアトルのダウンタウンを見下ろすオフィスでウィルクと会った。現在のアマゾンのフライホイールはAIによって動いているのかと尋ねると、彼の目が輝いた。「このモデルについては、ずっと前から考えていました」と彼は答えた。「昔からデータを使って意思決定をしていましたが、それでも人間が最終的な決断を下していました。今私たちが機械学習で行っていることの一部は、最も反復的な知的プロセスを対象に、人間の意思決定の必要性を排除するというものです」

例えばアマゾンは、顧客が世界中のどこの市場に住んでいるのであれ、彼らが欲しいものを見つけられて、欲しいときに手に入れられることを保証している。

機械学習が登場する以前、ウィルクは毎週60人ものマネジャーと、販売に関するミーティングを行っていた（ウォルマートの有名な「土曜日朝のミーティング」に似ている）。供給側の責任者と需要側の責任者がテーブルを囲み（他の地域から電話で参加する人もいた）、何をどれだけ買うか、どの倉庫にどれだけの在庫を置くかを話し合うのである。

同社のコンピュータシステムは、販売動向に関する有益なデータを提供してくれたが、最終判断を下すのは、やはり人間であった。しかし現在では、出荷時のエラー率や消費者の需要の変化、工場から倉庫に商品が届くまでの時間など、ミーティングの際に繰り返し議題となっていたテーマを検討し、こうした要因に基づいて意思決定を行う機械が用意されている。「意思決定のループを閉じることができたので、人間はもはや判断を行う必要がありません。私たちは何百万もの商品の買い注文を、自動で行っています」とウィルクは語った。

**以前のシステムにおいて、ウィルクとマネジャーたちは、アマゾンの売れ筋商品に議論を集中させていたが、事業の規模が膨れ上がった現在では、そのような会話は不可能だ。しかし今では、かつては人間の頭の中にあった購買決定モデルが、ディープラーニング・アルゴリズムの中に構築されている。思考プロセスは変わらないが、アマゾンのマネジャーは何度も同じ分析を繰り返す必要がなくなったのである。**

**もう一つの利点は、機械がより一貫性のある結果を生み出せることだ。アマゾンのマネジャーたちは以前、スプレッドシートと自分独自のモデルを使って、需給予測を行っていた。しかし現在では、アマゾンは世界中で一貫した意思決定を行っている。みなが同じモデルを使って、同じ知見を手にしているのだ。それこそが、AIが動か**

**すフライホイールをこれほど強力にし、アマゾンを、他社にとって手強い競争相手にしている理由なのである。**

## 人間とAIが「何がいつ売れるか」を予測する

AIの新しい世界に足を踏み入れようとする企業は、一つの重要な注意点を認識しなければならない。それは「AIは簡単ではない」ということだ。最新のAIソフトをビジネスモデルに組み込めばよい、というような簡単なものではないのである。**アマゾンは20年以上かけて顧客のデータを蓄積し、AIプログラムを磨き上げて、ソフトウエアがビジネスモデルとなるようなレベルにまでたどり着いた。**調査会社IDCが2019年に行ったアンケートによれば、グローバル企業のうち、企業全体でのAI戦略を持っているのはわずか25％だったのだが、それは驚くべきことではない。**アマゾンでさえ、AIは完璧というにはほど遠い。もし異常があっても、その場で調整ができるほど、ディープラーニングのアルゴリズムは賢くないのだ。**ハリケーンがニューオリンズを襲ったとしよう。そのとき機械は、食料と水の在庫を増やすべきだ、という発想には至らない。それはランダムな出来事だからだ。

また、プログラムが時代遅れになることもある。ウィルクと彼のAIチームは、アルゴリズムがビジネスの価値を最大化しているかどうかを、常に確認している。「私たちは、機械が私たちの目標を満たしていないとわかった場合や、いまよりも良いモデルがあると判明した場合には、機械をオフにすることができます。それを作ったのは私たち人間なので」とウィルクは語っている。

**ウィルクは「機械と人間がお互いにサポートしあい、最終的により良い意思決定が行えるようなパートナーシップを結ぶ」という未来のビジョンを描いている。**

機械には、検知を苦手とする分野がある（今のところは、だが）。

例えば、経験豊富なファッションバイヤーは、今シーズンのファッションの流行色や、パリ、ミラノ、ニューヨークのファッションショーで注目を集めそうなものを、見極めるのに長けている。ファッションショーに参加したアマゾンのバイヤーが、マルーン色のカシミヤセーターが流行るだろうと判断し、それを推薦することを決めると、それがサイト上でセール対象となる。

そしてそのバイヤーは、アマゾンのカタログの中から、前年に販売された商品で似ているものを選び出す。ここでAIの出番だ。アルゴリズムは、新しいマルーン色のセーターが、古いものと比較してどのように売れたかを測定し、その販売量の差を利用して、将来より効果的に注文するためのモデルを構築する。「人間の洞察力が、こうしたモデルをより良いものにするのです」とウィルクは言う。

1990年代半ばにオンライン書店としてスタートしたアマゾンは、顧客がどのような本を読んでいるのかというデータをオンラインで収集し、似たような作品を読んでいる人の読書履歴に基づいて、本の推薦を行うようになった。ジョン・ル・カレの『寒い国から帰ってきたスパイ』が好きなら、イアン・フレミングの『007カジノ・ロワイヤル』はいかが？　というわけだ。

現在では、このシステムはさらに強化されている。顧客が商品を購入したり、検索したり、映画を観たり、楽曲を聴いたり、本を読んだりするたびに、その行動が記録され、アルゴリズムが学習して賢くなる。そして次のタイミングには、本や映画、歌など、より嗜好に合った商品を顧客に推薦する。現在、アマゾンがオンライン小売りで得ている収益の35％は、そうした推薦から生まれたものだと推定されている。

このシステムは非常に優れており、アマゾンが特定の市場で多くの商品を当日配送すること、さらには、たった数時間で配送することを可能にしている。データが常に流れていることで、システムは顧客の行動を追跡し、将来の行動を予測し、ソフトウエアが下した判断が正しかったかどうかをチェックできる。

もし正しくなければ、ＡＩは次のタイミングで調整を行う。これが機械の学習方法だ。このような予測をしているからこそ、顧客はアマゾンでビデオゲームの端末を注文して、８分後にそれを受け取ることすらできる。まるでアマゾンのソフトウエアが、顧客が注文する前に何を頼むか知っているかのようだ。それは不気味とも言えるが、このようなシステムを理解して利用できる人物が、未来で巨万の富を築くのである。

## AIフライホイールを開発するライバルたち

ベゾスはビッグデータとAIを前例のない規模で活用してフライホイールを回転させ、21世紀のビジネスにおける成功の方法を変える、新たな考え方を生み出した。彼がこのターボチャージャー付きのフライホイールを活用しているのは、小売業だけではない。メディアやヘルスケア、銀行、運輸など、アマゾンがレーダーで捕捉している多種多様な業界に適用しているか、適用する予定だ。

ベゾスのモデルは、私たちが想像している以上に、世界を変えようとしている。アレクサが、自宅で医師の診察を受けることを可能にしたり、ロボットが荷物をドアまで届けてくれたり、オンラインでの買い物の支払いを「アマゾン銀行」の普通預金口座から直接、支払えるようになるかもしれない。ベゾノミクスは、顧客第一主義、徹底的なイノベーション、長期的な経営から成るが、これらの原則を実行に移すエンジンは、AIが動かすフライホイールなのだ。

アマゾン以外にも、独自のAI駆動型フライホイールを開発している企業がある（彼らはそう呼んでいないが）。その中には、フェイスブック、グーグル、ネットフリックス、中国のアリババ、そしてメッセージアプリ「ウィーチャット」を提供するテンセントなどがあり、彼らはそれを使うことで大成功を収めている。

例えばグーグルは、アルゴリズムにウェブをクローリングさせ、信頼できる人々がリンクしているサイトはどれかを把握し、どのサイトを表示すれば最も良い検索結果になるかを判断できるため、10億人以上の人々が彼らの検索エンジンにアクセスしている。ソフトウエアが賢くなればなるほど、より多くの人を引き付けられる。それは広告販売の増加をもたらし、そこで得られた利益から検索エンジンをより賢くして、さらに多くのユーザーを引き付けることができる。それがＡＩフライホイールだ。

これらの大手テクノロジー企業のフライホイールが正確にどう動くのか、その詳細は異なるが、はっきりしているのは、これが未来のビジネスモデルであり、この新しい手法を無視する企業は、危険を冒しているということである。

アマゾンやアリババやグーグルに対抗できるビジネスモデルを構築することは、世界中の企業にとって大きな挑戦となるだろう。ＡＩフライホイールは、顧客に関する膨大なデータへのアクセスと、それらの情報を理解するための頭脳がなければ機能しないからだ。

企業は自分たちのデータを熱心に守り、誰がどの情報をコントロールするかをめぐって戦いが起こり、最高のデータサイエンティストを抱える者が勝者となるだろう。これが米国において、大学のコンピュータ科学専攻を卒業したばかりの人が、平均で年収11万ドル〔約1100万円〕もの初任給を得られる理由だ。

**アマゾンは、3億人の買い物客が何を購入しているかに関するデータを山のように蓄積しており、これがEコマースにおける大きなアドバンテージになっている。フェ**

**イスブックのアルゴリズムは、同社のソーシャルメディア上の24億人の習慣や嗜好に関するデータを収集し、分析している。その精度が上がってきており、広告主からの支持を集めている。**

**アリババとその関連会社であるアント・フィナンシャルは、顧客が金融の分野でどのように行動しているかを熟知しており、中国最大級のマネー・マーケット・ファンドを設立した。テンセントのウィーチャットは、モバイル・メッセージアプリとしてスタートしたが、今では月間10億人のユーザーが、タクシーを呼んだり、フライトを予約したり、買い物の支払いを済ませたりすることが可能になった。**

彼らはこのデータを利用して、ヘルスケアのような新しい分野に進出している。これらの企業はいずれも、データを収益化するために、世界中で活躍するワールドクラスのプログラマーや、データサイエンティストの部隊を抱えている。

## 危機にさらされる既存企業

これらのテクノロジー・プラットフォームが新しい業界に積極的に進出すれば、既存の企業は、自分たちのデータが略奪者の手に渡らないように、必死にならざるをえない。

例えばアマゾンやグーグル、その他の企業がヘルスケア分野への進出を拡大するにつれ、CVSヘルスやカイザーパルマネンテ、ウォルグリーンのような企業は、顧客情報を守り、それを収益化するために、あらゆる手段を尽くすはずだ。薬局や医療機関のプロバイダーとして成長したこれらの伝統的な企業は、アマゾンやアリババ、グーグルのような企業のAIパワーに対抗するために、奔走しなければならないだろう。

**英国やフランスのような国民皆保険制度を持つ国々では、アマゾンが医薬品やヘルスケア製品の配送をより迅速かつ便利にしたり、患者が医療に関する質問の答えを得るのを助ける役割を果たす可能性がある。2019年には、英国の国営医療サービスである国民保健サービス(NHS)が、彼らのウェブサイト上にある情報をアレクサが使い、患者からの質問に答えるようにすると発表している。**

ベゾスのフライホイールが、医療のコスト削減と、患者へのより良いサービスの提供を実現できれば、それによって貴重な健康データがアマゾンのサーバーに流れ込み始め、アルゴリズムがより賢くなって、コスト削減とサービス向上がさらに促進されるだろう。この高速で回転するAIフライホイールは、既存企業にとって深刻な脅威となる。

アマゾンの競合企業が留意すべきポイントは、デジタル経済と実体経済の仕切り線がますますあいまいになり、いずれは消滅してしまうということだ。中国テンセントの創業者であるポニー・マーは、それを次のように表現している。「純粋にネット上だけで活動する企業というものは、存在しなくなるでしょう。インターネットが、あらゆる社会インフラに普及するようになるからです。同様に、純粋に従来のままの業界というものも存在しなくなるでしょう。あらゆる業界がネットに接続するようになるからです」

この新しいビジネスモデルに、社会的・倫理的課題がないわけではない。ビッグデータは、想像を絶するほど巨大になっている。2016年から17年にかけての2年間で、歴史上、最も多くのデータが収集された。調査会社IDCの予測によれば、2025年までに世界中で、一般的な人々がスマートフォンやWiFiサーモスタット、音声コマンドに反応する自動車、といったネット接続デバイスと、18秒に1回やりとりするようになる。これはもちろん、プライバシーに対して深刻な問題を投げかける。

また、ブラックボックス化も問題だ。機械が判断を下す際、それが間違いだったとしたら、誰が機械を止めるのだろうか？　多くの場合、ソフトウエアを開発した人でも、機械がどのようにして判断を下したのか、なぜその結論に至ったのかを知るすべがない。AIが患者を診断したり、住宅ローンを組んだり、大学に誰を合格させるかを決めたりするなど、社会的に重要な決定により深くかかわるようになれば、それは深刻な意味合いを持つことになるだろう。

**AIを採用する企業は、新しい透明性基準を設定しなければならない。さもなくば、顧客の怒りを買うことになりかねない。当然ながら、金銭的な負債を抱えることにも**

**なる。そしてほかの企業がAIフライホイールの概念を習得できなければ、世界は一握りのグローバルなAI寡占企業によって支配され、私たちの買い物、娯楽、さらには健康や財政までも、支配されることになるかもしれない。**

ベゾスのAIフライホイールが、私たちの日常生活においてどのようにウェブを運用しているのかをより正しく理解するためには、フライホイールの最も重要な要素を探る必要がある。それはアマゾン・プライムだ。

Earn Your Trident Every Day

第6章

# アマゾン・プライムがもたらした未来

デジタル・ライフスタイルを
究極に進めるとどうなるか

## 脱アマゾンを試みた記者

米国のテクノロジー系ニュースサイト「ギズモード」の記者、カシミール・ヒルは、アマゾンなしで生活できるかを1週間かけて検証した。この挑戦は、思ったほど楽ではなかった。彼女は自分の生活にアマゾンがあまりにも浸透していることに気づき、いつ同社のサービスを利用しているのか、わからないことすらしばしばあった。

買い物をあきらめるのは、技術的には簡単だが、精神的には苦痛だった。ヒルはアマゾン・エコー、エコー・ドット、キンドル2台、アマゾン・プライム・チェイス・クレジットカード2枚、アマゾン・プライム・ビデオ、2つのプライム会員アカウント（1つは彼女自身、もうひとつは夫用）を持ち、アマゾン・ドットコムでの買い物に年間、約3000ドル〔32万円〕を費やしている。

「私はアマゾンでばかり買い物をしていたので、オンラインで買い物をしようと思ったら、ほかにどこに行けばいいのかほとんどわからない」と彼女は書いている。自分の車の携帯電話ホルダーを交換しようと、イーベイで注文したのだが、頼んだ商品は「アマゾンによる配送」というメッセージと黄色いスマイルマークが印刷された封筒に入れられて届いた。そのイーベイの売り手は、発送をアマゾンに頼っていたのである。

このように、アマゾン・ドットコムを使わないことは彼女にとって難しかったが、アマゾンのデジタルネットワークから逃れることに比べれば、まだ簡単だと言えるだろう。

**彼女はプライベート・ネットワークを設定し、AWS、つまりインターネットの広い範囲で基盤として使われているアマゾンのクラウドコンピューティング・システムと、関係のあるサイトを避けるようにした。**

**するとすぐに、ネットフリックスやHBOゴー、エアビーアンドビー、さらに同僚とのコミュニケーションに欠かせないスラックのアカウントにアクセスできなくなったことに気づいた。彼女のプライベート・ネットワークでは、アマゾンが管理する2300万以上のIPアドレスがブロックされていた。**

彼女はこんな結論を下している。「最終的に……アマゾンはあまりにも巨大すぎて、それを乗り越えることはできないとわかりました」

## アマゾン・プライムは最強の力

アマゾンのサービスが至る所に存在しているのは、偶然ではない。アマゾンは私たちが家にいようと、車の中やオフィスにいようと、スマートフォンを片手に歩いているときでさえも、あらゆる場面で私たちを追跡する巨大なシステムを構築する努力をしてきた。

このシステムを構成する重要な要素が、会員制プログラムであるアマゾン・プライムだ。アマゾンに対抗したい、あるいはアマゾンが築き上げたシステムの中で成功したいと考えている企業は、プライムの力と、それが過去10年間におけるアマゾンの著しい成長に果たした役割を、理解しなければならない。

これまで解説してきたように、アマゾンはAIフライホイールを利用して、Eコマース事業を米国で最大の規模に成長させた。しかし、フライホイールをより速く回転させるAIプログラムだけでは、アマゾンの爆発的な成長を完全に説明することはできない。そこで注目すべきなのが、アマゾン・プライムである。それはアマゾンのAIフライホイールを回転させる、最も強大な力だ。

2005年に考案されたこの会員制プログラムは、今日に至るまで、フライホイールをさらに速く回転させることに貢献している。2018年、アマゾンはこのプログラムの開始以降、最も多くのプライム会員を獲得し、アマゾン・ドットコムのプライム会員向けセールであるプライムデーには、その年、1日としては最大となるプライム会員の新規登録があった。

理由の一つは、海外の新しい市場に参入したことによるものだが、新規プライム会員の大半は米国の人々だった。アマゾンが米国内で多くの時間と労力をかけて会員制プログラムを推進してきたことを考えると、普通なら、この市場は記録的なスピードで成長するのではなく、減速していてもよいはずだ。

**プライム会員は、アマゾンにとって金塊に等しい存在だ。彼らはほかの買い物客よりも多くの買い物をし、より多くの音楽を聴き、より多くのビデオを観て、より多くの本を読み、会員になることで得られる特典のために、年間119ドル〔約1万2000円〕をアマゾンに払っている。彼らは比較的裕福で、アマゾンに忠実であり、プログラムを脱退することはほとんどない。**

アカウントを解約する最も一般的な理由は、結婚したり、同居を始めたりして、2つのアカウントを持つ必要がなくなった場合だ。アマゾンはプライム会員を追跡し、彼らが欲しいものを欲しいときに手に入れ、しかも魅力的な価格で購入できるようにするために、コンピュータシステムに数百億ドル〔数兆円〕を費やしてきた。

## プライム・プログラムの船出

今から考えれば、プライムの設置は当然のように思える。しかし、このプログラムを立ち上げるに際しては、激しい議論が行われた。1990年代後半、アマゾン・ドットコムに顧客を引き付けるために、広告キャンペーンを開始した。その中には、子供向けテレビ番組のスター、ミスター・ロジャースのような格好をした男性たちが、アマゾン・ドットコムの商品の品揃えを称賛し、「クリスマスのショッピングが終わるまであと21日」と歌い上げるというものもあった。この広告キャンペーンは、ベゾスが期待したような反応を得られなかった。しかしそのとき、同社の歴史の中で最も強力なイノベーションにつながる瞬間が訪れたのである。

2000年から01年にかけてのホリデーシーズン、アマゾンは99ドル〔約1万円〕以上の注文で送料を無料にすることで、より多くの買い物客を引き付けることにした。この試みは成功し、ベゾスは同プログラムが、クチコミによる強力なマーケティング効果を生み出したと考えた。

2002年の初め、ベゾスはシアトルで会議を開き、ホリデーシーズンの送料無料サービスを通年で利用できるようにするかどうかを議論した。その結果、「スーパー・セーバー・シッピング」と呼ばれるサービスが誕生した。これは顧客が選んだ配送期間（1日、2日、3日）に基づいて配送料を変えるというもので、配送に長い時間がかかってもいいという顧客は、99ドル以上の注文で送料が無料になった。

2004年、アマゾンのエンジニアであるチャーリー・ウォードが、早く商品を必要とし、そのためのお金を払う意思のある顧客のためのクラブを作る、という提案をした。ベゾスはこのアイデアを気に入り、「フューチュラマ」と名付けられた秘密プロジェクトを始動させた。

ウォードは、無料だったスーパー・セーバー・シッピングを、航空会社の会員制プログラムのように、月額料金や年会費で利用できるように変更することを提案した。彼はニュースサイトのヴォックスに対して、次のように語っている。

「私はプロジェクトメンバーに、こう問いかけました。『顧客が年の初めにいくらか払ってくれたら、その年の送料を無料にする、というのは素晴らしくないか？』」

ベゾスはこのアイデアに夢中になり、05年2月に、年会費79ドル〔約8300万円〕のプライムサービスを開始した。

なぜこのプログラムに「プライム」という名前が付けられたのかに関しては、今日まで複数の見解がある。ブラッド・ストーンの『ジェフ・ベゾス 果てなき野望』によれば、当時アマゾンの役員で、クライナー・パーキンスのベンチャーキャピタリストだった、ビング・ゴードンが名付け親だという。

一方で、ほかのアマゾン社員によれば、2日もしくは1日配達の要件を満たすために最初に出荷する必要があるパレットが、倉庫の中で荷積みゲートに最も近い「プライム」な位置にあったから、というのが名前の由来だともいう。誰が考えたにせよ、ベゾスは「プライム」という名前を気に入っていた。

## 世界に類を見ない特典付きサービス

一部のアマゾン社員は、この決定はクレイジーで、会社を破産させてしまうのではないかと案じていた。当時アマゾンは迅速な配送に9・48ドル〔1000円〕を請求していたため、プライム会員が年に8回以上注文すると、アマゾンが損をすることになった。

2016年からプライムを担当しているアマゾンの副社長、セム・シバイ（以前は事業開発に携わり、現在では世界最大のオーディオブック・サービスとなったオーディブルの買収に尽力した）は、こう振り返る。

「私がアマゾンに入社したとき、社内ではこのことについて、多くの議論がなされていました。2日間の配送に送料を払ってもよいと思っていた顧客を失うことになるのではないか？　あるいは、1回の注文を25ドル以上にすることで送料無料の恩恵を受けていた、アマゾンにとって最も利益の出る顧客を失うことになるのではないか？というわけです」

**ベゾスは、リスクを負う価値があると判断した。アマゾンが送料無料をたまの贅沢ではなく、日常的な経験にするようにサービスを構造化すれば、顧客の買い物習慣を変えることができると考えたのである。その考えは正しかった。たった1つの決定で、ベゾスは最も価値のある顧客の周りに囲いを作り、購買時の心理を変えてしまった。彼らを「送料無料」に夢中にさせたのである。**

今日、世界中のどこの小売業者と比べても、アマゾンのプライム・プログラムに匹敵するものはない。ウォルマート・ドットコムのように、一定額以上の注文を条件に送料無料を提供しているところもあれば、コストコやサムズクラブのように、年会費を払って卸売価格の商品を店内で購入できる権利を提供しているところもある。

英国のエイソスは16ドルの年会費で送料無料を提供している。ウォルマートはプライムに対抗して、2019年後半に米国内の200の市場において、98ドルの年会費を払うと食料品を無制限で配達してくれるサービスの提供を始めた。

中国では、アリババが招待制のサービス「ラグジュアリー・パビリオン」を開始し、パーソナライズされたホームページ、商品の推薦、VIP賞、独占販売、イベントへの招待などを提供している。しかし、顧客に自社のサイトを使い続けることを促し、さらに多くを費やすことを誘うような、幅広い特典を提供しているサービスはプライムのほかにはない。

プライム会員は年会費119ドルで、さまざまな賞を受賞した映画やテレビ番組を視聴でき、200万曲の無料音楽ストリーミングサービス（月額7・99ドルを払えば曲数を数千万曲にアップグレード可能で、この料金は非プライム会員より2ドル安い）、キンドルでの無料書籍ダウンロード、写真をアップロードできるアマゾンクラウドの無料ストレージ容量、といった特典を利用できる。また会員は、アマゾンが所有するホールフーズの店舗で、食料品の割引も受けることができる。

## 顧客をエコシステムの中に閉じ込める戦略

テクノロジー、物流、メディアの分野で多額の投資を何年も続けてきたプライムは、アマゾンの中で独立した事業として、独自の損益計算書を持つまでに成長した。プライムは利益を生み出し（同社は正確な数字を公表していない）、アマゾンのオンライン販売事業の成長を維持しているが、収益におけるプライムの重要性はそれ以上だ。

アマゾンが長年にわたってプライム会員に提供してきた特典の多くは、それ自体が大きなビジネスになっているか、なろうとしている。プライムは、企業のシナジーが実際に機能している数少ない例の一つだ。

プライム・ビデオ、プライム・ミュージック、そしてまもなくＵＰＳやフェデックスの真のライバルになるかもしれないアマゾン・シッピングは、すべてプライム会員に提供される特典から生まれたものである。アマゾンの音楽ストリーミングサービスは、この分野で最も急速に成長しているサービスの一つであり、スポティファイやアップル・ミュージックの新たな競争相手となっている。

では、プライムがこれほどまでに成功している秘訣は、何なのだろうか？

アマゾンは、プライムが実際にどのように機能しているのか、そしてその背後にある戦略について、意図的に、マスコミやウォール街に知られないようにしている。

**本書の取材に応じたアマゾンの幹部は、プライムとは本質的に、消費者の買い物パターンを変えるための手段であり、ネットでたまに買い物をする人をアマゾンのエコシステム〔生態系〕の中に閉じ込め、アマゾンを頻繁に利用する人に変えるためのものだ、と述べている。**

プライムを魅力的で使いやすくし、それなしで生活するのが想像できないほどにすることが狙いだ。アマゾンはこんな比喩を絶対に使わないだろうが、プライムはオンラインのニコチンと言えるものだ——中毒性を持つのである。

多くの会員は、結婚や子供の誕生、初めての家の購入など、何か大きなライフイベントを経験するときにプライムに登録する。これらは大きなストレスを感じる時期だ。しかし、プライムアカウントを持つことで、人生を楽にすることができる。新しく母親や花嫁になる人は、必要とするものを何でもウェブ上で注文して、無料配送ですぐに手に入れることができ、生活がうまく回っていると感じられるだろう。

このモデルが優れているのは、プライム会員はしばらくすると、ワンクリック購入と送料無料の便利さにはまってしまい、ほかのEコマースサイトでもっと安い商品を探すのをやめてしまうという点にある。アマゾンは価格に敏感な買い物客たちを、自らのエコシステムに閉じ込めてしまうのである。

**プライムは、経営コンサルタントが「破損モデル」と呼ぶものではない。この戦略では、企業は人々に何らかの契約をさせるものの、その価値を十分に引き出させないようにする。食べ放題のビュッフェや、音楽ストリーミングサービスなどが好例だ。**

フィットネスクラブ会員も同様だろう。毎年1月、フィットネスクラブには、新年になり決意に満ちた人々が続々と入会してくる。その4分の1程度は、週に3、4回訪れる真面目な人々で、もう4分の1は、週に1回くらいしかトレーニングしないカジュアルな人々だ。残りは――２月に入るとまったく来なくなる人々である。彼らは自分が怠惰であると認めることができず、クラブをキャンセルしない。クラブ側は会費を返す必要も、サービスを提供する必要もない。おいしい商売だ。

プライムはまさにその逆だと、アマゾンのシバイは言う。「プライムがほかと違うのは、それが食べ放題モデルではあるものの、顧客に可能な限り、そして必要に応じた頻度で、すべての特典を利用してもらうことを重視している、という点です。最高のショッピングと最高のエンターテイメント、そして信じられないほど素晴らしい価値を、会員のみなさまにお届けするというのがプライムのビジョンです。いかにして毎日、より多くのお客様とかかわり、そしてその積極的なかかわりによって、お客様にまた来たいと思っていただけるようにするかを考えています」

顧客は利益を得ることができ、それがアマゾンのフライホイールの原動力になる。まさにウィン－ウィンモデルだ。

## アマゾンでは毎日勲章を獲得しなければならない

プライムのメリットを継続的に改善することは簡単ではなく、それがアマゾンで働くことを非常に厳しく、時にはストレスを感じさせるものにしている理由の一つである。

ベゾスは停滞を許さない。彼が重視するプライムであれば、なおさらだ。ベゾスは2017年の株主に宛てた書簡の中で、不満を抱える顧客を喜ばせることについて、繰り返し説明している。

「彼らの期待は静的なものではありません。常に高まっていくのです。それが人間の本質です。人間が満足していたら、狩猟採集の時代から発展することはなかったでしょう。人はより良い方法を求めることに貪欲なので、昨日の『すごい』はすぐに、今日の『普通』になってしまうのです」

アマゾンのマネジャーたちは、自己満足してはいけないと肝に銘じている。最も忠実な顧客でさえ、たった一度失望させただけで、ほかのサイトに移ってしまう可能性があることを、彼らは理解している。「ネイビーシールズ〔米海軍特殊部隊〕には、『毎日勲章を獲得しなければならない』というモットーがあります」とシバイは言う。

**顧客が満足すれば**〔**それはベゾスにとって常に重要な目標だが**〕、**より多くの商品を購入する可能性が高まる。それはまさに、実際に起きていることなのだ。現在のプライム会員は平均で、年間1300ドル**〔**約14万円**〕**をアマゾン上で消費しているのに対し、非プライム会員は700ドル**〔**約7万5000円**〕**である。同社によると、顧客がプライム会員に登録した直後から、消費額が大幅に増加するという。**

ほとんどの人は、迅速な無料配送を求めて加入するが、プライムのエコシステムの中に入ると、映画や曲をダウンロードしたり、ツイッチ〔2014年にアマゾンが買収したりゲーム実況用のライブストリーミング配信プラットフォーム）でビデオゲームにアクセスしたりするなど、ほかのメリットを見出すようになる。

逆のパターンもある。映画や番組のストリーミング配信を目的としてアマゾン・ファイアーTVを購入した人が、プライム会員になるとアマゾンの映画やテレビのオリジナル作品を無料で視聴できたり、木曜日の夜にNFLのフットボールを観戦できたり、同社のビデオや音楽ライブラリへの無制限のアクセスや、本やオーディオブック、雑誌の割引などの多数の特典が受けられることに気づく、といった具合だ。

そして一度プライムに登録すれば、彼らはアマゾンの買い物客になる可能性が高い。

シバイは次のように説明する。

「ある顧客が、これまで主にメディア作品を購入していたとしても、『そうだ、プライム会員になったから、アマゾンで歯磨き粉やトイレットペーパーを買って2日で届けてもらえるぞ』と考えるかもしれません。プライムは会員がカテゴリーを越えてサービスを利用するようになることを促し、それはフライホイールの回転にも貢献しています」

ベゾスはこうした状況を、「私たちの制作した作品がゴールデングローブ賞を受賞するたびに、より多くの靴が売れるのです」と表現している。

アマゾンはプライム会員の行動を、驚異的なレベルで追跡している。シバイは、彼にとって最も関連性の高い指標の一つは、彼が「タッチポイントの頻度」と呼ぶものであると説明している。つまり、アマゾンのデータ分析では、各プライム会員が、買い物やクラウドへの写真アップロード、ゲーム、ストリーミングといったサービスをどのくらい使っているかを測定できるというわけである。

**アマゾンの顧客にとってプライムが重要なものになればなるほど、プライムの利用回数は増え、シバイが言う「タッチポイントの頻度」は増え続ける。この指標を使うシバイは、まるで海鳥が海上を旋回しながら、次の獲物を探しているかのようだ。もしタッチポイントの頻度が減少している（あるいは伸びが十分でない）のであれば、アマゾンがプライムを、会員にとって魅力的なものにする努力を十分に行っていないことを意味する。**

それは同社の社員にとって、優れた映画やテレビシリーズをもっと制作したり、配送のスピードを上げたり、ホールフーズでの食料品購入の割引率を上げるなどして、フライホイールの回転アップに全力を尽くさなければならない、というシグナルだ。

## プライム・ビデオの損益計算書

ほとんどの人々にとって、プライム会員に登録する最大の理由は無料配送だが（アマゾンは正確な割合を公表していない）、無料で映画やテレビ番組を観られるというのも、多くの新規会員を獲得する要因となっている。

前述のとおり、アマゾンは2019年に、同社のストリーミングサービスであるプライム・ビデオ用の番組制作に、推定で70億ドル〔約7400億円〕を費やした。そこまでの大金を払うのは、プライム会員を飽きさせないためだ。

プライム・ビデオは2011年に、プライム会員の特典として開始された。そして数年の間に大きく成長し、ハリウッドの主要なプレーヤーへと変貌を遂げた。プライム・ビデオにコンテンツを提供する、ハリウッドにある同社の制作部門であるアマゾン・スタジオは、元NBCエンターテインメント社長のジェニファー・サルケが運営している。

2018年には、J・R・R・トールキンの『ロード・オブ・ザ・リング』の前日譚を制作する権利に、2億5000万ドル〔約260億円〕を支払ったと報じられている。このプロジェクトは、制作費とマーケティング費用を加えると5億ドル〔約530億円〕に迫る可能性がある。

また、ストリーミングサービスでは、ジュリア・ロバーツ〔スリラーテレビシリーズ「ホームカミング」で主演を務めている〕や、ジョナサン・ノーランとリサ・ジョイ〔テレビドラマ「ウエストワールド」の制作者で、小説家ウィリアム・ギブソンの作品をもとにした終末論的なSFシリーズ「ザ・ペリフェラル」の制作を予定している〕など、一流の才能を引き付けるためにも資金が費やされている。

部外者からは、アマゾンはハリウッドの最高のクリエイティブな才能を雇って、ほかのスタジオと同様に、ヒット作が生まれるよう祈っているように見える。しかし、アマゾンの狙いはそれだけではない。アマゾンが制作する映画やテレビ番組はすべて、プライムがフライホイールを回転させ続けるのを助けるように設計されている。

舞台裏では、アマゾンはメディア制作とマーケティングのコストをプライム会員にきめ細かく配分し、それぞれの映画や番組がアマゾンの収益にプラスになっているか、マイナスになっているかを計算しているのだ。

2018年、ロイターはアマゾンがプライム・ビデオ部門についてどのように考えているかを示す、社外秘の財務文書を入手した。

**同文書によると、2014年末から17年初めにかけて、プライム・ビデオを理由としてプライムに登録した人は500万人に達し、これは同期間にアマゾンが獲得した新規プライム会員の約4分の1を占めた。**

**また同文書は、プライム・ビデオの視聴者数が約2600万人だったことも明らかにしている。これはネットフリックスの視聴者数1億3000万人をはるかに下回っているものの、プライム会員の特典としてスタートしたストリーミングサービスとしては、悪くない数字だろう。**

こうした機密文書から明らかになったのは、アマゾンはプライム・ビデオを、新規プライム会員を獲得するための強力で収益性の高い方法だ、と捉えているということである。

仕組みはこうだ。新しいプライム会員が登録後に最初にした行動が、映画やテレビ番組を観ることだった場合、その人がプライムに加入した理由はプライム・ビデオだとアマゾンは想定している。

その例として前述の文書で挙げられているのが、SFドラマ「高い城の男」である。これはナチスドイツと日本帝国が第2次世界大戦に勝利し、米国を2つの植民地に分割して敵対するという世界を描いている。この番組は、2017年初頭の時点で、米国内で800万人の視聴者を集めた。しかし、より重要な指標は、この番組が世界中で115万人の新規プライム加入者を集めたことであり、彼らが最初にしたのが「高い城の男」を観ることだった。

アマゾンはこのシリーズの制作と販売に7200万ドル〔約76億円〕を費やしており、加入者1人当たりの勧誘コストが63ドル〔約6600円〕だったということになる。当時、プライム会員は年会費99ドル〔約1万円〕を支払っていたので、アマゾンは勧誘コストを上回る売上げを得られたわけだ。おそらく、最も重要なのは、プライム会員は年間平均1300ドル〔約13万0000円〕をアマゾンで費やしており、非会員の約2倍の金額になっているということである。そう考えると、アマゾンが「高い城の男」に投資するのは、当然のことと言えるだろう。

逆に、男女平等をテーマにした「グッド・ガールズ! ～NY女子のキャリア革命～」という番組は、制作に8100万ドル〔約86億円〕をかけ、高い評価を得たものの、新規プライム会員を5万2000人しか獲得できなかったことが文書で明らかになった。この番組の制作費は、新規プライム会員1人当たり1500ドル〔約16万円〕以上かかった計算になり、アマゾンは第1シーズンの後に番組の制作を中止した。

もちろん、「高い城の男」のような番組の長期的な収益性を測ることは不可能だ。獲得した新規プライム会員をどのくらいの間維持できたのか、また、彼らが最終的にどのくらいの金額を使ったのかは不明だからである。しかし、ロイターが入手した文書の内容は、アマゾンが自社のフライホイールの重要なセグメントを測定する際に、それをどのくらいの粒度で行っているかを示している。

## 既存プライム会員に対するサービス向上

プライム・ビデオを運営するグレッグ・ハートは、流出した文書が示唆している以上に状況は複雑だと注意を促している。彼によると、アマゾンは複数の異なる指標を注視しており、たった一つの指標だけで、あるコンテンツを推進するか中止するかの判断を下すことはないという。

例えばアマゾンは、獲得できる新規プライム視聴者は多くないものの、既存会員にとって魅力的なオリジナル番組を作ることができる、と彼は主張する。そのような番組は、おそらく中止されることはない。「私たちは全体として、視聴者を引き付け、また来たいと思わせるような番組を制作したいと考えています。その視聴者が新規会員の場合もあれば、既存会員の場合もあるでしょう」と彼は述べている。

**アマゾンはAIを利用してプライムをより魅力的なものにする、さまざまな方法を見つけ出している。最も効果的な利用法の一つは、個々の視聴者に合わせて番組のお勧めを調整することだ。AIアルゴリズムに会員の視聴履歴を与えることで、彼らのプライム・ビデオのホーム画面に表示されるお勧め作品のリストを、常に最適化することができる。しかもそれを、個々のプライム会員ごとに行えるのである。もし人間がその作業をしたら、数百万時間と法外なコストがかかるだろう。**

アマゾンはお勧めの表示を書籍から開始し、アマゾン・ドットコムで扱う商品へと拡大して、現在ではそれぞれの会員がプライム・ビデオで次に何を観たいかを常に分析している。英国のドラマが好きな人がいれば、その人のプライム・ビデオの画面は時間とともに進化し、エイコン〔テレビドラマ等の英国の映像コンテンツを配信しているサービス〕やブリットボックス〔英国のBBCとITVが立ち上げた映像ストリーミング配信サービスで、主にBBCとITVのコンテンツを配信している〕のようなチャンネルを推薦するかもしれない。

あるいは「風の勇士 ポルダーク」〔18世紀の英国軍人の物語だ〕を観た人に、公共放送のPBSの「マスターピース」〔アメリカのプライムタイムで最長の歴史を持つドラマシリーズ〕をお勧めするかもしれない。ハートはこう解説する。

「今まで知らなかったけれど、知って観始めたら好きになってしまうような番組を紹介したいと考えています。そのほうが時間の節約になりますし、余計な手間も省けます。ビデオを視聴するプロセスがより良いものになるのです」

ファイアーTVのユーザーは、アレクサに番組や映画を探すように頼むだけでよい。そして、フライホイールの回転はより速くなる。

## リアル店舗の存在が希薄化する未来

**ベゾスが言うように、消費者というのは不満を抱えた存在だ。しかもデジタル技術がライフスタイルを支えるようになったことで、彼らはより多くを期待するようになっている。**

アマゾンのプライム会員は、この現象の最前線にいる。

スマートフォンの画面をタップしたり、アレクサに呼びかけたりするだけで、消費者は買い物をしているときも、観る映画を探しているときも、処方薬を注文しているときも、価格やレビュー、配送情報などを瞬時に知ることができる。顧客はこれまでにないほど力を得ており、最高の品揃え、価格、サービスを求めている。しかもそれを、すぐに得たいと思うようになっているのだ。

そう、そうしたサービスと品揃えによって、アマゾンは何億人という買い物客から愛される存在になっている。しかし、デジタル・ライフスタイルは私たちにとって、どのような社会的・心理的兆候を示しているのだろうか？

これまで指摘してきたように、米国では消費者による購買10ドル当たり、約1ドルがオンライン上で費やされているにすぎないが、この割合は今後数十年の間に急速に上昇するだろう。

**物理的な店舗の存在が希薄になり、買い物の大半を自宅やオフィスで済ませるようになったら、どうなるのだろうか？**

**多くの人々にとって、それは社会的な孤立感を増すことになるだろう。既に家庭の中には、私たちの気を散らそうとするデジタル機器類があふれており、人々が外の世界に出て行くことを妨げている。**

高性能のサラウンド・サウンドシステムを備えた65インチのスクリーンで、ＨＤ画質の素晴らしい映画を観ることができるのに、映画館に行くだろうか？ キンドルで電子書籍をダウンロードしたり、アマゾンで物理的な本を購入したりできるのに、図書館に行くだろうか？

食料品の買い物の大部分は、まだ物理的な店舗で行われているものの、アマゾンやウォルマートが2時間配達やカーブサイド・ピックアップ〔注文した品を物理店舗まで車で受け取りに行くと、店員が車の所まで持ってきてくれるサービス〕を提供している。店舗を訪れて近所の人々に会うのをやめ、代わりにトマトやサーモンを玄関先まで届けてもらうようになる日も遠くないだろう。

私たちはみなアゴラフォビア〔広場恐怖症〕になり、その代償としてコミュニティ感覚の低下を招くことになるだろう。グーグルがオーストラリアでやっているように、ドローンが熱いコーヒーを自宅まで届けてくれるのに、なぜ外に出る必要があるのか？

小さなファーマーズマーケットでおいしいヤギのチーズを見つけたり、大きなスーパーで熟したマンゴーを見つけたりする喜びも、失われていくだろう。唯一の解決策は、どんなに便利であっても、すべてをオンラインで済ませたいという誘惑に抵抗することだ。だが、それは困難な戦いになるだろう。

Sexy Alexa

第7章

# アレクサがいる日常

音声認識がアマゾンの世界に
新規顧客を連れてくる

## AIはなぜ最近まで進化しなかったか

何世紀にもわたり、人は話をする機械に心を奪われてきた。西暦1000年、博学なローマ教皇のシルウェステル2世（彼はイスラム王朝が支配していたアル・アンダルスを訪れて、秘密の知識が収められた書物を盗んだと言われている）は、真鍮製の頭部を作った。

伝説によれば、それは機械式で、イエスかノーかの質問に答えることができたそうだ。真鍮の頭はシルウェステル2世に対し、彼が法王になるだろうと告げ、エルサレムでミサ曲を歌った後に死ぬかと問われると、「イエス」と答えた。彼はエルサレムという名の教会でミサを行っていたときに、毒殺されてしまった。

話をする機械が伝説以上の存在になるまでに、もう千年近くかかった。最初のブレークスルーが生まれたのは、1950年代に、ベル研究所が1から9までの数字を認識できるシステム「オードリー」を開発したときだ。スタンフォード大学の教授ジョン・マッカーシーが、「人工知能」という言葉を生み出したのもその頃である。彼は人工知能を、言語の理解、物体や音の認識、学習、問題解決などの人間の作業を行うことができる機械と定義した。

1980年代になると、ワールド・オブ・ワンダー社のジュリー〔87年に発売された人形で、初歩的な音声認識技術を備え、言葉に反応することができた〕のようなしゃべる人形が登場し、子供からの簡単な質問に答えられるようになったが、本格的な音声認識ソフトウエアが市場に出回るようになったのは、次の10年になってからだった。

この頃に登場した「ドラゴン」と呼ばれる製品は、話者が各単語の間に不自然な間隔を空けなくても、簡単な音声を認識することができた。こうした進歩があったにもかかわらず、音声認識やほかのタイプのＡＩプログラムは、その後の20年間、それに期待する人々を失望させる結果に終わることが多かった。そして研究者らが「ＡＩの冬」と呼ぶ時期に入り、研究の進歩と資金が枯渇してしまう。

その**根本的な原因は、研究者たちが賢いＡＩを開発する方法を知らなかったことではない。そうしたＡＩのプログラムには、膨大な計算能力が必要なのだが、それは希少で高価だったためだ。**

## ＡＩ技術の飛躍とアレクサ誕生

しかし、ムーアの法則（コンピュータの処理能力と速度は2年ごとに2倍になるというもの）によって、音声ＡＩに必要な大量データの処理が、より手頃なコストで行えるようになり、ＡＩの運命が変わった。2010年までに、アップルがｉＰｈｏｎｅ用の音声アシスタント・モバイルアプリ「シリ」を発表するほど、コンピュータの処理能力は安価で使えるようになったのである。

小さなキーボードしか表示されないスマートフォンは、音声認識に最適なデバイスだった。キーボードを指で叩くよりも、スマートフォンに何かをするよう命じるほうが楽だ。この流れにグーグルもすぐ反応し、「ボイスサーチ（音声検索）」を発表した。

これらの音声アプリは、ほとんどの単語（スラングも含む）を理解し、非常に会話に近い形で応答することができる。しかしこの時点までは、こうしたソフトウエアの賢さは、それを開発したプログラマーと同程度にすぎなかった。

そこでAIの登場だ。現在では、これらのアプリはスマートデバイス上に存在するだけでなく、インターネットを介して巨大なデータセンターに接続されているため、より賢くなる可能性がある。

複雑な数学モデルが膨大な量のデータを取捨選択し、ラップトップや携帯電話に保存されている以上の量のデータを処理して、さまざまな音声パターンを識別する能力を身につけていくのである。時間が経つにつれ、コールセンターでの顧客との会話記録を分析するなどして、語彙や地域ごとのアクセント、口語、会話の内容を認識する能力が向上する。機械が学習するのだ。

**音声認識技術の急速な発展は、ジェフ・ベゾスにとっても見逃せないことだった。2010年代初頭までに、彼のプライム・プログラムは人気を博し、アマゾンは多くの顧客を囲い込んでいたが、彼はAIフライホイールの回転をさらに速くするために、次の一手を探していたのである。彼は音声に大きなチャンスがあると考えた。**

アマゾンにはスタートレック・ファンが多く、ベゾスに代表される真のトレッキーが経営している企業であり、エンタープライズ号に搭載された話すコンピュータを実現することを夢見ていた。アレクサＡＩの主任研究者で、会話型ＡＩやその他のトピックに関する１００以上の学術論文を発表しているロヒト・プラサドは、「私たちは、音声であらゆるサービスと対話できる未来を想像していました」と述べている。

アマゾンの顧客が、話をするだけで本などの商品を注文できたり、映画や音楽をダウンロードできたりしたらどうだろうか。パソコンの前に座ってキーボードを叩く必要もなければ、ポケットに手を伸ばしたり、携帯電話を探すために家の中を歩き回ったりする必要もない。２０１４年11月、アマゾンは消費者とのコミュニケーションをより簡単にするデバイスとして、ＡＩ音声アシスタント「アレクサ」を搭載したスマートスピーカー「エコー」を発表した。

## 1億台以上のアレクサ対応デバイス

アレクサとエコーはヒット商品となり、２０１９年には1億台以上のアレクサ対応デバイスが販売された。それほど人気があったため、18年のホリデーシーズンには、香港から急いで出荷したにもかかわらず、29ドル〔約３０００円〕のスマートスピーカー「エコー・ドット」は1月までに完売してしまった。

アマゾンは現在、エコー以外にも電子レンジや防犯カメラなど、アレクサが内蔵された数百もの製品を販売している。また、アマゾンは家電メーカーや電化製品メーカーと交渉して、電球やサーモスタット、セキュリティ製品、サウンドシステムといった製品にアレクサを組み込むようにしている。アレクサに「リビングルームにあるソノスのスピーカーで、スポティファイからニッキー・ミナージュの曲を再生して」とお願いすれば、彼女はそのとおりにしてくれるだろう。

アマゾンのスマートスピーカーは、人工知能を使って人間の質問に耳を傾け、インターネットに接続されたデータベースで数百万語の単語をスキャンし、深遠なものから平凡なものまでさまざまな答えを提供する。

**2019年現在、アマゾンのアレクサ搭載デバイスは、アルバニアからザンビアまでの80カ国以上の消費者に対応し、毎日平均5億件の質問に答えている。**アレクサは音楽を再生したり、渋滞情報を流したり、家の防犯システムを操作したりすることができる。

家族のiCloudカレンダーにイベントを追加することもできる。ジョークを言ったり、雑学の質問に答えたり、くだらないトリックを披露したりもできる（試してみたければ、アレクサに「オエッと言って」と命じてみよう）。

アマゾンのスマートスピーカー「エコー」と、その音声認識エンジン「アレクサ」によって、アマゾンはスティーブ・ジョブズがiPhoneを発表して以降最大となる、パーソナル・コンピューティングとコミュニケーションにおける変化を引き起こしてきた。そう遠くない未来、エコーのような「スマート」ホームデバイスは、パソコンやスマートフォンと同じくらい重要な存在になるだろう。

キーボードやスマートフォンの画面ではなく、音声コマンドがインターネットとやりとりする、最も一般的な手段になるはずだ。アマゾンのプラサドは、次のように語っている。「私たちは、顧客が感じる煩わしさを取り除きたいと考えてきましたが、最も自然な手段は音声でした。それは検索結果が大量に表示されて、『好きなものを選んでください』などと言う検索エンジンではありません。答えを教えてくれるのです」

## 音声認識が実現するアンビエント

アマゾンのＡＩフライホイールにとって音声がどれほど重要かを理解するには、同社がこの技術に何十億ドルもの投資をしていることを考えてみればよい。**アマゾンは正確な数字を公表していないが、投資会社ループベンチャーズのジーン・ムンスターによれば、アマゾンやほかのハイテク企業は、年間の研究開発予算の10%を音声認識に費やしていると推定されている。**それでもベゾスのアレクサに対する真剣度が信じられないのなら、前述のように、ベゾスは約1万人の社員をエコーの開発に充てていることを思い出そう。

この部隊は、アレクサの背後にあるAIソフトウエアを、より速く、より賢く、より自然に会話できるものにするべく取り組んでいる。アレクサは、常に仲間のように感じられるよう設計されているため、アレクサを使うプライム会員は、アマゾンという渦にさらに深く吸い込まれることになる。

音声認識が向上するにつれ（つまりコンピューティングパワーが高速化、低価格化、ユビキタス化し、使いやすいものになるにつれ）、アマゾンはスマートホームデバイスと他のシステムを音声でリンクさせる、シームレスなネットワークを、より簡単に構築することが可能になる。コンピュータの専門家たちの間では、これは「アンビエント（周辺環境に入り込む）・コンピューティング」と呼ばれている。いつ、どこにいても、インターネットがそこにあるのだ。

アレクサはソノス製のサウンドバー（テレビ等の前に設置する横長のスピーカー）や、ジャブラ製のヘッドホン、さらにはBMWやフォード、トヨタの自動車にまで組み込まれている。ドライバーはアレクサに対して、自宅のエアコンをつけたり、アラームを解除したり、ライトをつけたり、といった指示を行える。ホールフーズに注文を入れて、夕方の通勤時間帯に取りに行くことも可能だ。

2019年秋、アマゾンはアレクサをさらに、ありとあらゆる場所で使えるようにするために、スマートグラス（メガネ）の「エコー・フレームズ」や、イヤホンの「エコー・バズ」、チタン製リングの「エコー・ループ」など、数多くの新製品をリリースした。これらのデバイスにはすべてマイクが内蔵されており、ブルートゥースを介してスマートフォンに接続することで、外出中に映画館の上映時間や、最寄りのアマゾン・ゴー店舗の場所を見つけることができる。

**グーグルでアレクサと競合する音声システム「グーグル・アシスタント」の製品開発とデザインを統括するニック・フォックス副社長は、次のように述べている。「携帯電話を開いてアプリを立ち上げる必要はありません。デバイスに向かって『玄関に誰がいるか教えて』と言うだけで、すぐに反応してくれます。機器がつながることで、シンプルになるのです」**

たしかにそれは、一面において生活をシンプルにしてくれる。しかし、こうしたスマートデバイスのすべてを設定し、接続する方法を理解するには、何時間も格闘しなければならず、別の面において生活を複雑にしているとも言えるだろう。また、最初のうちは、インターネットと話すことに多くの人々が戸惑いや違和感を覚え、少し馬鹿げているようにさえ感じるかもしれない。

## ユーザーも技術も途上

私の妻は、アレクサが1回で指示を理解してくれないと、アレクサに向かって声を荒げる。そして「アレクサなんて嫌い！」と叫んで終わる。そんなときには、彼女が鈍いんじゃないかと感じられる（妻ではなくアレクサが）。

アレクサは干潮の時間を教えてくれるのだが、なぜか満潮の時間を尋ねると、ときどき混乱してしまう。リオン・ブリッジズの曲をかけるように頼めば、そうしてくれる。しかし「リビングルームで」という言葉を入れ忘れると、アレクサはリビングルームにあるより高性能のソノス製スピーカーではなく、キッチンにあるエコーで音楽を再生してしまう。時間が経てば、AIシステムがアレクサをもっと賢くして、私たちがほとんどの場合、リビングルームにある、より良いソノス製スピーカーで音楽を再生したいと考えているのだと、予測するようになるだろう。

あるいは若い世代が、アレクサとの適切なコミュニケーション方法を学ぶようになるかもしれない。AWSで機械学習を統括しているスワミ・シバスブラマニアンによれば、彼の3歳になる娘は、ウェブとのやりとりを音声だけで行う家庭環境で育ったという。

**「私の娘はアレクサと共に育ちました。アレクサのある世界しか知らないのです。彼女は部屋にやってくると、アレクサを通じてライトやテレビをつけます」。彼女にとってアレクサと話すことは、ミレニアル世代が友達にテキストメッセージを送るのと同じくらい自然なことなのだ。**

長い間、人工知能はディストピアを描く大衆文化の定番となってきた。特に『ターミネーター』や『マトリックス』などの映画では、賢くて邪悪な機械が台頭し、人類の脅威となっている。ありがたいことに、私たちはまだそのような段階にはいない。

これまでのテクノロジーの進歩とは裏腹に、音声認識はまだ黎明期にある。研究者の期待に比べれば、その応用は依然として初歩的なものだ。「飛行機でたとえれば、AI音声認識によって、複葉機の時代からジェット機の時代になりました」と語るのは、ワシントン大学の電気工学の教授であり、音声言語技術の分野で世界におけるトップ科学者の一人であるマリ・オステンドルフである。

オステンドルフは、コンピュータは簡単な質問に答えるのは得意になったものの、実際の対話となると、まだ絶望的な状況だと指摘している。「音声AIが認識できる単語の数や、理解できるコマンドの数など、最先端のテクノロジーが成し遂げたことには本当に驚かされます。しかし、まだロケットの時代にいるとは言えません」

## 音声認識のステップ

人間が言った言葉を理解するために、音声認識システムはコンピュータ科学と同じくらい、物理学にも頼っている。音声は空気の振動を生み出し、それを音声エンジンがアナログの音波として拾って、デジタル信号に変換する。その後、コンピュータはそのデジタルデータを分析して意味を調べるのである。AIはまず、「アレクサ」のような「ウェイクワード（システムを起動させる音声コマンド）」を検出することで、音が自分に向けられているかどうかを判断し、このプロセスを加速させる。

その後、何百万人もの人々が過去に発言した内容を聞いて訓練した機械学習モデルが、何と言われたかを正確に推測する。グーグル・アシスタントのエンジニアリングを担当する副社長のジョアン・シャルクウィクは、次のように解説する。

「音声認識システムは、まず音を認識してから、その言葉を文脈に当てはめていきます。私が『天気はどうなるだろう、場所は……』と言えば、AIは次に発せられる単語が、国や都市などの地名であることを知っています。私たちのデータベースには500万語の英単語がありますが、500万語のうち1つの単語を文脈なしで認識するのは、きわめて難しい問題です。しかし、あなたが都市について尋ねていることをAIが理解していれば、それは3万語の中から単語を把握するという作業になり、ずっと楽になります」

コンピューティングパワーを安価に利用できるようになったことで、システムを学習させる機会を増やすことが可能になった。実際の例で考えてみよう。アレクサに電子レンジの電源を入れるように頼むには、まず音声エンジンがコマンドを理解する必要がある。

そのためには、AIはアメリカ南部のアクセントや、子供の高い声、ネイティブスピーカーではない人々の発音などを理解できなければならない。それと同時に、ラジオから流れてくる歌の歌詞のような、バックグラウンドのノイズをフィルタリングする必要がある。これらを可能にするために、ＡＩにさまざまな学習をさせなくてはならないのだ。

**この技術が普及した理由の一つは、人間から与えられたコマンドを正確に実行できるようになってきたことだ。グーグルのシャルクウィクによれば、同社の音声エンジンの精度は、２０１３年にはわずか80％だった。しかし現在では、95％の正確さで応答している。これは人間が聞き取りを行う場合と、ほぼ同じレベルの正確さだ。**

しかし、このレベルの正確さが得られるのは、「ミッション・インポッシブルの上映は何時から？」というような単純な質問をした場合のみである。アレクサに意見を聞いたり、会話を延々と交わしたりすると、機械はあらかじめプログラムされたジョークのような答えを返したり、単に「うーん、それは知りません」というような反応をしたりする。

## 新たな個人データの頂点に立つ

消費者にとって、音声駆動型のガジェットは役に立つ存在で、時には楽しい「アシスタント」にもなる。一方で、アマゾンをはじめとする、これらのガジェットを製造し、データセンター内のコンピュータに接続している大手企業にとって、それは小さいが非常に効率的なデータ収集装置だ。

コンシューマー・インテリジェンス・リサーチ・パートナーズによると、アマゾン・エコーとグーグル・ホームのユーザーの70％近くが、サーモスタット、防犯システム、電化製品などの家庭用機器類を、少なくとも1つは接続しているという。

音声で動く家庭用のアプリケーションは、ユーザーの日常生活に関する情報を無限に記録することができる。そしてアマゾンやグーグル、アップルが蓄積するデータが増えれば増えるほど、新たなデバイスやサブスクリプションサービス、あるいはほかの小売業者の広告などを通じて、消費者に対してより良いサービスを提供することができるようになる。

そこにある商機は、非常にわかりやすい。エコーをスマートサーモスタットに接続した消費者は、スマート照明システムを購入してはどうかという提案を受け入れるかもしれない。**プライバシー保護を推進する人々にとっては、それは不気味としか言えない話かもしれないが、アマゾンは、新たな個人データという宝の山の頂点にいるのだ。これを活用することで、消費者に対するマーケティングをより効率的に行えるようになるだろう。**

アマゾンによると、アレクサのデータを利用するのは、彼らのソフトウエアをよりスマートで便利なものにするためだけだという。アレクサが改善されればされるほど、プライム・プログラムを含む同社の製品やサービスの価値が、より多くの顧客に認識してもらえるようになるだろう、と同社は主張している。ここでもＡＩフライホイールの回転が速くなるわけだ。

アマゾンはデジタル広告に力を入れているが、広報担当者によると、現在は広告を販売するためにアレクサのデータを利用することはしていないという。広告部門がアマゾン内で最も急速に成長し、最も収益性の高い新規事業の一つであることを思うと、アマゾンがプライム会員を困らせることなくアレクサを収益化する方法を、まだ見つけていないと考えることは難しい。一部の消費財企業はすでに、アレクサが検索を行った際に、レシピや掃除のヒントなどの有料コンテンツを提案する、という実験を行っている。

## アレクサの小売事業への貢献

消費者がこれらのデバイスに求めていないのは、買い物を支援することだ（それはアマゾンが初期にアピールしたセールスポイントの一つなのだが）。アマゾンは、どのくらいのエコーユーザーがこのデバイスを使って買い物をしているのかについてコメントしていないが、戦略コンサルティング会社のコーデックス・グループが最近行った、書籍購入者を対象とした調査では、それがまだ初期の段階であることが示唆されている。

**アレクサ所有者のうち、オンラインで商品を購入するためにそれを使用しているのは、わずか6%でしかないことが判明したのである。**テクノロジー系調査会社、カナリスのアナリストであるビンセント・ティルケは、「人は習慣の生き物です」と言う。「コーヒーカップを買おうとしているときに、自分が何を求めているのか、スマートスピーカーに対して説明するのは難しいでしょう」

アマゾンは、エコーがプライム会員向けに提供している音楽やビデオなどの他のサービスと連携していることを挙げ、それをショッピングの補助手段として位置付けることに執着しているわけではないと述べている。

それでもアマゾンは、顧客の家庭に設置され、アマゾンに最適化されたコンピュータが、同社の小売事業を後押しすることに期待を寄せている。自然言語処理を研究しているアマゾンのプラサドは、このように語っている。

「単3電池が必要だとして、それがどんなサイズだったか確かめる必要も、どれが単3電池なのか覚える必要もありません。電池を買ったことがなければ、私たちが必要な電池を提案します」。そうした提案の中には、もちろんアマゾンのハウスブランドが含まれていることが多い。

コーデックス・グループのピーター・ヒルディック・スミス社長は、「アマゾンはこうしたデバイスで、米国を絨毯爆撃しています」と言う。

**「行動を変えるのは最も難しいことであり、企業はそれをするのを嫌がります。しかし買い物客たちが、アレクサに向かって食料品やその他の商品をリストアップして、それをその日のうちに届けてもらえると気づいたら、業界にとって恐るべき破壊的変**

**化が起きるでしょう。そして競合する企業が、アマゾンが消費者の買い物リストを握っていることに気づいたときには、もう手遅れでしょう。これはベゾスお馴染みの長期的なチェスゲームなのです。アレクサを通じた買い物は、今のところ何の価値もないように感じられますが、5年後には数十億ドルの価値になっているでしょう」**

## スマートスピーカーのライバル

最近の研究では、アレクサとその関連製品が主力事業へと躍り出る可能性があることが示されている。**調査会社のOC&Cストラテジー・コンサルタンツは、音声によるショッピングの売上げが、2018年の20億ドル〔約2100億円〕から22年には400億ドル〔約4兆2000億円〕に達すると予測している。**

この予測の根拠となるのが、スマートスピーカーの劇的な進化だ。アマゾンとグーグルは現在、スクリーン付きのスマートホームデバイスを提供している。このガジェットは、小型のコンピュータとテレビを掛け合わせたもののように感じられ、オンラインショッピングに適している。アマゾンは2017年に、10インチの画面を搭載した230ドル〔約2万4000円〕の「エコー・ショー」を発売した。

ほかのエコーデバイスと同様、ショーにもアレクサが搭載されているが、ユーザーは画像を見ることもできる。つまり、注文しようとしている商品だけでなく、買い物リスト、テレビ番組、音楽の歌詞、防犯カメラからの映像、モンタナでの休暇の写真などを、ボタンを押したりコンピュータのマウスを操作したりすることなく見ることができるのだ。

グーグルは、音声ショッピングをアマゾンに任せる気はないと反撃している。検索大手であるグーグルは、アマゾンのように直接商品を販売しているわけではなく、「グーグル・ショッピング」では、小売業者をグーグルの検索エンジンに接続している。そしてそれは既に、グーグル・ホームをショッピング用デバイスへと変えている。

例えば、スターバックスとの提携では、カフェイン不足の通勤者がグーグル・アシスタントに対して「いつもの」と注文を伝えると、店舗の到着時にグランデカプチーノが用意されている。

中国では、アリババのスマートスピーカー「Tモールジーニー（天猫精霊）」が自動車に搭載されるようになっている（中国のBMWのオーナーはこのシステムを使って、オンライン注文をしたり、映画館の上映リストを見たり、お気に入りのプレイリストを聴いたり、目的地の天気をチェックしたりすることができる）。また、Tモールジーニーは、レストランや店舗での注文や支払いにも利用できる。

## アリババの配送用音声アシスタント

アリババの配送・倉庫部門であるツァイニャオ（菜鳥網絡）は、年間250億個の荷物を配送しているが、それらをすべて適切な場所、適切な時間に届けることは、非常に困難な挑戦だ。

2018年の終わりに開催されたカンファレンス「ニューラル・インフォメーション・プロセッシング・システムズ」において、アリババの研究機関が、同社が利用する300万社もの宅配業者を支援するために設計された、バーチャル顧客サービスエージェントを発表した。**アリババは、この音声認識ソフトウエアを全面的に展開した場合、同社の宅配業者が電話に費やす時間を、年間に16万時間削減できると試算している。**

このバーチャルエージェントは、顧客から発言に割り込まれても対処でき（「お前は誰だ？」のような変則的なものも含む）、配達について、人間が考えるように対応することができる。例えば、顧客から自宅にいないと言われたら、マシンは別の配送オプションを考え出さなければならないことを理解しているのだ。実際に行われた会話は、次のようなものだった。

**エージェント**：こんにちは、私はツァイニャオの音声アシスタントです。私は……

**顧客**：こんにちは。

**エージェント**：はい、こんにちは。お客様には、文化西路588番地に午前中にお届け予定の荷物があります。この時間にお受け取りいただけるでしょうか？

**顧客**：あなたは誰？

**エージェント**：私はツァイニャオの音声アシスタントです。文化西路588番地へ朝に予定されている配達について確認したいのですが、ご都合はいかがでしょうか？

**顧客**：朝は家にいません。

**エージェント**：それでは、ほかの住所にお届けをご希望でしょうか？

バーチャルエージェントは、「朝は家にいない」という発言から、荷物を別の住所に届ける必要があることを推測する必要があった。たしかに、AI音声エージェントは人間と同じように間違いを犯すだろうが、機械が持っている利点は、どんどん賢くなっていくことだ。アリババは、顧客から寄せられた何百万件もの電話を録音したデータを、音声アシスタントに送り続けている。そのためアルゴリズムは、アクセントや質問の仕方、さまざまな配達依頼、そしてそれらがどのようにうまくいったか、あるいはいかなかったかを、学習し続けることができるのである。

## スマートスピーカーが録音したプライバシー

こうした素晴らしい技術的成果が実現されているものの、音声の利用には不安が残されている。テクノロジー企業がどれだけ顧客を盗み聞きしているのか、また収集された音声データという形で、どれだけの力を蓄積しているのか、といった点が懸念されているのだ。

アマゾンやアリババのように強力な企業がこれほど多くの個人データを管理していることは、プライバシー保護を推進する人々にとって、特に不穏なものだ。彼らは、企業が自宅や車の中、オフィスでの会話を盗み聞きできるのではないかと心配している。それには理由がある。

スマートスピーカーは、「アレクサ」や「ヘイ、グーグル」といった「ウェイクワード」を検出した場合にのみ、リスニングモードに移行するようになっている。しかし、アマゾンは2018年5月、ポートランドの幹部が妻と交わした、広葉樹製の床に関する会話を、誤って社員の1人に送信してしまった。アマゾンは、アレクサが会話を「誤解した」とし、この失態について公式に謝罪した。

**2018年の終わりに、ドイツに住むアマゾンの顧客が、自分の個人的な活動に関するデータを要求した（これはヨーロッパの新しいプライバシー法の下での権利だ）。そして彼は、知らない人物の会話をアレクサが録音したデータ、1700件が収められたコ**

**ンピュータ・ファイルを受け取った。その見知らぬ人物が、自分のプライバシーが侵害されているのに気づいていないことを懸念し、通知すべきだと考えた。**

彼はドイツの雑誌「c't」とファイルを共有した。c'tの編集者たちはファイルの内容を聞き、この人物がエコーとファイアーTVを所有していることや、彼の個人的な習慣など、詳しい姿を把握することができた。同誌は次のように報じている。

「見ず知らずの人物の私生活を、彼の知らないところで追跡することができる。この不道徳で、のぞき見と言ってよい行為に、私たちはゾッとした。データに含まれていたアラーム、スポティファイに対するコマンド、公共交通機関への問い合わせといった情報は、この被害者の個人的な習慣、仕事、音楽の好みについて、多くを明らかにした。これらのファイルを使って、彼とその女性同伴者を特定するのは、非常に簡単だった。天気予報の検索や、ファーストネーム、さらには誰かのラストネームといった情報から、彼の交友関係を明らかにすることも可能だった。そしてフェイスブックとツイッター上で公開されている情報から、私たちの推測を確かなものにすることができた」

同誌がこの被害者に連絡を取ったとき、彼はショックを受けていたという。アマゾンは謝罪し、社員の一過性のミスだったと釈明した。

## 音声認識システムはコミュニケーションの主役になる

懸念されるのはプライバシーだけではない。話し言葉を認識する場合、コマンド入力の場合よりもエラーの発生確率がはるかに高くなり、金銭的な悪影響が生じることもある。2017年、ダラスに住む6歳の女の子が、アレクサに向かってクッキーとドールハウスについて話しかけていたところ、数日後に、4ポンド〔約1・8キログラム〕のクッキーと160ドル〔約1万7000円〕のドールハウスが彼女の家に届けられた。アマゾンはこれに対し、アレクサには子供の注文を無効化するペアレンタル・コントロールがあることを、両親が知っておくべきだったと述べている。

**こうしたデバイスが既に1億台以上出回り、リスニングモードになっている今、音声が人間と機械のコミュニケーションの主流になるのは時間の問題だ。そこでアレクサとその競合製品は、次のような疑問を投げかけている。私たちは短い回答を期待する、ごく短時間しか集中力が続かない世界――書き言葉が失われてしまう世界へと向かいつつあるのだろうか?**

アレクサが賢くなって、長く複雑な会話ができるようになったとしても〔それは数十年先ではなく数年先の話だ〕、人間が行う最も刺激的な交流の一部をアルゴリズムで行うことは、奇妙に感じられるだろう。言語学者のジョン・マクホーターは、著書 The Power of Babel〔『バベルの力』未訳〕の中で、文章を書くことは、人間の進化の中で一時的に発生したものではないかと推測している。人間は正式な文章を書くよりも、絵文字や省略語を使って話したり、テキストメッセージを送ったりするほうを好んでいる、と彼は主張する。

多くの理由から、音声による制御が普及する可能性は高い。例えば、初心者と専門家の間に隔たりがある業界において、音声が民主化の効果をもたらすことが期待されている。音声は、リテラシーの低い人々がシステムを利用することを可能にするのだ。

文字を打つことのできないパーキンソン病患者でも、インターネットを使えるようになるだろう。目の見えない人でもオンラインで活動したり、コンピュータに命じて防犯システムの電源を入れたりできるようになるだろう。テクノロジーが苦手な高齢者でも問題がなくなり、ドライバーは運転中にウェブを使えるようになるだろう。つまり音声は、アマゾンの世界に入れる人の数を広げてくれるのだ。

Warehouses That Run
in the Dark

第8章

# 暗闇に稼働する倉庫の進展

ロボットによる自動化がもたらす
雇用の混乱

## テクノロジー企業は多くの雇用を生み出さない

インターネットの歴史の中で、大手テクノロジー企業が主に扱ってきたのは、サイバースペースという無形の世界だった。フェイスブックやテンセントが構築したソーシャルメディア・プラットフォームは、彼らが所有する無数のデータセンターの間を光の速度で移動する、電子の巨大な流れにすぎない。

グーグルやバイドゥの検索エンジンも同じだ。**ビジネスモデルの性質上、彼らは（相対的に見ればだが）多くの雇用を生み出してはいない。アマゾンの社員が約65万人であるのに対して、グーグルの親会社アルファベットの社員は9万8000人、フェイスブックはわずか3万6000人で、その多くは高度なスキルが要求され、高給が支払われるプログラマーやデータサイエンティストたちだ。多くの場合、アルファベットやフェイスブック、バイドゥなどの大手テクノロジー企業は、自動化によって雇用が脅かされる可能性の低い労働者を雇用している。**

それとは対照的に、アマゾンはサイバースペースだけでなく、物理的な世界でも事業を展開している。アマゾンはIoT（Internet of Things モノのインターネット）の導入においてリーダー的存在だが、IoTとは本質的に、現実世界で行われることをデジタル化するものだ。携帯電話やスマートスピーカー、電子レンジ、イヤホン、サーモスタットなどのデバイスがインターネットに接続され、よりスマートに、より簡単に制御できるようになっている（そして前章で見たように、そうしたデバイスを製造している企業は、私たちの購買習慣に関するデータを収集しやすくなっている）。

ビジネスの領域では、安価なセンサーとスマートなアルゴリズムのおかげで、倉庫用ロボットやスキャナー、自動運転の配送車までがインターネットに接続している。2022年までに、世界中で290億台以上のコネクテッド（ネットに接続した）・デバイスが普及すると予想されており、この数は世界人口のおよそ4倍に等しい。

現在、アリババやJDドットコム、テンセント、さらにはグーグルの親会社であるアルファベット（スマートホーム・デバイスや自動運転車を開発している）などの大手テクノロジー企業が、AIを使ってIoTを私たちの生活の隅々にまで浸透させるという、アマゾンが追求する目標の仲間入りをしている。

これは、世界の雇用市場にとって大きな意味を持つ。こうした企業が倉庫を自動化し、ドローンや自動運転トラックを使って配送を行うようになると、ブルーカラーの仕事の多くが消えていくことになるだろう。さらに、アマゾンをはじめとする世界的な大手テクノロジー企業が新たな業界への進出を強めると、ヘルスケアや銀行などの経済分野のデジタル化が加速し、雇用への影響はさらに大きくなるだろう。

アマゾンの小売事業が持つ物理的な側面は、社会がこれまで経験したことのないような労働環境の破壊的変化の中心に、アマゾンを置いている。ベゾスはロボット工学、ビッグデータ、AIの導入において、史上最も積極的で、成功した企業の一つを生み出した。そして、アマゾンはこれまで数十万人の雇用を創出してきたものの、AIとロボット工学が進化し、世界中でより多くの企業がベゾノミクスを採用するようになれば、この傾向はすぐに逆転するだろう。

## ベゾノミクスは本質的に、世界に格差をもたらす

ベゾノミクスは、ビジネスの新しいパラダイムだと考えるべきである。

1913年にヘンリー・フォードが移動組立法の有効性を証明したとき、他の自動車メーカーの中に工程を模倣するところが現れ、ついには世界最大の自動車産業が誕生した。それまでは無数の小さな自動車店があって、熟練した職人を雇って車を1台ずつ丹念に組み立てていたが、彼らは完全に仕事を失ってしまった。

1961年、カリフォルニア州の新興企業フェアチャイルド・セミコンダクターが、世界で初めてマイクロチップの販売を開始した。電子機器の小型化を可能にしたこの発明により、これまでになかったほど多くの企業が、世界中でコンピュータを利用するようになった。そしてこのブレークスルーによって、会計士や中間管理職、電話交換手など大勢の人々が職を失った。

1989年、スイスの研究機関CERNのコンピュータ科学者、ティム・バーナーズ＝リーがインターネット標準技術のHTTPを考案し、それによってサーバーとク

ライアント間のウェブ上でのコミュニケーションを容易に行えるようになった。

その後、ウェブをビジネスモデルとして採用する企業が増加し、その結果、ノートパソコン、スマートフォン、検索エンジン、オンラインショッピング、ソーシャルメディアが私たちの周りにあふれるようになった。またこの革命は、多くの新聞社や書店、小売業者の廃業をもたらした。

そして今、人工知能が登場し、ジェフ・ベゾスは彼のＡＩフライホイールと組み合わせることで、それがどれほど破壊的な力を持つのかを見せつけている。**人工知能の世界に適応しようとするさまざまな企業が、不器用ながらもベゾノミクスを試そうとしたり、独自のバリエーションを発見したりすることで、ベゾノミクスがあらゆる分野に浸透しつつある。**

**しかし、一つ確かなのは、このような進歩は大きな代償を伴うということだ。アマゾン、そして彼らに追従する他のテクノロジー企業は、社会と経済に対して、かつてないほどの破壊的変化をもたらそうとしている。あなたがアマゾンやアルファベット、あるいはアリババの株主でない限り、それは良いことではない。**

ベゾノミクスが普及すれば、世界の富の格差はさらに拡大し、「勝者がすべてを手にする」経済がさらに定着するだろう。ＡＩという脳を搭載したロボットの普及は、倉庫の荷役からタクシーやトラックの運転手、レジの店員に至るまで、世界中で何億人もの労働者から職を奪うことになるだろう。

さらに、アマゾンのEコマース事業において、彼らの価格や配送、各種サービスに対抗しようとした小売業者なら誰もが理解しているように、最初にベゾノミクスを採用した企業は、後から克服することができないような競争上の優位性を手にすることになるだろう。

## アマゾンはベゾノミクスを採用した最初の1社にすぎない

ロングアイランドシティの街頭で、アマゾンの第二本社に抗議する住民たちや、ツイッター上でベゾスを攻撃する米国大統領などが異口同音に、アマゾンは貧富の格差を拡大し、将来の雇用を脅かし、メインストリートにある小売店を廃業に追い込んでいるなどと、さまざまな理由から非難している。

たしかにアマゾンは、こうした抗議者たちが言うようなことをしてきたし、将来的に社会や世界経済をさらに混乱させることになるだろう。しかし、彼らを止めても意味がない。仮に今日、政治家がアマゾンを解体したとしても、AIが推進するベゾノミクスは雇用にとって脅威であり続け、貧富の格差を広げ、最も迅速に動くことのできる企業が容易に競争に勝って、力を手にするだろう。アマゾンは物理的な空間においても、AIを大規模な形でうまく活用できることを示した、最初の企業にすぎない。

ほかの企業も必ず後に続く。

大量の職が失われるという恐怖が、ベゾスを、今日の労働者たちが将来について感じている不安と、資本主義の誤謬《ごびゅう》に対する批判の焦点にしているのなら、なぜそうなるのか、その理由を理解するのも難しくないだろう。

**コンサルティング会社のマッキンゼーは、最悪のシナリオでは、2030年までに自動化によって8億人の労働者が職を失うだろう、と見積もっている。これは世界の労働力の30%に相当する。**

またマッキンゼーは、医療への支出の増加、インフラ、エネルギー、およびテクノロジーへの投資の増加により経済が成長して、失われた雇用が相殺される可能性が高いと指摘している。経済の発展によって、最終的にはこれらの職に代わる新たな雇用が生み出されるというのは事実かもしれないが、その間に世界の労働者の3分の1近くが、新しい仕事を探さざるをえなくなるという予測には、背筋が寒くなる。

自動化によって仕事を失った大勢の倉庫作業員やコールセンターのオペレーター、食料品店のレジ係、小売店の店員、トラックの運転手などが、コンピュータプログラマーや太陽光発電設備の技術者、あるいは介護サービスの従事者へとすぐに転身できると考えるのは、楽観的すぎるだろう。世界経済は最終的に、失われた8億人の仕事を置き換えるのに十分な新しい仕事を生み出すかもしれないが、その間の混乱は計り知れないものになる可能性が高い。

これまでテクノロジーは、労働者の仕事を楽にすることを目的としてきた。工場で組立作業員のために自動車の重いボンネットを持ち上げる、ロボットアームを考えてみればよい。経済学者の中には、テクノロジーの汎用性が非常に高くなり、また効率的になったため、もはやこれまでのように単に仕事を楽にするために使用されることはなく、製造やトラック運送、物流、小売り、管理など、自動化による破壊的な変化に最も脆弱な部門の労働力が、テクノロジーによって大幅に置き換えられるようになった、と考え始めている人もいる。

オックスフォード大学のダニエル・サスカインドは、彼が「先進的資本」と呼ぶ、新しい種類の資本を中心とした経済モデルを提案している。なぜ先進的かといえば、それが「労働力を完全に置き換えるように設計された投資」であるためだ。彼のモデルでは、賃金がゼロになるという未来が導かれる。この考え方はまだ主流ではないが、想像しただけでゾッとする。

## 倉庫で働くのは人間からロボットに移りつつある

アマゾンの自動化が雇用の未来をいかに脅かしているかをより理解するために、私はワシントン州ケントにある巨大な倉庫の一つを訪れた。アマゾンの配送センター（同社ではフルフィルメント・センターと呼んでいる）で時間を過ごしたことがある人なら誰でも、そこでの仕事は充実したものではないことに気づくだろう。シアトル郊外にあるケントの施設は、2000人の従業員を擁し、敷地面積は81万5000平方フィート〔約7万5000平方メートル〕に及ぶ。しかし、この数字は誤解を招くものだ。この倉庫は4階建てであり、実際の面積は200万平方フィート、46エーカー〔約18万5000平方メートル〕に相当する。

倉庫の中は、見渡す限り白い壁がそびえ立っていて、その上には黒い格子状の天井があり、長くて明るい手術室用の照明が設置されている。各フロアは全長18マイル〔約29キロメートル〕にも及ぶコンベアベルトで結ばれており、アマゾンのスマイルマークが付いた箱を次の目的地まで運んでいる。この巨大な空間のあちこちに、安全のため黄色く塗られた金属製の手すりや階段が設置されている。

欄干からはTシャツに短パン、ランニングシューズを履いたアマゾンの倉庫作業員たちが、商品を取り出したり、箱に詰めたりしている様子を見ることができる。コンベアベルトからはジェットエンジンのように大きな轟音が絶え間なく発せられ、フォークリフトの警告音やロボットアームが動く音が時折聞こえてくる。

世界175カ所にあるアマゾンのフルフィルメント・センターは、世界で最も自動化された配送センターの一つだ。アマゾンは2012年に、7億7500万ドル〔約820億円〕でロボットメーカーのキヴァを買収すると、自らの倉庫をロボットで埋め尽くし始め、現在では約20万台のロボットがアマゾンの施設内を動き回り、かつては人間が行っていた多くの仕事を行っている。ある意味では、これは良いことだ。

今ではロボットたちが、商品やパレットの移動といった重労働の多くを代替してくれる。例えば大型のロボットアームは、商品を積んだ重いパレットを、下のフロアから上のフロアへと持ち上げることができる。ある推定によると、こうしたロボットを使用しているアマゾンの倉庫では、使用していない倉庫と比べて、1平方フィート当たりの平均在庫量が50%以上増加しており、運用コストをおよそ20%削減することに役立っている。

AIはアマゾンの倉庫内で、商品がどのように流れるかを制御する。また、データサイエンティストがシミュレーションを実行して、定期的にソフトウエアをアップデートし、適切な作業員が適切な商品を梱包できるようにするため、フロアにロボットが何台必要か、どの箱をどこに移動させるかを最適化する。

システムは複雑なバレエのように動作しなければならない。ロボットが十分に速く動かないと、作業員は手持ち無沙汰になってしまう。逆にロボットの動きが速すぎると、商品が溜まり、フロアが混雑して、作業が遅くなってしまう。重要なのは、動きを最適化することだ。AIアルゴリズムは、まさにそのとおりのことをしてくれる。

**こうしたロボットを導入した後も、アマゾンは配送センターにおいて12万5000人のフルタイム作業員を雇用し、ホリデーシーズンのピーク時には、少なくとも10万人以上のパートタイマーを雇っている。アマゾン・ドットコムにとって、倉庫と配送**

**にかかる経費は最も高いコストの一つであり、容赦なく効率を追求することで知られる同社は、経費削減と業務合理化のために、「デイ・ワン」の精神で取り組んでいる。そしてそれは、ほとんどの場合、作業する人間を減らしてロボットを増やすことを意味する。**

## アマゾンの倉庫の現在

アマゾンの倉庫で山のように積まれた商品を移動させる作業員にとって、その仕事はルーチンワークであり、大変でストレスを感じさせるものだ。**フルタイムの作業員は週4日働き、1日の労働時間は10時間で、30分の昼休みと15分の休憩が2回ある。トイレ休憩を取る時間が十分にないことや、仕事のペースが容赦ないことに不満を持つ作業員もいる。**

顧客に約束した2日以内にアマゾンの荷物を届けるために、作業員は目まぐるしいペースで作業をしなければならず、彼らは厳しい目標を達成するプレッシャーに常にさらされている。

こうした状況に対して、（アマゾンが最低賃金として業界トップとなる15ドルを支払っている、という事実はさておき）アマゾンは自分たちの荷物を安く、早く届けるために、社会の最下層を搾取しているという見方がある。そのうえ、アマゾンが高い基準を設定していることで、世界中の倉庫・配送業界がそれに追従しようと業務の効率化を進めており、各地で労働者をストレスにさらしているとの声もある。

**アマゾンの倉庫で最も重要な仕事は、主に2つの種類に分けられる。入荷した商品を棚に保管することと、棚から商品を取り出して梱包し、出荷することである。既に多くの倉庫において、このプロセスは高度に自動化されている。**

アマゾンのコンピュータは、どの棚に商品を保管するスペースがあるかを収納担当者に教えてくれる。例えばニンジンの皮むき器がメーカーから届き、収納担当者がそれをスキャンすると、ワークステーションの画面上で、どの棚に入れるのが最適かを提案してくれるのだ。

顧客がニンジンの皮むき器を注文したとしよう。アマゾンのフットスツール大のロボットは、それがどこに保管されているのかを知っていて、商品保管用の容器でいっぱいの高さ6フィート〔1・8メートル〕の棚の間を移動し、目指す商品が保管されている棚の下に入り込んで、棚を持ち上げてそれをピッキング担当者まで運ぶ。ピッキング担当者のワークステーションの画面には、どの箱にニンジンの皮むき器が入っているかが表示されている。担当者はそれを取り出してスキャンし、箱に入れる。するとその箱はベルトコンベアで梱包ステーションに移され、作業員が出荷用の箱に商品を入れる。梱包された箱が出荷エリアに向かう途中で、ロボットがラベルを貼り付ける。

テレビドラマ『アイ・ラブ・ルーシー』のあるエピソードの中で、主人公のルシル・ボールが、ベルトコンベアで次々に運ばれてくるチョコレートボンボンを、ポケットや帽子の中に入れようと奮闘する場面が出てくるのだが、アマゾンの倉庫で繰り広げられる光景は、それを彷彿とさせる。

**アマゾンの収納担当者やピッキング担当者がどのくらいのペースで作業するかは人により異なるが、平均24秒に1個（1日に約1300個）の商品を扱う人もいる。**倉庫を見学していたとき、私はたまたま近くにいたジョー（仮名）に話しかけてみた。彼は広報担当者が事前に用意していた人物ではなかった（ただ、広報担当者と一緒にいたので、ジョーは会社について批判するのをためらったかもしれない）。

青いTシャツを着た30代のジョーは、十分に楽しそうで、毎日9時間もの繰り返し作業にどう対処しているのかと尋ねると、「ビデオゲームをしているようなものさ」と言った。実際、彼はビデオゲームをしていた。アマゾンは全米のピッキング担当者を対象としたパイロット・プログラムを立ち上げたのだが、それはワークステーションの画面上で、ほかのピッキング担当者がどのくらいのペースで作業しているかを確認できるというものである。ジョーによれば、彼は米国内で26番目に速い成績を収めたことがあるそうだ。

「そのことに上司は感心していますか？」と私は尋ねた。

「上司がどう思うかは関係ありません。私がうれしいのは、友人に自慢できる権利が得られたということです。友人から『おい、お前26番だって。すごいな』ってテキストメッセージが送られてきましたよ」

## 求人サイトの職場レビュー

もちろん、ジョーが満足しているというのはたった一人の例であり、彼が典型的な作業員であるかどうかを判断するのは難しい。求人サイトのインディードをスクロールしてみれば、より明確なイメージを得ることができるだろう。2018年の時点で、アマゾンの倉庫作業員による2万8000件の「職場レビュー」が投稿されている（なぜこれだけのレビューが投稿されているかというと、このサイトで履歴書を登録するためには、現在の仕事についてレビューを書かなければならないからだ）。

アマゾンの倉庫作業員の評価は5段階評価で3・6となっており、これはウォルマートに対する評価と同じだ。言い換えれば、労働者はアマゾンの倉庫を、平均以上の働き口と見ていることになる。

インディードにおける投稿の大部分において、アマゾンが生産性と目標達成のために倉庫作業員たちに押し付けている、過酷な職場環境について触れられている。テキサス州ハスレットにあるアマゾンの倉庫で働いていた人物は、次のように記している。

指摘しておきたいのは、アマゾンはチャンスが与えられる場所であり、各種の手当も充実していて、多くのマネジャーは公平で従業員に対して優れた判断力を持っており、職場の文化は、所属するチームによるものの、モチベーションを上げてくれる場合がほとんどだということです。

一方で、同じハスレットの人物は、仕事は軍隊にいるかのようだと描写している。万人向けではなく、猛烈なスピードで仕事をしなければならないというプレッシャーから、多くの人々は長続きしないというのだ。

この仕事では、非常に粘り強く行動し、精神的にタフで、自分のしていることの一貫性を保つことが求められていると理解しました。また、個人的な経験から、ポテンシャルを最大限に発揮するのはよくないと学びました。なぜこんなことを言うかというと、彼らはあなたの働きぶりを見て常にレートを変更するので、燃え尽きてしまうからです……。この仕事の最も難しい部分は、「15分休憩」から遅れたことをとがめる管理者を背負いながら、自分の仕事に意識を集中することです。15分休憩と言っても、休憩室に行くまで5分、休憩室から戻るのに5分かかるので、実際には5分休憩です。管理に次ぐ管理で、すべてのレベルで不公平です。昼食の時間は30分しかなく、それだと体力的にも精神的にもきつい仕事に戻る前に食べ物を消化するには時間が足りないので、しばらくはのどに食べた物が詰まっているような気分になります。

インディアナ州ジェファーソンビルの元アマゾン倉庫作業員は、仕事を失うことを常に恐れていたと記している。

それは仕事。私が唯一言えることはそれだけです。中間管理職は、自分たちが何をしているのかまだわかっていない、大学を出たばかりの子供です。会社は社員に嘘をついて、仕事の内容を常に変更しています。本当に混乱します。評価プロセスは最悪。機械や装置の故障が多く、個人のパフォーマンスに影響を与えることがあります。しかし、それを証明できなければ、報告されてクビになる場合もあります。それがこのヘビーで、ストレスの多い仕事の事実です。どの仕事も肉体を酷使します。コンクリートの上を10~12時間走り回り、階段を上ったり下りたり、しかも周囲にある機器のせいでものすごい騒音がしています。常に「デイ・ワン」が求められ、それがまさに問題です。あなたがこれまで会社に忠誠心を持ち、一生懸命働き、成功したかどうかは関係ありません。重要なのは今日起きたことなのです。失敗すれば仕事を失います。喜んで出勤したなどという記憶はありません。それはただの仕事でした。長く働く場所ではありません。この仕事はあなたの精神と肉体を破壊します。

## 「現実はさらに非人間的だ」という主張

もっと恐ろしい話をする人もいる。英国の作家ジェームズ・ブラッドワースは、トロツキー主義者のグループである「労働者の自由のための連合（Alliance for Workers' Liberty）」の元メンバーで、かつて左派系ウェブサイトのレフト・フット・フォワードの編集者も務めていた。彼は著書『アマゾンの倉庫で絶望し、ウーバーの車で発狂した』（光文社）において、2016年に英国のルグレーにあるアマゾンの倉庫で、3週間働いたときの様子を描いている。

それによると、倉庫には約1200人の従業員がおり、その大部分は東欧からの移民だった。彼らは10時間半のシフト制で働き、時給は9ドルで、仕事をこなすために1日15マイル（約24キロメートル）も歩かなければならなかった。

**彼はこの職場を「良識、尊敬、尊厳がない」と表現し、安全が守られない刑務所のように、昼食の時間が十分に与えられず、病欠にはペナルティがあり、生産性に関する目標を達成できなければ罰せられる、と訴えている。ピッキング担当者として働いていたとき、ペナルティが怖くてトイレに行けない作業員が、尿をコカ・コーラのボトルに入れて棚に置いているのを見たこともあるそうだ。**

当然ながらアマゾンは、ブラッドワースの主張に強く反論している。アマゾンの広報担当者アシュレー・ロビンソンは、アマゾンの倉庫でボトルに放尿した人物はいない、いたら記録に残すと語った（そのような事件がなかったと証明するのは難しいが）。また彼女は、作業者は十分な休憩時間を与えられており、正当な理由で追加の休憩が必要な場合は、それを要求できると付け加えている。

アマゾンは、自社の倉庫に悪評が流れるのには、2つの理由があると言う。1つは、彼らは長い間「顧客を大切にしていれば、すべては後からついてくる」と考えていたために、何も自衛してこなかった、という点である。

しかし、労働条件について攻撃されるようになると、アマゾンはこの姿勢を変え、否定的な報道に反論するようになった。そしてもうひとつは、アマゾンが組合を持たない組織であるという点だ。彼らを声高に批判してきた労働運動家の中には、同社の12万5000人のフルタイム倉庫作業員を、格好のターゲットと考えている人もいるとアマゾンは主張している。

かつてコカ・コーラに勤務し、アマゾンの健康・安全・持続可能性担当副社長に就任したカレッタ・ウートンは、次のように述べている。

「私たちは非常に誤解されていると思います。私たちは多くのことを、正しく行っています。私はこれまで、正しいことをしている会社で働いてきました。自分たちは正しいことをしていると考えられなければ、私はここにはいません」

ウートンによると、アマゾンの倉庫の安全記録は他社と同等であり、最近では新しい安全対策を導入したり、ワークステーションの設計を変更したり、新しい技術を導入して安全性を向上させたりしているという。

特定エリアの配送センターの作業員は、ロボットを避けるためのベスト（倉庫の床を駆け回るロボットに信号を送るようになっている）を着用するようになった。また、ロボットアームの周囲に光のカーテンを設置した。誰かの手がそこを通過すると、ロボットは停止する。さらに作業員のバッジが、フォークリフトを運転するための適切な訓練を受けたことを示すようにプログラムされていないと、リフトは起動しない。

## 倉庫業務の自動化の壁となっているもの

アマゾンが職場の問題に対処するために、より管理者の訓練に力を入れたり、生産性を常に上げなければならないというプレッシャーを弱めたり、少なくともその目標を達成するために、作業員に対してより指導を行ったりできるのは明らかだ。議論の余地がないのは、一般的な倉庫での作業は、本質的に肉体と精神に負担がかかるということだ。

別のアマゾンの広報担当者は、フルフィルメント・センターで働くことが過酷であることを同社は認識しているが、人々がより良い人生への足掛かりとしてこれらの仕事を利用してくれることを望んでいる、と語った。

例えば作業員が1年間そこで働くと、アマゾンは彼らのトレーニング費用の95％を支払う。ただ、トレーニングに関係する仕事は、現在需要のあるものでなければならない。タロット占い師にはなれないのだ。倉庫内のロボットのメンテナンスやプログラミングに関するトレーニングを受けたいと思ったら、アマゾンはその費用を負担してくれる。アマゾンを辞めて、ほかの企業で看護師やトラック運転手になりたいと思った場合も、アマゾンはそれらのトレーニングにお金を出してくれる。

2012年の開始以来、約1万6000人のアマゾン社員が、このプログラムを利用している。他社よりも魅力的な賃金と福利厚生を支払うこれらの倉庫の仕事は、新しいキャリアを追求しながらお金を稼ぎたい人のための踏み台として機能すべき、という考えだ。

こうした特典の存在はさておき、ほとんどの人々は、倉庫での作業はハードでストレスが多く、時には非人間的なものであり、自動化したほうが間違いなく安くて、より人道的であることを認めるだろう。またそれは、ビジネス上からも望ましい。アマゾンが行うすべてのことは、顧客の利益が念頭に置かれている。

同社のロボット・プログラムを率いる副社長で、優秀なエンジニアのブラッド・ポーターは、「私がアマゾンについて学んだことの一つは、私たちは販売するものを常に増やし、それを人々にいかに早く届けるかを考えている、ということです。それはますます自動化が進むことを意味します」と語っている。

MIT出身で2007年に入社したポーターは、アマゾン・ドットコムのソフトウエアをスムーズに動かすことを担当する責任者であり、同社の配送ドローン・プロジェクトに貢献し、その後ロボット化にも尽力している。

ある日彼は、**アマゾンの倉庫でロボットが、一定程度以上普及していない重要な理由の一つとして、彼が「ディープ・ビン・ピッキング問題」と呼ぶものの存在を説明してくれた。機械は、容器の中に置かれた多種多様な商品の中から、奇妙な形をした物体を1つ選ぶという作業を苦手としている。**

しかし、人間はこの作業が得意だ。人類は何百万年という進化の歴史の中で、手と目を高度に協調させることに成功した。安全な木の上から下りて、捕食生物に襲われる前に、素早くベリーをつかむことができた私たちの祖先は、生き残る確率が高かったのである。人類が「ディープ・ビン・ピッキング問題」をいかに得意としているかは、4歳の子がハロウィンでもらったキャンディーでいっぱいの袋の中から、瞬時にスニッカーズのバーを取り出すのを見れば一目瞭然だろう。

「現在のロボットによる操作では、ごちゃ混ぜの商品の中から1つのアイテムを見つけるのは、非常に難しいことです」とポーターは言う。「携帯電話の箱のような、一定のアイテムを選び出すのに優れたシステムを作ることはできますが、アマゾンに入荷してくる新しいアイテムの量や種類を考えると、アルゴリズムでは対応しきれません」

ほぼ100％という恐るべき正確さが要求されるため、ポーターはアマゾンがディープ・ビン・ピッキング問題を解決するまでに、どれくらいの時間がかかるかについては言及しなかった。「デモ環境で何かがうまくいかなくても、たいした問題ではありません。しかし実際の倉庫の中で、作業時間の15％で何かに障害が発生していたとしたら、それは悪夢としか言いようがありません」と彼は語っている。

## オンライン食品スーパー「オカド」の先進倉庫

高度なテクノロジーを駆使した倉庫の実現を目指しているのは、アマゾンだけではない。最も先進的な企業は、欧州や中国にも存在する。「ＡＩファースト企業」を自認する、英国のオンライン専業スーパーマーケットのオカドは、未来を垣間見せてくれる。

彼らは2018年、英国のアンドーバーにサッカー場数面分の大きさの物流施設を開設した。この施設の中には、巨大なチェス盤のような、格子状の金属製レールが設置されている。そしてそのグリッドの上を、車輪に乗った白い洗濯機に似た1000台以上のバッテリー駆動型ロボットが、時速9マイル〔15キロメートル〕の速さで行き来している。4Gネットワークが航空交通管制官の役割を果たし、ロボットが互いに衝突しないように信号を送っている。

グリッドの各マスの下には、17段積み上げられた食料品の格納容器が設置されている。シカゴ・オヘア空港のラッシュアワーのような時間帯になると、ロボットがグリッドの周りを飛び回り、目的のグリッド上で爪を伸ばし、商品が入った箱を腹に引き寄せる。

その後ロボットは箱をドックに降ろし、人間がそこから商品を取り出して、ショッピングバッグに入れて配送する。**従来の倉庫では、広い範囲に商品が散らばっていたため、注文に合った商品を組み合わせるのに1時間以上かかることもあった。しかしこのロボットは、それを数分で完了させることができる。オカドのシステムは、毎週6万5000件の食料品の注文に対応可能だ。**

しかし、2019年2月、ロボットの充電ステーションの電気障害から発生した火災によって、倉庫が全焼した。オカドはその再建を進めている。

オカドは単なるオンライン食料品店ではない。彼らは世界中の大手小売業者に対し、自社のロボットシステムを販売することを狙っている。これまでに同社は、グローバルな小売業者と倉庫建設に関する契約を締結しており、その中には2018年に米国のスーパーマーケット・チェーンであるクローガーとの間で取り交わされた、20棟の自動化された「カスタマー・フルフィルメント・センター」も含まれている。この契約が公表された日に、オカドの株式は45%上昇した。

## 中国・ＪＤドットコムの無人化倉庫

中国のオンライン小売業者ＪＤドットコムは、機械がスムーズに動作するように倉庫を設計しており、別の未来像を提示している。３億１０００万人の顧客を持つ中国最大級のオンライン小売業者であるＪＤドットコムが２０１７年に開設した倉庫では、ロボットを使って、携帯電話や洗濯石鹸の箱のような、形や大きさが予測可能なパッケージをピックアップしている。この種の施設としては、世界で最も自動化されたものだ。

**上海の郊外にあるこの大きな白い建物は、外から見ると中国のどこにでもあるような倉庫に見える。目を引くのは、笑顔の犬が付いたＪＤドットコムの巨大な赤いロゴと、従業員用の大きな駐車場が存在しないことだ。毎日約20万個の荷物を出荷しているこの巨大な倉庫には、従業員が４人しかいないのである。**

例えば、誰かがギャラクシーの携帯電話を注文すると、その商品が入った薄いグレーのプラスチック製の容器が自動的に棚から滑り落ち、ベルトコンベアに乗って梱包エリアに運ばれる。そこには緑色の小さな吸盤が付いた、６フィートの乳白色のロボットアームが控えていて、商品を拾い上げる。そして段ボール箱がスライドしてきて、ロボットアームがその上に携帯電話を落とす。その後、段ボールには封がされ、出荷ラベルが貼られる。

次に、別のアームが箱を拾い上げ、小さな赤いフットスツールのように見えるロボットの上に置く。するとこの移動型ロボットの大群が飛ぶように移動して、ラッシュアワー時のパリのコンコルド広場を行き交う車の群れのように倉庫のオープンエリアに向かい、荷物を降ろすためのスペースを競うように探す。降ろされた荷物はシュートを滑り下り、出荷用の容器に収まる。そしてその容器は、自動的に正しい発送エリアへと移動する。

商品をピックアップして、発送するための作業員はいない。したがって昼休みもなければ、病欠もバケーションも、ボトルへの放尿もない。さらに理論上、JDドットコムの4人の作業員がロボットのメンテナンスをするとき以外は、倉庫を真っ暗闇の中で運営することができる。ロボットは何かを見る必要がないからだ。

## 難解な倉庫作業に対応可能なロボットは登場するか

JDドットコムの倉庫がここまで自動化できているのは、標準サイズの荷物だけを扱うからだ。アマゾンにはそのような贅沢は許されない。

**「ポリ袋やプラスチック製の収納箱に入ったものを送ると、ロボットがそれを認識するのがすぐに難しくなります」と、アマゾンのポーターは言う。形も色も素材も微妙に違うパッケージに入った、ニンジンの皮むき器、オイスターナイフ、ボールペンの**

**パックの違いを、ロボットが見分けようとしている場面を想像してほしい。それは悪魔のように難解な作業だ。**

**この問題を解決するために、アマゾンは2015年から、最高のピッキング用ロボットを設計できた人に賞を贈るという、「アマゾン・ロボティクス・チャレンジ」を毎年開催することにした。**

そこで募集されているのは、商品を識別し、それを入荷用の箱から取り出して保管用の箱に収納し、さらにそこから商品を取り出して出荷用の箱に入れることができるロボットである。商品の配置の正しさとスピードに対してポイントが与えられ、逆に商品を落としたり、潰したりといったミスをするとポイントが引かれるルールだ。

2017年の夏には、応募した10カ国、16のチームが名古屋に集まり、賞を目指して競い合った。優勝したのは、オーストラリアのクイーンズランド工科大学、アデレード大学、オーストラリア国立大学のエンジニアチームが作ったロボット「カートマン（Cartman）」である。カートマンは既製品の部品で作られており、製作費はわずか2万4000ドル（約250万円）だった。

カートマンは、X、Y、Zという3つの座標上を、上下左右に移動する（三次元のチェス盤を想像するとよいだろう）。カメラが箱の中の物体を識別し、長いアームの先端の一方に付けられた吸盤で物体を吸い付けるか、もう片方の先端に付けられた2本指の爪でつかむようになっていた。カートマンは完璧ではなかったものの、コンテストの中では一番の出来で、チームは8万ドル〔約850万円〕の賞金を手にした。

こうしたピッキング用ロボットは、多くの人々が考えているよりも早く普及するかもしれない。2014年、DARPA（米国防高等研究計画局）が主催したロボット・チャレンジで優勝したハーバード大学、マサチューセッツ工科大学、イェール大学のメンバーを擁するチームが、ライトハンド・ロボティクスという会社を興し、マサチューセッツ州サマービルにオフィスを開設した。創設者の一人であるリーフ・ジェントルフによると、同社はサイズ、形、色の異なるパッケージが混ざって存在している中から、ロボットに商品を識別させて取り出す方法を考え出したという。

「私たちは、人間の手がどのように機能するかを調べました」とジェントルフは説明する。「3Dカメラのデータとセンサーを使ってロボットに機械的な知能を持たせ、正しく物体を識別します。もしロボットが物体を拾おうとして失敗すると、ロボットは学習して別の方法で拾おうとします」

ジェントルフは、そのピッキング用ロボットは、商業利用に十分な精度を持っていると言う。石鹸や歯ブラシなどの消費者向け商品を扱う、日本最大のコンビニ向け卸売業者であるパルタックは、2018年のホリデーシーズンに、ライトハンド・ロボティクス製の機械1台を使用して、数万個のパッケージを処理した。「技術はすでに完成しています」とジェントルフは主張する。「まだ序盤ですが、予想以上のスピードで前進しています」

## レジのない店舗の登場

アマゾンの自動化によって失われつつある雇用は、倉庫での仕事だけではない。食料品チェーンであるホールフーズの買収と、いくつかの小規模店舗の開設により、アマゾンは伝統的な小売業への進出を進めている。専門家たちは、この業界は大胆な変革が遅れている、と口をそろえる。

そんな中アマゾンは、効率化とコスト削減の絶え間ない努力を進めており、レジ係の仕事を次のターゲットにしている。結局のところ、レジに並んで待ち、カウンターに商品を置き、レジ係が商品をスキャンして袋に入れるのを待ち、クレジットカードを出して支払いを済ませるという行為を、好きな人はいないだろう。

ベゾスはこの不便さを解消しようと、2018年に、アマゾン・ゴーの第1号店をシアトルの本社ビルに開設した。歩道から見ると、店舗はどこかの高級なカフェのようで、大きな板ガラスの窓からは、キヌアとケールのサラダ、地中海チキンのラップ、中東の野菜のサンドイッチ、ラベンダー風味のスパークリングウォーター、フランのチョコレートバーなどの魅力的な商品が並んだ棚が見える。

夏の終わりのある日、私が同店舗を訪れた際には、大々的に報じられたこともあって、大勢の買い物客でにぎわっていた。レジを通らなくていい、というのがこの店舗最大の売りだ。アマゾン・ゴーのアプリをダウンロードした買い物客は、入口のゲートで携帯電話をスワイプするだけで入店できる。そして欲しい物を選んで袋に入れ、店を出て行くだけで、代金がアマゾンのアカウントに請求される。

アプリは誰が入店したかを店舗のシステムに伝える。天井に設置されたカメラは、フロアを移動する買い物客を追跡する。プライバシー上の理由から、このシステムは人間の個人的な特徴を検知しないように設計されている。カメラからは、買い物客は黒い塊としか認識されない。

顧客が棚からサンドイッチを取ると、2つのことが起きる。天井のカメラが、商品をつかむ黒い塊を追跡し、また精度を保つために、各棚の下に設置された重量計で重量の変化が計測される。そして、取り出されたサンドイッチは1個ではなく2個だった、というような情報がシステムへと伝えられる。買い物客がゲートから店外に出ると、アマゾンのアカウントに請求が行われる。

現在でも人間が店舗内で働いていて、食品を補充したり、フロアを歩き回って質問に答えたりしている。アマゾンはビールやワインを販売しており、州の法律で身分証明書のチェックが義務付けられているが（自動化は難しくないだろう）、レジやレジ係はいない。この店舗を訪れた日、私は棚からチョコチップクッキーを取り出し、ドアの外に出た。後から携帯電話上で、4ドルが私のアマゾンアカウントに請求されていることを確認するまで、それは万引きのように感じられた。

顧客はこの店を楽しんでいるようだ。2018年終わりの時点で、消費者評価サイト「イェルプ」では、173人の顧客が星5つのうち平均で4・5をつけている。最も一般的な不満は、アマゾン・ゴーが観光地化し、混雑していることだ。

しかしこの先には、ハードルが待ち構えている。この技術は高価で、また一部の自治体は、キャッシュレス店舗は銀行（またはアマゾン）の口座を持たない貧困層を差別すると主張して、反発している。それにもかかわらず、アマゾンはこの店舗に満足していると見え、シカゴ、ニューヨーク、サンフランシスコに新しい店舗をオープンさせている。

このテクノロジーは、顧客を喜ばせようとするアマゾンのもう一つの努力にとどまらない。それを利用することで、アマゾンは店舗内の買い物客の行動パターンをより詳しく理解し、どの商品がどの価格で最も売れているか、というデータを素早く得られるようになるだろう。また、個々の買い物客の好みや習慣のプロファイルを構築することもできる。

**世界中の小売店で働く数千万人のレジ係にとって、これは良いニュースではない。米国には360万人のレジ係がおり、国内最大級の職種の一つだ。アマゾンがこの技術をほかの店舗にも普及させた場合、ホールフーズの数百店舗を含めて、これらの従業員の雇用が脅かされることになる。ウォルマートやクローガーのような大手小売店は、さらなる脅威をもたらしている。ウォルマートは2019年、テキサス州にレジのないサムズクラブ店をオープンした。**

## ロボット化で起こる大規模な雇用の混乱

倉庫作業者、トラック運転手、レジ係の見通しは暗いが、経済は歴史的に、職を失った労働者に新たな機会を創出している。19世紀末から20世紀初頭に米国が農業社会から工業社会に移行すると、何百万という農場での仕事が失われたが、土地を追われた農民の子供たちは町や都市に移住し、最終的には繊維、靴、自動車の工場で新しい種類の仕事を見つけ、小売店の店員となった。このような問題は、近代の工業化時代を通して続いた。

ノーベル賞受賞者2人を含む聡明な研究者グループによって書かれた「トリプル・レボリューション・レポート」は、産業の自動化によって何百万もの雇用が破壊されるため、米国は経済と社会が激変する瀬戸際にある、と主張した。このレポートは、1964年3月にリンドン・ジョンソン大統領に提出されたが、この革命に賛同する人は誰も現れなかった。

今後数年の間に、自動化によって何億もの仕事が置き換えられていくなかで、一部の人間は「コボット」と一緒に働くことになるだろう。コボットとは、ロボットが人間と一緒に働くことで、人間やロボットだけで働くよりも効率的になることを説明する言葉である。

**以前は荷物を積んだり下ろしたりしていた倉庫作業員が、ロボットのオペレーター**

**になってその作業を監視したり、ドローンのメンテナンスや操作をしたり、機械がミスをしたときにそれへの対応にあたったりするようになるかもしれない。そして、新しい創造的な職業が生まれるだろう。**

「人間が機械よりも優れている点はたくさんあります」と、MITのエリック・ブリニョルフソン教授は言う。「新しい仕事は、よりクリエイティブな面でのものになるでしょう。人は他人とのつながりを深め、より多くのことを考えられるようになります。私たちの経済の中に、人間にしかできない仕事が不足しているとは思いませんし、その状況は何十年も続くと思います。大規模な混乱が起きるかもしれませんが、人間の仕事が不足することはありません」

たしかに、新しい仕事は生まれるだろう。ただ、今回が過去と違うのは、混乱の規模とペースだ。ロボットがすべての仕事を奪ってしまい、失業者の群れが食料を求めて土地をさまよって避難所を探すような、SF映画のようなディストピアではないだろう。しかし今回の混乱は、失業した労働者たちが落ち着く（現在は想像すらできないような仕事が生まれたり、政府が生活保護を行ったりするなどして）までに、数十年かかるほどの規模になる可能性がある。

**2020年までに、世界で300万台の産業用ロボットが工場で使用されるようになっており、この数は7年前の2倍以上になる。これは工場や倉庫で働く労働者にとって、良い兆候とは言えないだろう。**

専門家は長年にわたり、自動運転車が米国内の350万人のトラック運転手と、それ以上の数百万人のタクシー運転手から仕事を奪うのではないかと懸念している。アマゾンがトヨタと提携して自動運転の配送用バンを開発することは、この変革を加速させるだろう。

ホテル業界では、2018年にアマゾンがマリオットに、アレクサを搭載したエコーを供給し始めている。それによりマリオットの宿泊客は、ルームサービスでハンバーガーを注文したり、ハウスキーピングに洗い立てのタオルをリクエストしたり、ディナーのおすすめを聞いたりすることを、すべて人の手を借りずにできるようになった。注文したタオルがロボットカートに載せられて部屋に届けられるようになるのも、そう遠い日のことではないだろう。

## ロボットに仕事を奪われた人はどうするか

さらに大きなダメージを、AIが雇用に対して与える可能性もある。テクノロジーの影響を受けないと考えられている職業でも、人間を代替できるほどにAIは賢くなってきているのだ。例えば、AIは現在、通常であれば就職1年目の弁護士、銀行員、プレスリリースのライター、さらには一部の医師に任されていたような仕事を、担当できるようになっている。

スタンフォード大学の研究者は、胸部X線写真を診断し、放射線技師を上回る精度で肺炎を検知できるアルゴリズムを開発した。2017年、ドイツ銀行のジョン・クライアンCEOは、同行の行員9万7000人のうち、最終的には半数が機械に仕事を奪われる可能性があると予測している。同じ2017年には、テンセントのニュース記事執筆ロボット「ドリームライター」が、金融やスポーツに関する記事を毎日2000本生み出していた。

アーティストやミュージシャンですらも、ターゲットにされている。ルクセンブルクのスタートアップ企業であるAIVAテクノロジーズは、ジャズやポップス、クラシック音楽を作曲するAIソフトウエアを作り、映画やビデオゲーム、広告のサウンドトラックに利用している。例えば、バッハやベートーヴェン、モーツァルトといった偉大な作曲家たちによるクラシック音楽のデータベースを与えると、ソフトウエアが音楽理論の概念を把握し、作曲を行うのだ。

本当にうまくいくのか？　同社によれば、何人ものプロの音楽家にAIVAの曲を聴いてもらったところ、コンピュータが作曲したものだと推測した人はいなかったという。では、職を失った作曲家はどうすればいいのだろうか？　放射線科医になるための訓練をしても、その技能も結局はコンピュータに置き換えられてしまう、ということにならないだろうか？

今のところ、アマゾン・ゴーの小売店舗、自動化された倉庫、そして自動運転の配送用バンは、世界中で何億という仕事を時代遅れのものにする可能性のある、新しいテクノロジーの波を予感させるものにすぎない。**まだ大部分の人々にとって、ロボットは馴染みのない存在だ。しかし、すべての兆候は、特別な職業（人と人との触れ合いや、感情面が重視される仕事であることが多い）に従事している人々を除き、ロボット化が近づきつつあることを示している。**

**職を失った人々の中には、新しい仕事を見つける人もいれば、政府から支給されるベーシックインカムで生き延びる人もいるだろうし、ギグ・エコノミー（インターネットを介して単発の仕事を受注すること）に目を向けて、できる限りの方法で生計を立てようとする人もいるだろう。**

もちろん、そのための方法の一つは、アマゾンで物を売るビジネスを始めることだ。しかしそれは、アマゾンの容赦ないＡＩフライホイールと、直接競争しなければならないことを意味するだろう。

Dancing with the Devil

第9章

# 悪魔と踊る覚悟

中小小売業者がさらされる
アマゾンでの過酷な競争

## 一夜にしてつぶれたモーガンのビジネス

ジョン・モーガンは、スペインの海岸でカイトサーフィン・ショップを経営していた頃を、懐かしそうに振り返る。太陽の光を浴びながら、小さな小売業者として過ごした12年間、最も心配だったことといえば、ザ・ノース・フェイスとパタゴニアの製品の品揃えは間違っていないか、そして店の前に広がるビーチに、サーファーを引き付けられるほど大きな波が起きてくれるかだけだった。

ある日モーガンは（彼はアマゾンからにらまれることを恐れて、実名を明かさないよう私に求めた）、アマゾンで自分の製品を売る方法を友人から教えてもらったのだが、それはとても簡単に感じられた。

アマゾンでトップ100に入る売れ筋の商品を選び、デザインに手を加え、中国のメーカーを探して安く製造してもらい、アマゾン・ドットコム上で自分のブランド名で販売するだけだ。その後は少し時間を使って、検索のキーワードとしてどのような単語が使われているかを調べ、それを使って顧客を自分の商品ページへと誘導し、お金が入ってくるのを待てばよい。モーガンは夢中になった。

彼はサーフショップを畳んで生まれ故郷のロンドンに戻り、2013年にアマゾンで旅行用品の販売を始めた。アマゾン上では、200万社以上のサードパーティー小売業者が活動しているのだが、モーガンはその一人になったのだ。彼らは小規模な小売業者で、アマゾン・ドットコム上で商品を売り、手数料を支払う。

最初はモーガンの期待どおりに事が運んだ。彼はトラベルキューブを販売し、２０１６年までに売上げが年間で１００万ドル〔約1億円〕に達して、利益も得られるようになっていた。トラベルキューブとは、衣類や洗面用具を詰め込むのに便利なプラスチック製の容器で、旅行者はこれを使うことで、スーツケースに約３分の１分の空きスペースをつくることができる。

しかし、モーガンの成功は、常に監視を続けるアマゾンのＡＩアルゴリズムの目から逃れることはできなかった。アマゾンを批判する人々は、アマゾンは自社サイト上でどのカテゴリーの商品が売れているかを常に監視していて、有望なものがあれば、その商品の独自ブランドを作って競争させる、と主張している（アマゾンは、そのような行動はとっていないと否定する）。

**ある日モーガンは、アマゾンが独自の旅行用トイレタリーキットを、22ドルで販売し始めたことに気づいた。モーガンの製品は35ドルで販売されていた。「一夜にして、彼らは私の製品ラインを殺してしまったわけです」とモーガンは振り返る。**

**彼のトラベルキューブは、1つ作るのに15ドルかかった。もし、アマゾンの価格に合わせて22ドルで販売したら、彼の利益は吹き飛んでしまう。アマゾン・ドットコム上で製品を販売する権利を得るための手数料と、同社が倉庫保管とプライム配送を処理するための手数料として、約7ドルをこのＥコマースの巨人に支払わなければなら**

**なかったからだ。**

モーガンの苦悩は始まったばかりだった。アマゾンが独自のトラベルケースを販売するようになると、それがモーガンの製品ページ（彼にとって最も貴重な資産だ）のいちばん上に表示されるようになった。そうなると買い物客は、モーガンのではなく、アマゾンの商品に目を奪われてしまうことになる。アマゾンのサイトで目に留まるためには、モーガンはアマゾンに数千ドルを支払って、「トラベルポーチ」「トイレキット」「スーツケース・スペースセーバー」など、検索に使われる用語を購入しなければならなかった。そうすれば、買い物客がこれらの用語で検索した場合に、モーガンの製品を紹介するページがトップ近くに表示されるからである。

一方でアマゾンは、自社製品を無料で宣伝することができた。このような優位性を持つ売り手に対抗するのは難しい。「彼らはすべてのデータを持っています」とモーガンは言う。

**「中国のどの工場を使用しているかも知っていますし、出荷データもすべて把握しています。あなたが毎日どの市場で、どのくらいの製品を売り上げているのかも知っています。そして、彼らは独自の広告プラットフォームを持っていて、それを使ってあなたを締め出したり、あなたの製品より安い価格を提示したりすることができます。彼らは基本的に、小売業者が集めたトラフィックを利用しているのです」**

## アマゾンとのビジネスは「悪魔と踊るようなもの」

モーガンは生き残るために、困難に直面したときに根性のある起業家なら誰でもすることをした――さらに自分の事業に注力したのである。彼はカスタマーサービスをフィリピンにいる2人の電話オペレーターにアウトソースしたり（これにより人件費は以前の半分になった）、ウェブ用のグラフィックスの制作に東欧の安価なデザイナーを雇ったりすることで、コストを劇的に削減した。

また、彼は戦略を転換し、アマゾンに奪われた利益を量で補おうとした。そこでより多くの在庫を仕入れるために、彼はアマゾンから30万ドル（約3100万円）を借りた（アマゾンは2018年に10億ドル以上を貸し出すなど、サードパーティー小売業者向けの銀行としての役割も果たしている）。

それが功を奏し、モーガンの売上げは2016年の100万ドルから、17年には250万ドル（約2億6000万円）へと増加した。彼は再び儲けを出せるようになったのだ。

しかし、**2018年1月、アマゾンのアルゴリズムは突然、モーガンはもはや信用に値しないと判断し、予告なしにローンの延長を拒否した。それはブラックボックス内の機械によってなされた決定であり、上訴することはできなかった。「アルゴリズムがなぜそのような決定を下したのか見当もつかないし、誰にも相談できません」と**

**モーガンは言う。「彼らは完全に私をだましたのです。再びね」**

ロンドン在住の彼は、「信じられないほどストレスの多い1年でした」と表現した2018年のほとんどを、アマゾンのローン（金利は12％という高さだった）の返済で奔走することになった。ビジネスに流れるお金のほとんどをローン返済に充てたため、売上げを伸ばし続けるために必要な、新しい在庫を購入する現金を手にすることができなくなった。

しかし、彼の話の終わりは、「事業を畳みました」ではない。アマゾンからの融資を完済するのに9カ月かかったものの、モーガンは友人（アマゾン上で活動する別のサードパーティー小売業者だ）から50万ドル〔約5300万円〕の融資枠を確保することができた。そして彼のビジネスは、再び上向き始めたのである。

**モーガンは次のように語っている。「私が耐えられないのは、アマゾンがいじめっ子のような振る舞いをすることです。彼らには太刀打ちできないのですから。アマゾンの優位性はアンフェアです」**

しかしモーガンは、今のビジネスが気に入っていると言う。ほかにどこに行けば、小さな小売業者が、世界中の3億人の顧客にアクセスできるだろうか？　彼は日当たりの良いスペインの海岸のサーフショップに戻ろうとは考えていない。彼は自分の経験を、アマゾンで販売を行うことは「悪魔と踊るようなもの」だとまとめた。

## アマゾンは中小企業を淘汰しようとしているのか

モーガンの経験はまさに、アマゾンが中小企業を淘汰しようとしているのではないか、という議論の中心にかかわるものだ。アマゾンはオンライン小売りの最大手であるため、しばしば中小企業の苦境の原因だとして槍玉に挙げられる。

トランプ大統領は2018年3月、アマゾンが多くの小売業者を廃業に追い込んでいるとツイートした。地域社会の活力を高めることを目指す左派系シンクタンク「地域社会自立のための研究所」は、ベゾスを「どの企業が市場に参入でき、そこに到達するために何を支払わなければならないかを決定できる、19世紀の鉄道王」にたとえ、アマゾンが独立系小売業者の数の激減を煽っていると主張している。

**統計を見ても、その主張を証明したり、反証したりするのは難しい。いくつかの研究では、米国の中小企業の数が増加していることが示されているが、そのデータは数年前のものだ。またそのような調査は、アマゾンと競合する小規模小売業者だけを対象としているのではない。しかし、モーガンのような具体的な事例は、このEコマースの巨人が、実際に一部の中小企業を傷つけていることを示している。**

ニューヨークに住む上位1%の富裕層のためのシーサイド・リゾートであるイーストハンプトンには、金持ちの買い物客が大勢いるが、メインストリートにあるお洒落な靴屋のスニーカロロジーは、十分な顧客を引き付けることができずに、2018年終わりに閉店した。

　何が起きたのかを尋ねられた同店のマネジャーは、スニーカロロジーはインターネット販売に太刀打ちできず、また発注数が少ないため、メーカーから最も人気のあるモデルを回してもらえなかった、と語った。これは、多くの物理的な小売店が苦しんでいる問題である。もし、こうした小売業者が差別化に失敗し、ウェブ上での存在感を高めることもできなければ、彼らの運命は絶望的なものになるだろう。

　この対極にある事例も見てみよう。ニューヨーク州のドブス・フェリーに、何十年にもわたって地域社会に貢献してきた、家族経営の繁盛店、リーダーズ・ハードウェア・ストアがある。同店は最寄りのホームデポからたった数マイルで、また、在庫品のほとんどはアマゾンでより安く買えるのだが、この地元密着のハードウエア店は、大手チェーンやアマゾンでは不可能なものを提供している。それは、豊かな知識に基づくサービスだ。

　ホームデポで店員に、商品について尋ねてみよう（店員が見つかればの話だが）。店員は、あなたが言った商品があるかもしれないし、ないかもしれないコーナーのほうに向かって、あいまいに手を振る、といったところが関の山だ。

　しかしリーダーズでは、親切な店員があなたと一緒に歩いて必要な商品を探してくれるだけでなく、蛇口の水漏れを直すのに必要なワッシャーや、食器棚にぴったりの塗料などについて、辛抱強くアドバイスしてくれるだろう。商品の価格はホームデポやアマゾンより若干高めだが、この小さな店を愛する顧客たちは、満足できる経験を得るために、プレミアムを支払うことを望んでいる。

それが豊かな知識に基づくサービスであっても、農場で作られたチーズのようにアマゾンが簡単に販売できない一品であっても、何らかの強みを持つ中小企業は、アマゾンが成長を続け、小売業界からより多くの利益を奪い続けたとしても、うまくやっていけるはずだ。一部のサービス業も心配いらないだろう（アマゾンで散髪をしたり、タトゥーを入れたりすることはできない）。

## サードパーティー小売業者に請求される高額な手数料

しかし、アマゾンがEコマース全体の40％近くを支配している以上、今後もビジネスを続けようという小規模小売業者の多くは、この巨人が提供するプラットフォーム上で販売する方法を、見つけ出さなければならない。それは、ジョン・モーガンが苦難の道を歩んできたように、熾烈な勝負になるだろう。企業はアマゾンと競争するだけでなく、アマゾン・ドットコムで商品を販売している、世界中に存在する200万社以上の中小企業とも競争しなければならないからだ。

**アマゾンは自社を擁護する際、アマゾン・ドットコム上で販売している200万社以上の中小企業が、世界中で160万人の雇用を生み出しており、また、そのうち**

**2万5000社が100万ドル〔約1億円〕以上の収益を上げている、と指摘することを好む。これらの売り手が、アマゾンのオンラインビジネスの重要な一部になっていると言っても過言ではない。**

ベゾスは2018年の株主向け書簡の中で、1999年以来、サードパーティー小売業者の売上げは、アマゾン自体のオンライン売上げの2倍の速さで成長している、と説明している。こうした数字を見ると、アマゾン批判派が主張するほど、中小企業が影響を受けているとは言い難い。そして批判派が理解していないのは、そうした小規模なサードパーティーを殺すことは、アマゾン自身が望んでいないという点だ。彼らから得られる売上げは、アマゾンが従来から続けてきたEコマース事業よりも、高い利益率を達成しているからである。

**利益率が高いのは、アマゾンがジョン・モーガンのような売り手に、高額な手数料を請求しているためだ。平均で商品の小売価格の15%、さらにアマゾンの倉庫保管・配送サービス「フルフィルド・バイ・アマゾン」を利用した場合には、追加の15%が請求されることになる。あるプライベート・エクイティ投資家は、独立系小売業者にアマゾン内で販売させるビジネスは、ベゾスが確立した最大の成長事業の一つであり、今後10年間で10倍以上に成長すると予測している。**

サードパーティー小売業者にとってこれらの手数料は高額だが、その代わりに、膨大な数になる消費者へのアクセスと、アマゾンの名前がもたらす信頼性を得ることができる。

私はかつてアマゾンで、庭用の木製ゲートを注文したことがあるが、それが届いたとき、私が望んでいたものではないことに気づいた。それはアマゾン内でサードパーティー小売業者が販売していたもので、返品しようとしたところ、この140ドル〔約1万5000円〕のゲートは返品できないと回答された。

そこでアマゾンに電話をしてみたところ、彼らは出品者が返品を受け付けていないことを確認し、ゲートの何が悪かったのかと私に質問してきた。私は、気に入らなかったと答えた。するとアマゾンの担当者は、私のアメリカン・エキスプレス・カードに140ドルを返金すると言い、さらに、ゲートは保管しておいていいと付け加えてくれた（誰か木製のゲートを欲しい人はいるだろうか？）

## 熾烈な競争

アマゾンが製品の成功を左右する力を持っていることに、気づく中小企業もある。食材を蒸したり、圧力調理をしたり、ソテーしたりできる電気式マルチ調理器「インスタント・ポット」の発明者であるロバート・ワンは、ずっと自分の製品の売上げが伸びないことに頭を悩ませてきた。

しかし、2010年にアマゾン上で販売を開始すると、フードライターや料理人たちが、肉や豆の準備にかかる時間を大幅に短縮できるこの製品について、肯定的なレビューを書き始めた。売上げは上昇を始め、最終的にインスタント・ポットはメガヒットとなった。2019年初めの時点で、この製品に対して3万1021件のレビューが投稿されており、星の平均は4・5だった。ある時点では、売上げの約90％がアマゾン経由だった。ワンCEOはニューヨークタイムズに対して、「アマゾンがなければ、私たちはここにいなかったでしょう」と語っている。

しかし、ワンのように、アマゾンで成功を収められる起業家ばかりではない。もっと典型的な例は、本業を続けながら、空き時間を使ってアマゾンで商品を販売している、夢にあふれた起業家たちだ。彼らの中には、アマゾンに似た商品を販売されると、太刀打ちできなくなってしまう者もいる。また、小売業者同士が激しい争いを繰り広げる状況に陥る者もいる。

**そうした争いは、倫理的に許されるものばかりではない。嘘のレビューを投稿したり、偽造品を販売したり、ウェブサイトを乗っ取ったり、といった具合である。悪質なサードパーティー小売業者が、競合他社に対する偽のクレームをアマゾンに突きつけ、問題が解決するまで相手のアカウントを停止させる、というケースもある。多くの小売業者にとって、アマゾンのアカウントを停止されることは死刑宣告に等しい。**

## アマゾンは自ら販売する商品を優遇する

アマゾン上で販売を行う多くの小売業者が気づくもう一つのポイントは、ほかの200万社以上のサードパーティー小売業者に対抗するだけでなく、アマゾンが生み出すさまざまな類似品（それは家庭用品や衣料品、食品、電子機器など多岐にわたる）とも競争しなければならないということだ。それらはさまざまな名前で販売されるため、買い物客はアマゾンが製造・販売している商品を購入していることに気づかないことが多い。

アマゾンの強みは、同社のEコマース・プラットフォームを流れるすべての商品と価格の、データを所有していることだ。そのことが、同社の力に対する不満を増幅させている。アマゾンのAIソフトウエアは、ほぼリアルタイムでデータを処理し、競合製品の価格設定、在庫状況、売れ筋、注文履歴、予想される利益率、その他の要因に従って、自社製品の価格と在庫を設定する。

**アマゾンは、競争上の優位性を得るために個々の販売者のデータを利用することはない、と主張している。しかしそれは、商品カテゴリーごとのデータを精査していない、という意味ではない。**単4電池の販売状況は？　グレーのパーカーの男性用スウェットシャツはどうだろうか？

ほかにも、アマゾンには有利な点がある。2018年の終わりに、アマゾンは競合他社のページの下部に「自社ブランドの類似商品」という見出しで、アマゾンが開発したブランドの宣伝を始めた。このリンクをクリックすると、買い物客はアマゾンのプライベート・ブランドの商品ページに移動する。これまでのところ、プライベート・ブランド商品の売上げはごく一部にすぎないが、このカテゴリーは成長しており、小売業者の脅威となっている。

もちろん、アマゾンはプライベート・ブランド商品のほかに、メーカーや問屋から直接仕入れた商品も販売している。それが同社の中核となる小売事業だ。この分野では、同社は独立系の小売業者とも競合しており、一部の人が告発しているように、アンフェアとも言える取り組みを行っている。

２０１６年、非営利の報道機関であるプロパブリカは、アマゾンの価格設定アルゴリズムについて調査を行った。彼らは数週間にわたり、アマゾン上で売れ行きの良い２５０の商品を追跡し、同社のウェブページ上で最も目立つ場所――これは「バイ・ボックス」と呼ばれる一画で、お勧めとしてトップに表示される――に置かれた商品はどれかを確認した。

バイ・ボックスは、今日のインターネット小売店が所有するバーチャル不動産の中で、最も価値のあるものと言えるだろう。**プロパブリカは、４つのケースのうち３つにおいて、アマゾンが独立系小売業者の販売する商品よりも、直接販売している商品を優先していることを発見した。あるケースでは、バイ・ボックス内にアマゾンが直**

**接販売しているロックタイト製接着剤のチューブが、7・80ドルでお勧めされていたが、サードパーティーの小売業者は同じ製品を、送料無料で約10％安く提供していた。**

買い物客がアマゾンの売る接着剤のほうを選んだとすると、プライム会員でない限り送料が6・51ドルになるため、支払う金額はさらに高くなる。プロパブリカは、アマゾンのアルゴリズムは中立ではなく、同社が直接販売する商品に肩入れしている、と結論付けている。またそれは、より多くの人々にプライム会員権を購入させるために設計されているようだ。アマゾンはプロパブリカに対し、「バイ・ボックス」アルゴリズムには、「総合的に見て最高の体験を顧客に提供する」ために、価格以外の要素も組み込まれていると説明している。

## 無罪が証明されるまでは有罪

アマゾン上での販売は複雑でリスクも大きいため、このジャングルの中で生き残る方法をアドバイスするコンサルタントや法律事務所が登場してきているのも、驚くべきことではない。クリス・マケイブはアマゾンで6年間働き、サードパーティー小売業者にアドバイスする仕事をしていた。

その後彼は、ボストンでアマゾンに関するコンサルティング会社を立ち上げた。彼のビジネスは好調だが、それはアマゾンのルールに違反してしまう小売業者の数が、非常に多いためだ。アマゾンは、偽造品の販売や、間違った商品・危険な商品の発送、フェイクレビューの投稿といった苦情を受けたら、その訴えが本当かどうかを問わず、問題が解決するまで、対象となった小売業者のアカウントを一時停止する。

**「アマゾンでは、無罪が証明されるまでは有罪扱いされ、その間に廃業に追い込まれる小売業者も少なくありません」とマケイブは言う。「有罪が証明されるまでは無罪として扱う、とすべきでしょう」。アマゾンが事情聴取するより先に攻撃するのは、顧客を守るためだ――それは聖戦なのである。しかし、残念ながらこの対応は、良い業者をつぶそうとする悪い業者によって悪用されている。**

サードパーティー小売業者にアドバイスを提供しているボーン・ロー・グループのJ・C・ヒューイットによると、アマゾンはかつて、何の連絡や説明もなく、数百万ドル〔数億円〕規模の化粧品販売を停止したことがあった。「後にその理由が、この小売業者が複数のアカウントを持っていたためと判明しました。それはアマゾンのルールでは許されない、ということのようです」

この小売業者は、地元の議員に助けを求めた。アマゾンの気まぐれなアカウント停止に対する不満があまりにも広がったため、2019年夏、ドイツの連邦カルテル庁はアマゾンと交渉し、全世界のサードパーティー小売業者に対して、アカウント停止の30日前に通知することで合意した。これにより、罪のない小売業者がプラットフォームから締め出される、という問題が緩和されるだろう。ただ、悪意のある業者がその30日間を利用して、偽造品やおとり商法で消費者をだますことも可能になる。

小売業者が問題に直面した場合、アマゾンのカスタマーサポートに電話することになるが、その結果は満足できるものになるとは限らない。アマゾンを怒らせることを恐れ、匿名を希望したある小売業者が、こんな体験を語ってくれた。

「何か問題が発生したときには、アマゾンのオフショア部門の担当者とやりとりするのですが、彼らは自分たちが何について話しているのか、理解していません。そしてほとんどの場合、電話した私たちのほうが彼らよりも多くのことを知っていて、彼らに何をすべきかを指示し、それが実行されるよう祈ることになります。彼らは能力不足というかたちで、私たちを苦しめるのです」

**アマゾンから素晴らしいカスタマーサービスを受けられるのは、最も成功した小売業者だけだ。月に5000ドル〔約53万円〕もの料金を払うことで、小売業者は知識豊富なカスタマーサービス担当者に、電話で連絡を取ることが可能になる。彼らはまともな英語を話し、何が起きているかを論理的に理解している。これはアマゾンにとって、ちょっとした副業だ。**

例えば、同社がこれらの担当者に1人年間5万ドル〔約530万円〕を支払い、それぞれが平均して25の小売業者に対応しているとする。すると5万ドルのカスタマーサービス担当者1人当たりの売上げは、年間100万ドル〔約1億円〕を超える。魅力的な利益率だ。

## 中国人の怒涛の参入が競争に拍車をかける

前述の不満を抱えた小売業者は、「アマゾンは無料で行うべき対応について、私たちに毎月数千ドルを請求しているのです」と憤慨している。なぜ小売業者は、このように高額な料金を支払うことをいとわないのか？　その理由は、それを保険と見なしているからだ。大規模なアカウントが停止された場合、数週間だけでも何十万ドルもの売上げを失うおそれがある。

アマゾンで中国の小売業者が増えてきたことで、こうした保険の価値はますます高まっている。悪者は世界中どこからでもやってくるし、大多数の中国人は正直で勤勉なのだが、**私が本書のためにインタビューした多くの小売業者やコンサルタントは、中国のサードパーティー小売業者たちは手抜きをすることで悪名高い、と口をそろえる。中国人は法を守ろうとせず、責任も負わず、違法な手段を使ってほかの小売業者を攻撃する、とまで言う者もいる。中国では、アマゾン上での販売のテクニックを教える、大規模なカンファレンスまで開催されているほどだ。**

そうしたカンファレンスへの参加者の多くは、資金力のある中国の工場オーナーで、以前は米国や欧州のサードパーティー小売業者たちのために製品を作っていたのだが、多くの小売業者がうまくやっているのを見て、中間業者を排除してアマゾン上で直接販売し、より多くのお金を稼ぐことにしたのだ。

アマゾンはそうした中国の小売業者たちを、積極的に募集している。前述のように、アマゾンは彼らに対して、製品を米国まで運んでくるための専用運送サービス、「ドラゴンボート」を提供している。その料金は、米国内の既存の小売業者たちが運送サービスに支払う料金より安い。なぜそのような優遇措置を取るのか？

ベゾスは、米国市場に参入したいと考えている大勢の中国の小売業者たちから、選ばれるプラットフォームになりたいと考えている。ここでのアマゾンの主な競争相手は、中国のオンライン大手アリババで、アリエクスプレスと呼ばれるプラットフォームを通じて、米国での販売を行っている。

ベゾスの戦略は中国の小売業者を喜ばせているが、中国に市場を侵略されている多くの欧米の小売業者を失望させている。中国の小売業者は、当初は問題のある手法を使っていたものの、自社製品のデザインやオンライン検索への対応、製品の差別化を洗練させてきた。今や、彼らは強力な小売業者に成長しており、何百万ドルもの資金を背景に、アマゾン上で自社ブランドを展開している。

２０１８年の時点で、アマゾン上の全小売業者の約3分の1が中国人であり、トップ10の小売業者のうちの４人が中国人だった。２０１７年だけで、25万社以上の新しい中国企業がアマゾン上で販売を開始している。

## ハイジャックの真の狙い

米国と欧州のサードパーティー小売業者が情報交換を行う、彼らしかアクセスできないオンライン・フォーラム上では、ルールをねじ曲げようとする中国企業に対する不満が渦巻いている。不真面目な欧米企業に対する苦情もあるが、大半は中国に対するものだ。最も多い苦情の一つは、ハイジャックである。これは、小売業者が競合企業のアマゾン・アカウントを乗っ取り、なりすますものだ。

本来の小売業者のページのように見えるが、そうではない。ハッカーは相手のウェブデザインや画像、商品説明を盗み、巧みに操る。アマゾンの顧客がそのページで購入しても、売り手の正体はわからない。

**ある小売業者が中国企業にハイジャック攻撃を受けたと気づいたとき、彼はその企業にコンタクトを取り、抗議した。「彼らはただ笑って、中国に来て自分たちを見つけてみろ、と言うだけでした」とこの業者は回想する。なぜ、アマゾンに連絡して、偽サイトを削除させなかったのだろうか？　彼にはそうすることができたが、報復を恐れたのだった。彼は次のように説明する。**

**「彼らはアマゾンに連絡して、私が偽造品を売っている、と報告するだけでよいのです。もちろん、それは事実ではありません。しかしアマゾンは、私のアカウントを停止するのです。（アマゾンは）口より先に手が出ます。そして審査の間、私のアカウン**

**ト は2〜4週間も使えなくなります」**

それは恐ろしい事態だ。物理的な店舗であれば、たとえ苦情を言われても、調査が行われて当局から閉鎖を命じられるまで、営業を続けられるだろう。

ハッカーが競合企業のサイトをハイジャックしたのは、売上げを盗むのが理由ではない（実際はまさにそうしているわけだが）。最終的な目標は、ほかの小売業者の販売データ、つまりアマゾン世界における金塊を盗むことだ。彼らは、ハッキングした製品がどの程度の価格で売れているか、どの色やスタイルの製品が最もよく売れているか、どの検索ワードに最も効果があるかを知ることができる。悪質な企業は、膨大な時間とお金をかけてオンライン広告戦略を成功させるのではなく、ほかのサイトを乗っ取ってデータを盗もうとするのである。

それがうまくいかないと、悪質な業者の中には、アマゾン社員に金を渡してデータを入手しようとする者もいる。アマゾンは中国の深圳において、中国人小売業者から80〜2000ドル〔約8000円〜21万円〕の賄賂を受け取って、データを横流ししていた複数の社員を解雇した。中国企業はこのデータを利用して、競争相手を出し抜こうとしていた。彼らが手に入れたデータの中には、販売に関する指標や、レビュー投稿者のメールアドレスも含まれていた。

盗み出したデータによって、小売業者たちは競争相手が検索ワードにどのくらいの金額を出しているかを正確に把握できるため、彼らは1セント単位で相手をしのぎ、検索ワードを自分のものにすることができる。そうすることで、データの窃盗犯は、有力なサードパーティー小売業者にもダメージを与えられるのだ。

ある欧州のサードパーティー小売業者は、自社のサイトを中国の競合会社にボットで攻撃され、ビジネスの規模が半分にまで落ち込んでしまった。サイバー攻撃者は彼女が購入した検索ワード（彼女はそれに最高額を払った）で検索を行い、それをクリックして彼女のサイトにアクセスするものの、何も買わないということを繰り返したのである。さらには、彼女の製品を大量に購入しては返品する、ということも行った。

するとアマゾンの監視アルゴリズムは、「この業者は、これらの検索ワードを購入していて、多くの買い物客がクリックしているのに、誰も商品を購入していない。ならば、彼女の製品に何か問題があるに違いない」との結論を下した。常に顧客を第一に考えているアルゴリズムは、彼女の製品をランキングの3ページ目に落とした。

「3ページ目にまで落ちてしまったら、シャッターを下ろして、別の仕事を始めるほうがよいくらいです」と彼女は言う。

## レビュー戦争と強奪

アマゾンで競争するためには、売り手はレビューを投稿してもらわなければならないが、なかなか書いてもらえるものではない――購入すれば話は別だが。そこで一部の小売業者は、お金を払って、自分たちの製品に偽の5つ星のレビューを書かせているのである。

Freelancer.comやFiverr.comのようなサイト上で、あるいはフェイスブックを通じて、偽レビューを書く人が集められ、彼らは有償で喜んで作業を引き受ける。米連邦取引委員会が、アマゾン上で活動していたある栄養補助食品販売業者に対して行った告発において、同社が送ったメールが引用されているのだが、それによれば同社のオーナーは、レビュー投稿業者に対して1000ドル〔約10万円〕を提示し、偽の好意的なレビューを30件作成させたうえに、製品の評価を星4・3以上に保つための、長期的なパートナーシップを提案している。

偽レビューの中で最も有害なのは、競合企業が偽造品を販売している、という嘘を書き込むものだ。アマゾンは多くの場合、告発された小売業者が書き込みは虚偽であると証明できるまで、そのアカウントを停止する。アマゾンは偽のレビューを書くフリーランサーを訴えているが、この手法は依然として、同社にとって大きな問題となっている。

そして、小売業者がレビュアーに無償で製品を提供し、その見返りとしてレビューを投稿してもらう、という手法も存在する。そうしたレビュアーの中には良心的な人もいるが、多くのレビュアーは利己的な目的で行動しており、適切に評価することができないほど多くの製品を、タダで手に入れている。また、彼らはポジティブなレビユーしか書かない傾向がある。ネガティブなことを書くという評判が流れれば、無償で製品を提供しようという企業が寄り付かなくなるからだ。

奇妙なことに、悪質な小売業者の中には、レビューを盗むために他社のサイトをハイジャックする者もいる。クリント・ヘディンは、芝生穴あけ用スパイクシューズから庭園用のホースノズル、栄養補助食品に至るまで、あらゆるものを売ってきたサードパーティー小売業者だ。ある日彼は、中国の小売業者がアマゾンから許可を取り、彼がノズルを売っているページにある画像や商品説明を、HDアンテナを宣伝するものに変更しているのに気づいた。

**「中国人がページを乗っ取って、レビューを奪おうとします。私の庭園用のホースには、星4・5と5・0で合わせて590件のレビューが投稿されていました。つまり600件近いレビューがあれば、アンテナもよく売れるというわけです。顧客向けのマーケティング・キャンペーンなんてものは必要ありません。まったく狂ってます**――彼らはHDアンテナを売っていましたが、ビデオレビューと画像は庭園用ホースノズルのものなのですから」。どうやら、多くの買い物客は星の数とレビュー数を見ただけで満足し、レビューがHDアンテナではなくホースノズルに対するものであるかどうかを確認するために、ページを下までスクロールすることはないようだ。

このハイジャック行為は混乱を招いた。アンテナを買ったと思っていた顧客の中にはノズルを手にした人もいて、ヘディンの小売業者としての評判に傷がついた。彼はアマゾンに問題を解決してもらおうとしたが、何の対応も行われなかった。ただ、アマゾンが問題のあるサイトを閉鎖したとしても、中国人は「ゴースト」アカウントを使っていて、翌日には別の名前で現れるから無駄だとヘディンは言う。彼は最終的に、この製品の販売を取りやめることにした。しかしアマゾンは、倉庫にある売れ残った在庫の保管料を請求してきた。そこでヘディンはお金を払い、ノズルを送り返してもらって地元の慈善団体に寄付したが、この件で数千ドルを失う羽目になった。

## 偽レビューのいたちごっこ

偽レビューの問題は深刻化しており、元ゴールドマンサックスのトレーダーであるサウード・カリファは、それをビジネスにしている。彼は、アマゾンで星5つの評価を得ていたフィットネス用品を購入したところ、使い始めて1週間でそれが壊れる経験をし、それを機にフェイクスポットという会社を立ち上げた。

彼は後でレビューを読み返してみたのだが、文法の間違いや奇妙な表現が含まれていることに気づいた。それはちょうど、「私はナイジェリアの王子で、財宝を取り戻すために資金援助してほしい」と訴えかける、有名な詐欺メールのような文章だったのである。

2015年、カリファは自分と自分の友人のために、アマゾンのレビューを分析して、たどたどしい表現や、そのほかの詐欺を示すシグナル（例えば、1行しか書かれていない5つ星のレビューは偽物である可能性が高い）が含まれていないかどうかを、調べるサイトを立ち上げた。カリファはアマゾンで買い物をする際、レビューページのURLをコピーして自分のソフトウエアに貼り付け、それが偽物かどうか分析するようになった。

**カリファのサイトはクチコミで広く知られるようになり、2019年の時点で、アマゾンをはじめとするオンライン小売店のレビューを、40億件以上も分析している。これまでのところ、アマゾンに投稿されたレビューのうち、約3割が怪しいと推測されるそうだ。アマゾンは機械学習を使って偽レビューを把握しているが、1日当たりに投稿されるレビューの数は増えており、取り締まるのは難しいという。**

では、どうすればいいのか？　賢い消費者は、ある製品があまりにも多くの5つ星レビューを獲得していたり、レビューの多くが非常に短く、同じような愛情表現を使っていたりする場合は、疑ってかかる必要がある。製品の長所と短所を最も正直に評価している可能性の高い、3つ星のレビューを見るようにするというのも、一つのテクニックだろう。

悪質な小売業者は、平凡な3つ星レビューを書かせるためにお金を払うことはほとんどなく、また星1つのレビューは、配送用の段ボール箱がへこんでいただとか、製品が期待していたほど青くなかったなどと文句を言う、変人によって書かれていることが多いからだ。

もちろん、偽造品を販売していると小売業者を非難するレビューが、真実の場合もある。偽造品の問題は非常に悪化しており、アマゾンは2018年の決算報告書で初めて、自社サイト上でそれが大きな懸念材料であることに言及した。実際に偽造品対策を十分に行っていないとして、多くの企業がアマゾンを訴えている。

メルセデス・ベンツを製造する高級車メーカーのダイムラーは、同社の設計特許に違反したホイールの販売をサイト上で許可したとして、アマゾンを訴えた。また、テネシー州のある家族は、アマゾンが偽物のホバーボードを販売したとして、アマゾンを訴えた（そのホバーボードが原因で火災が発生し、彼らの家が焼失してしまったのだ）。

アマゾンは、自社のサイト上で販売されている偽物をより簡単に検出できる、AIアルゴリズムの開発に取り組んでいるが、そうしたプログラムが賢くなるまでは、誠実な小売業者や顧客が、偽造品のもたらす危険にさらされるおそれがある。

このように、アマゾンはウェブ上で確固たる足場を築けていない中小企業に脅威を与えているのだが、200万社以上の企業に対して、確固たる市場を提供しているのも事実だ。そうした企業は、アマゾンに対してだけでなく、お互いにも競争しており、その競争は激化している。

一方で、アマゾン上で販売を行う企業は増えており、成功を収める者も多い。アマゾンと多種多様な小売業者との間に、どのような相互作用が生まれているかを明らかにしないまま、米国のトランプ大統領がしたように、「アマゾンは無数の個人商店を廃業に追い込んでいる」と主張するのは、少なくとも事実を歪曲するものと言えるだろう。

それよりも大きく、より差し迫った脅威を、アマゾンは投げかけている。それは、伝統的な大規模小売店に対するものだ。

The Game of Drones

第10章

# 自動配送のラスト・ワンマイル革命

自動運転バンとドローンが導く
バウンダリーレス店舗

## ホールフーズ買収の衝撃

2017年6月16日、アマゾンが食料品チェーンのホールフーズを137億ドル〔約1兆4500億円〕で買収すると発表すると、業界に激震が走った。小売企業の株価は下落し、CEOは頭を抱え、専門家は次に脱落するのはどこかと議論を始めた。

アマゾンは20年以上もかけて、世界最強のオンライン小売業者になろうとしてきた。では、なぜ物理的な店舗を抱える小売業の世界にまで投資するのだろうか？　その利益率は紙のように薄いというのに。それにアマゾンは、実店舗の世界でも勝算があるというのだろうか？

この問いに対する答えは、アマゾン内部の人間であれば明らかだ。第一に、アマゾンの米国市場におけるオンライン事業の成長率は鈍化している（これは市場シェアの大きい企業にとっては避けられないことだ）。そのため、次の大きなフロンティアの一つである従来型の小売業に参入しなければ、急速なペースで成長を続けることはできない。

**アマゾンはオンラインの大手企業だが、小売業全体の市場規模は非常に大きく（米国では年間4兆ドルにも達する）、そこから見れば同社の市場シェアはわずかだ。世界的に見ても、この業界は年間25兆ドル〔約2600兆円〕と巨大で、アマゾンのシェアは1%程度と、さらに小さくなる。**

第二に、ベゾスとその補佐官たちは、新しいことに挑戦するのが大好きだ。アマゾンの幹部で、グローバルのEコマース、プライム、そしてホールフーズ事業を管轄しているジェフ・ウィルクは、この高級食料品チェーンを買収する前に、アマゾンは食料品ビジネスについてほとんど何も知らなかった、と控えめな話をしている。

買収発表後、彼はオースティンに飛び、ホールフーズの社員と全員参加の会議を開いて、買収の背景にある考えを説明した。ホールフーズのジョン・マッキーCEOと共に壇上に立ったウィルクは、この高級食料品チェーンがオーガニック食品の分野に投資してきたことを尊敬していると述べ、そのおかげで長生きできるだろうと付け加えて、マッキーと社員たちに感謝した。そしてマッキーのほうを向き、ホテルでキヌアの野菜料理を食べたが、15年前のテキサスではそんなものは出てこなかった、と言った。するとマッキーは、彼に向かってこう告げた。「ジェフ、キヌアは野菜ではないよ」

ウィルクは私のインタビューの中でこの一件を振り返って、笑いながら、アマゾンには実店舗での小売業について学ぶべきことがたくさんあり、ホールフーズの買収が急成長を持続させる助けになることを認めた。オンライン小売業では、販売される商品の数は、ほぼ無制限となる。アマゾンが何億もの商品をサイトに掲載しても、ほとんど費用はかからない。

しかし、物理的な店舗では棚のスペースが限られており、数百万点ではなく、数千点の商品しか仕入れることができない。マネジャーは何を棚に並べるかを判断しなければならず、間違えれば売上げが落ちてしまう。

ウィルクは2018年8月に行われたインタビューの中で、次のように述べている。

「ホールフーズを買収して1年が経ちましたが、マーチャンダイジングや実店舗のレイアウト、仕入れ、限られた棚スペースへの商品の配置については、膨大な専門知識があります」

## バウンダリーレス・ショッピング時代の到来

伝統的な小売業は今、大きな転換期を迎えている。それは、サム・ウォルトンが1962年に最初のウォルマート店舗をアーカンソー州ロジャーズに開設し、大量の家族経営店舗を廃業に追い込んで、スーパーストア時代の幕開けとなって以来の、最大の変化と言えるだろう。

現在は、実店舗を運営するだけでも、オンライン店舗を運営するだけでも、十分ではない。物理的な店舗における買い物の長所と、オンラインショッピングの長所を組み合わせることができた企業が、優位に立つのだ。

実店舗とサイバースペースを融合させ、消費者が便利に買い物ができる方法を複数つくり出す、一種のバウンダリーレスな(境界線のない)小売モデルだ。これは、ベゾスの小売業におけるAIフライホイールに対する、次の大きな一押しになるだろう。

この新しいトレンドの背後には、便利な方法で買い物をすることを望む、大勢の消費者がいる。オンラインで購入するだけでなく、オンラインで購入して実店舗で受け取る、オンラインで購入して実店舗から届けてもらう、あるいは昔ながらの実店舗でショッピングする、といった選択肢を望んでいるのだ。

そして、すぐに配送してほしいという欲求は、とどまるところを知らないらしい。詐欺防止に取り組むスタートアップのトラステフが2018年に行ったアンケート調査によれば、18歳から34歳の買い物客の56%が、当日配達をオプションとして期待している。つまり、タマゴが割れていたり、入れ忘れがあったり、アイスクリームが溶けていたり、などといったミスをすることなく、顧客が望む時間に、望む場所へと届けることが求められているのである。

注文したオーガニック・チキンの胸肉が入っていなかったために、空腹で怒りに震える家族と直面したい小売業者などいない。それはすぐに、ブランドに永続的な傷をつけてしまうだろう。

「私の見る限り、朝起きて『今日はどこで買い物をしようかな』などと言う顧客はいません」とアマゾンのウィルクは言う。「彼らは単に、『何が必要だろう?』と考えるだけです。たまたまパソコンやスマホが近くにあったら、そこで注文するかもしれません。たまたま車でお店の近くを通りかかったら、そこで買い物をするでしょう。何が起きているのかというと、私たちの店舗が実店舗に近づいていて、実店舗が私たちに近づいているのです。決めるのはお客様です」

新しい靴やクールなスポーツ用品を求めて実店舗で時間を過ごすのが好きな人もいるが、牛乳やシリアル、洗濯用洗剤などのありふれた商品を買うために、必要以上に時間を費やすのは誰も好きではないだろう。だからこそ、小売業者はバウンダリーレス・ショッピングがヒットするだろうと考えている。

オンラインとオフラインが交わるこの新しい小売モデルは、小売業者のさらなる淘汰を引き起こしかねない。第一に、**米国（短期的には最も大きな変化が訪れる国になるだろう）には過剰なほど多くの実店舗が存在している。人口1人当たりの店舗面積は、他の先進国と比べて約4倍だ。**

同時に、ミレニアル世代はショッピングモールに向かうのではなく、携帯電話やストリーミング・メディア、ヘルスケア、学生ローンなどに、可処分所得の大半を費やしている。また、ショッピングはオンラインですることを好むため、必要とされる実店舗の数はますます少なくなっている。

第二に、伝統的な小売業者の多くはコンピュータに関する知識を持たないため、オンライン上でのプレゼンスを構築し、ハイブリッド型小売業に不可欠の短期配送を実現できない。そのため、彼らがアマゾンに対抗することは非常に難しい。そして、彼らがそうした専門知識を望んだとしても、それを手に入れられるほどの余裕はない。

近年、一部の大手小売業者がプライベート・エクイティ企業やヘッジファンドに買収され、負債を背負う結果となっている。例えば、長年にわたって小売業界で存在感を示してきたシアーズとトイザらスが破綻したのも、それが主な原因の一つだ。2017年には、6000以上の米国の店舗が閉鎖を発表し、少なくとも50の小売店が破産を申請した。2019年現在、ニーマン・マーカス、GAP、GNC、ギターセンターなど、多くの有名小売業者が多額の負債に苦しんでいる。

## アマゾンの店舗ビジネスの展開

多くの伝統的な小売業者が押し寄せる負債に流されそうになり、気まぐれで価格を重視する消費者に手を焼く一方で、アマゾンはホールフーズの買収からおよそ2年後、再び業界に衝撃を与えた。2019年3月3日、ウォールストリート・ジャーナルが、このEコマースの巨人が、ロサンゼルス、シカゴ、ワシントンD.C.など米主要都市の数十カ所で、新たな食料品店チェーンを立ち上げる予定だと報じたのである。

ホールフーズは主にヘルシー志向の食品を販売しているため、商品の種類は限られている。ホールフーズの理念を理解していない顧客は、「ねぇ、オレオはどこにあるの?」とクレームをつけるかもしれない。そこでアマゾンの新しい商品ラインでは、これまでより多くの種類を扱う予定だ。その中には、おいしいが体に良いというわけではない食品や、食品よりも利益率が高い美容品も含まれている。

この動きは、アマゾンが、戦わずして食料品ビジネスをウォルマートに譲るつもりはない、という明確なシグナルを送ったということだ。オンラインの王者が実店舗に注力するなか、米国最大の食料品店であり、世界最大の小売業者であるウォルマートは、オンラインでのアマゾンとの競争に対抗するために、デジタル小売事業に数十億ドルを費やしている（この点については次章で解説する）。

物理的な店舗での戦いに臨む一方で、アマゾンは食品以外の分野でも野望を抱いている。2019年現在、アマゾンは「アマゾン・ゴー」「アマゾン・4スター」「アマゾン・ブックス」の名称で、42の小規模小売店舗を運営している。

その船出は多難なものだった。買い物客を驚かせるような店舗を運営するのは、世界最大のオンライン市場を運営するのとはまったく違うゲームだ。ニューヨークのソーホーに、アマゾン・4スターの店舗（オンライン上のレビューで平均4つ星以上の評価を得た商品をラインナップしている）がオープンしたとき、ニューヨーク・タイムズは次のように酷評した。

「陰気な店だ。慌ただしく設営されたクリアランスセールのような、味気のない店内。ロットレス・クローズアウト（米国のディスカウントストアで、メーカーからの在庫処分品を扱う）のほうが、まだ活気と魅力があるだろう」

2019年の時点で、買い物客がレジを通さずにサンドイッチやサラダ、飲み物などを買える「アマゾン・ゴー」の店舗は、わずか15店だ。しかし、4スターよりも人気を集めており、もっと早く展開できない理由はないだろう。

**証券会社RBCキャピタルマーケッツのアナリストは、アマゾン・ゴーは1店舗当たり、年間150万ドル〔約1億6000万円〕の売上げを生み出す可能性があると推定している。ブルームバーグの報道が正しければ、アマゾンは2021年までに、3000店のアマゾン・ゴーを開設する予定であり、それによる年間売上高は45億ドル〔約4800億円〕に達する可能性がある。**

## ホールフーズ買収でアマゾンが得たもの

しかし、これまででアマゾンの実店舗における最大の賭けは、食料品ビジネスだ。その理由は、それこそが最も稼げる市場であるからにほかならない。2017年、米国人は7000億ドル〔約74兆円〕相当以上の食品やその他の商品を、スーパーマーケットから購入している。オンラインで販売されたのはそのごく一部にすぎないが、市場調査会社のカンター・ワールドパネルは、米国のEコマースによる食品やアルコール類の売上高が、2017年の141億ドル〔約1兆5000億円〕から、21年までには約400億ドル〔約4兆5000億円〕に達すると予測している。

現在のところ、米国の食料品業界の王様はウォルマートであり、全売上高の56％を占めている。第2位はクローガーで、シェアは17％だ。アマゾンのホールフーズは誤差のようなシェアしか占めておらず、2％強にすぎない。では、なぜベゾスは、このウェルター級の食料品チェーンを買収したのだろうか？

**ホールフーズの５００店以上の店舗を買収したことで、アマゾンは都市部や郊外の一等地に必要とされる不動産を手に入れることができた。また、ホールフーズは高級食料品店であり、プライム会員の人口動態上の特徴にフィットしている。買収の時点で、ホールフーズの買い物客の約半分はすでにプライム会員であり、ホールフーズの顧客の10人中８人は、アマゾンでも買い物をしていた。アマゾンはホールフーズでプライム会員に割引を提供し始めたが、これは買い物客をアマゾンのエコシステムに閉じ込めるための、新たな手段となっている。**

一方で、ホールフーズの側から見ると、アマゾンとの結婚は、アクティビスト型ヘッジファンド〔ある企業の株式を所有して儲けを出すだけでなく、株主としての権利を行使して、その企業の経営にも積極的に口を出すヘッジファンド〕のＪＡＮＡパートナーズによる、敵対的買収の脅威から同社を救うこととなった。また、ウォルマートが支配し、競争が激化している食料品業界の中で生き残るために必要な、資本と技術的な専門知識を得ることができたのである。

アマゾンを脅威に感じ、その驚異的な技術力を指摘する小売業界の関係者は多いが、彼らが不安を覚えるのも無理はない。食料品市場をめぐる戦いは、最も新鮮な食品を最も速く、最も間違いの少ない形で届けることができる者が勝利するだろう。

ベゾスは「アレクサ、ミルクとバナナが欲しいんだけど」と言うだけで、簡単かつ迅速に注文が行えるようにし、また注文した商品が数時間以内に自宅に届くようにすることで、食料品ビジネスに破壊的な変化をもたらそうと計画している。それは、シンプルな話に聞こえるかもしれないが、実現させるのは容易ではない。膨大なAIの力が必要になるだろう。

## 実質的に巨大な運送会社となったアマゾン

配送をスピードアップさせる競争の中で、アマゾンは配送のあらゆる段階でイノベーションを進めている。アマゾンが販売する商品は、農家や酪農家、メーカーから倉庫に移動させなければならず、時にはアマゾンのアルゴリズムが、商品を需要のある場所に近い別の倉庫に、移動させる必要があると判断することもある。

先に説明したように、アマゾンは小売事業を展開する中で、実質的に巨大な運送会社になりつつあり、もしアマゾンが現在のペースで配送業者を増やし続ければ、アマゾンはこの業界でも破壊的なプレーヤーになる可能性がある。

その**動機となるのは、コスト削減だ。2018年、アマゾンは全世界で推定44億個もの荷物を配送している。中国やインドなどの生産者から米国や欧州の倉庫に商品を届けるコストを下げるために、アマゾンは自社でコンテナ船やジャンボ・カーゴジェ**

**ット、トレーラーの一群を所有している（ＵＰＳやフェデックス、ＤＨＬの関係者はこの点に注意すべきだ）。シティグループによれば、アマゾンは長距離輸送の荷物を自ら管理することで、ＵＰＳやフェデックスを利用する場合と比べて、年間11億ドル（約1200億円）の節約が可能だという。**

アマゾンはこの計算をよく理解しており、コスト削減を現実のものとするために、多額の投資を行っている。２０１９年の時点で、同社は1万台以上のトラックを自社で運用している。また、アジアからの貨物を取り扱うコンテナ船の貨物スペースを借りており、さらに同社によれば、２０２１年までに70機のカーゴジェットを稼働させる予定だ（一方、フェデックスは６８１機の航空機を所有またはリースしている）。アマゾンはテキサス州、イリノイ州、オハイオ州、ケンタッキー州北部に、輸送機による輸送のハブとなる施設を開設しようとしており、同社の航空機利用が拡大を続けていることは否定できない。

ただ、運送の専門家の中には、同社がフェデックスやＵＰＳに対抗する運送システムを構築できるかどうか、懐疑的な立場をとる者もいる。この2社は過去数十年にわたり、大規模なネットワークの構築に多額の投資をしてきたからだ。

また、運送業界の大部分は、アマゾンの脅威に目を向けていない。フェデックスのフレッド・スミスＣＥＯは、投資家向けの電話会議において、「現時点では、彼らを競合とは見なしていません」と発言している。

しかし、ボーダーズやバーンズ・アンド・ノーブルのような大手書店チェーンは、かつて、アマゾンが書籍市場に破壊的な変化をもたらす可能性については懐疑的だった。その後に何が起きたかを考えてみるとよい。**アマゾンはAIが管理する強力な物流会社になろうとしており、クラウドコンピューティング・ビジネスのAWSを構築したときと同じように、既存の企業よりも安く長距離輸送する方法を見つけ、他社への配送サービスの提供を開始することは十分に考えられる。**

実際に、フェデックスがアマゾンを深刻な脅威として認識し始めたサインもある。2019年の半ば、同社は米国内でアマゾンの荷物を配送しないことを発表した。また、米証券取引委員会に提出した10－K報告書（日本の有価証券報告書に相当する年次報告書）の中で、アマゾンがここ数年、輸送手段に多額の投資を行ってきたことを考えて、現在はこのEコマースの巨人を競争相手と見なしていることを明らかにしている。

## きわめてコスト高になるラスト・ワンマイル

買い物客がオンラインで食料品を注文したとしよう。頼まれた品をその個人の家に届けること（業界ではこれを「ラスト・ワンマイル」と呼ぶ）は、複雑でコストがかかる。何年もの間、アマゾンを含む多くの企業が、食料品の注文に、集約化された倉庫から対応しようとしてきた。しかし、配送大手のフレッシュダイレクトを除いて、それに成功した企業はほとんどない。

倉庫は巨大スーパーマーケットほど回転率が高くなく、生鮮食品を新鮮なうちに配送することは難しい。このモデルを考え出した企業であるウェブバンは、2001年に倒産し、アマゾンに吸収された。

また、アマゾンの生鮮品デリバリーサービスである「アマゾン・フレッシュ」も苦戦している。このサービスは、ニューヨーク、シカゴ、ダラス、ロンドン、東京、ベルリンなど23都市で展開され、料金は月14・99ドル〔約1600円〕となっている。しかし、アマゾンの既存ビジネスのような、優れた顧客体験を生み出すには至っていない。

ビジネス・インサイダーによれば、一部の顧客から、配送された商品の品質の悪さや腐敗、梱包の不備、配送のキャンセルや遅配、商品の紛失といった不満が訴えられている。顧客満足度の調査であるテムキン・エクスペリエンス・レイティングの2018年度版によれば、アマゾン・フレッシュは採点において13ポイントを失い、食料品サービスの中で最下位となった。

アマゾンにとってホールフーズは、食料品配送問題における解決策の一つだ。ホールフーズの店舗からは、車を使えば、米国の人口の40%に1時間以内に到達できる。将来的には、これらの店舗は、倉庫としての役割も果たすことになるだろう。ホールフーズの店舗は、野菜や果物、その他の生鮮品の回転率が高いため、買い物客が望む時間どおりに、期待するような新鮮な商品が配達される可能性が高い。

アマゾンがホールフーズのために使用している配送サービス「プライム・ナウ」は、2時間以内の配達を約束しており、35ドル（約3700円）以上の食料品を注文（配達人に渡すチップを除く）したプライム会員は、無料で利用できる。いくつかの地域では、顧客はオンラインで注文して、車でホールフーズの店舗に向かい、注文した食料品を車に乗ったままトランクに入れてもらうことができる。

アマゾンやほかの食料品店にとっての課題は、食料品の配送には大きなコストがかかるということだ。誤解のないように述べておくが、ベゾスは高い配送料を、アマゾンのAIフライホイールを動かすために避けられないものとして受け入れている。しかし、それにより、莫大な損失が生まれているのである。

**2018年、アマゾンは配送に270億ドル（約2兆8000億円）を費やしており、前年比で23％増加している。1回の配送にかかるコストは、7〜10ドルと高額になることもある。ラスト・ワンマイルは、コストが積み重なる場所なのだ。荷物の配送にかかる費用の半分以上が、そこで発生する場合もある。**

食料品の配送は、このコストにまったく新しいレベルを追加することになる。新鮮な農産物を収穫して梱包し、配送するための作業者を雇い、彼らに必要なトレーニングを行うというのでは、高くついてしまう。

そこで、アマゾンの強みであるテクノロジーの登場だ。アマゾンの開発するロボット技術は、食料品の注文にも利用でき、人件費を削減できる。しかし、それでも問題は残り、特に注文された品をそろえるプロセスはやっかいだ。もし、顧客が完熟したイチゴを好むのであれば、ロボットにどうやってイチゴの熟度を認識させればよいのだろうか？

アマゾンは秘密の研究所において、機械学習を使ってイチゴの中から新鮮なものを識別する方法を考案した。このソリューションは画像認識技術を利用しており、どのイチゴが食べるのに最適なのかを機械に学習させることができる。顔認識ソフトウエアが人混みの中から特定の人を選び出すのと同じように、真っ赤で完熟したイチゴを認識するのだ。

## 過酷なアマゾンの配送下請けの仕事

配送のコストを下げ、スピードを上げるために、アマゾンは何年にもわたって地域配送の一部を、フェデックスやUPSよりも料金の安い、小規模の独立系運送業者にアウトソースしようとしてきた。アマゾン・フレックスは即日配送サービスで、ウーバーのように、自分の車を運転して配送することで手数料を受け取る、請負業者を利用している。

実際、アマゾン・フレックスの配送業者の中には、ウーバーのドライバーを副業にしている人もいる。多くのギグ・エコノミー〔ギグとはミュージシャンの単発ライブを指す言葉で、転じて、単発の仕事を請け負って生計を立てる働き方を指す〕労働者がそうであるように、こうしたドライバーたちは生計を立てることが難しい。

**アマゾンの荷物を個人宅やアパートに配達するために、1時間当たり18～24ドルが支払われるのだが、そこからガソリン代、保険料、メンテナンス料を差し引いた後の利益は、ずっと少なくなる。また、フレックスのドライバーは独立した請負業者であるため、アマゾンの制服を着てアマゾンのマネジャーに報告していたとしても、同社の福利厚生は受けられない。**

そして、仕事は過酷だ。雑誌アトランティックのライターであるアライナ・セミュエルズは、サンフランシスコでアマゾン・フレックスのドライバーとして1日働き、その体験をまとめている。

それによると、ダウンタウンで非商用車が駐車場を探すのは悪夢のような体験であり、あきらめて30ポンド〔約13・6キログラム〕の荷物を抱えたまま2ブロックも歩くこともあった。その際は100歩かそこら歩いては立ち止まり、息を整えなければならなかった。

そして「テクノロジー企業に荷物を届けているうちに、怒りがこみ上げてきた。彼らは社員に無料の食事と高額な給与を提供し、その社員たちは毎日のようにオンラインで何かを注文している。テクノロジーは彼らに快適な暮らしを提供したが、私にもたらしたのはストレスと怒りだった。動いているのかどうかわからない貨物用エレベーターを待つのにうんざりして、ビルの9階から階段で下りてきた私は、車に戻るとノートに『やってられない』と走り書きした」と記している。

アマゾンは増え続ける即日配送のニーズに対応するため、住宅街を縦横無尽に駆け巡るギグ・エコノミーの労働者たちに加えて、小規模な運送会社と契約している。このアプローチはコスト削減には役立つものの、同時に、多くの頭痛の種をもたらすことにもなる。

2018年、ビジネス・インサイダーは、こうした会社で働くドライバーの中には、「窓が壊れ、ミラーがひび割れ、ドアが故障し、ブレーキに欠陥があり、タイヤのトラクションが悪い」トラックを運転していた人がいる、と報じている。

同じ頃、200人以上のドライバーが、未払い賃金の請求をめぐって、アマゾンと運送会社の中の1社を提訴した。アマゾンは、より透明性と公平性を確保するために、配送ドライバーへの給与支払い方法を大幅に変更すると述べた。

## 悪評を受けて着手した改善策

配送に関してさまざまな悪評を受けたことで、アマゾンは2018年に「デリバリーサービスパートナー」と呼ばれる新しいプログラムを発表した。これは強力な配送サービスを構築するための、もう一つのステップである。

仕組みはこうだ。アマゾンはメルセデス製のバンを2万台購入し、自分の地元で宅配事業を始めたいと考えている起業家からの申し込みを受ける。2019年までに、このプログラムには100人以上の起業家が登録しており、その中にはアマゾン社員も含まれている。

**アマゾンは新しい配送プログラムについて、「絶えず高速で変化する環境の中でチームを指導するのが好きな、顧客を重視する人物」を探していると述べた。条件を満たした人物は、わずか1万ドル（約100万円）の元手で事業を開始できる（アマゾン社員の場合は、同社が資金を最大1万ドルまで提供し、事業が軌道に乗るまで3カ月分の給与を支払う）。こうした起業家たちは、それぞれ最大40台のバンを管理することができる。成功すれば、彼らの稼ぎは年間7・5万〜30万ドル（約800万〜3000万円）となる。**

このプログラムが機能するかどうかを判断するのは時期尚早だが、タイヤが劣化して窓も割れているバンの問題を解決することを目的としており、アマゾンはメルセデス製バンをリースして配送業者の業務を支援している（もちろん、アマゾンのテクノロジーも応用している）ため、同社は彼らのビジネスを綿密に管理して、賃金や安全をめぐる問題を防ぐことができる。

しかし、こうした改善の取り組みにもかかわらず、アマゾンはコスト問題を解決できてはいない。フェデックスやUPSのような企業に支払わなければならない配送料をセーブすることで、同社はいくらかの経費を節約できるが、ラスト・ワンマイルは依然として高コストなままである。

デリバリーサービスパートナーに参加した起業家たちは、メルセデス製バンの使用料を払い、従業員を雇って訓練し、彼らに手当を払い、ある程度の利益を自分のために確保しなければならないのだ。

そのためアマゾンは、長期的にラスト・ワンマイル配送に革命を起こす可能性のある新技術に、数十億ドルを投資している。その中には、自動運転のバン、玄関先で荷物を下ろすロボット、裏庭に新しいボーズ製ヘッドホンの箱を届けるドローンなどが含まれている。そこからは、大きな見返りを得られる可能性がある。

コンサルティング会社のマッキンゼーは、自動配送により、小売業者は配送コストを40％以上削減できると予測している。つまり、アマゾンは年間100億ドル（約1兆円）以上を節約できることになり、競合他社よりさらに有利になる。

そしてベゾスは、おそらく、節約分を利用して顧客のために価格を下げるだろう。その結果、より多くの小売業者が引き付けられることになり、コストが下がって、より多くの顧客を引き付けられるだろう。彼のＡＩフライホイールは、どんどん速く回転することになる。

## 自動運転車の時代を開くのは配送用バン

そうしたコスト削減の可能性を認識したベゾスは、自動運転車の開発競争に真正面から飛び込んだ。アマゾンが所有する膨大な計算能力と機械学習の専門知識は、同社を、この分野における潜在的な有力プレーヤーにしている。

アマゾンは2016年に、特定の車線において交通がどちらの方向に流れているかを自動運転車が把握し、自らの車体を適切な車線に安全に進入できるようにするシステムの特許を取得した。また、アマゾンはトヨタと提携し、人や荷物を運ぶことができるミニバン「eパレット」を開発中で、延期となった2020年夏の東京オリンピックにおいてお披露目する計画だった。

2019年初め、アマゾンはミシガン州の企業で、バッテリー駆動のピックアップトラックとSUVを開発しているリビアンに対する、7億ドル〔約740億円〕の投資ラウンドを主導した。同じ年、フォードがさらに5億ドル〔約530億円〕の投資を同社に対して行っている。

また、アマゾンは同時期に、シリコンバレーで自動運転車を開発するスタートアップ企業オーロラに対する、5億3000万ドル〔約560億円〕の投資ラウンドを主導している。オーロラを設立したのは、この新たな産業における3人の有名人、スターリング・アンダーソン、ドリュー・バグネル、クリス・アームソンである。アンダーソンはテスラの自動運転プログラムの責任者、バグネルはウーバーの自律走行・認識チームの責任者、アームソンはグーグルの自動運転プロジェクトの責任者をそれぞれ務めていた。

オーロラは、自ら自動車を開発するのではなく、自動運転車を支えるＡＩを開発しており、アマゾンなどの小売業者や大手自動車メーカーと提携して、最先端の自動運転車を開発する計画だ。

自動運転車をめぐる競争に参加しているのは、アマゾンだけではない。調査会社ＣＢインサイツによると、世界中で少なくとも46社が、自動運転技術に取り組んでいるという。その中にはＧＭやフォード、ＢＭＷ、アウディといった主要自動車メーカーが含まれている。さらには、アルファベットやバイドゥ、マイクロソフト、シスコといったテクノロジー企業、ウーバーや中国のディディなどのインターネット配車サービス、ウォルマートやクローガー、アリババといった小売業者、そしてオーロラやユデルブのようなスタートアップ企業もいる。

**ほぼ確実に言えるのは、自動運転車が最初に大量に使われるのは、配送用のバンとしてだろうということだ。それは、人間ではなく荷物を運ぶことで、自動運転車のリスクが大幅に軽減されるからである。自動運転車が事故を起こして、積み荷のボディーソープがつぶれてしまったとしても、それは不幸なことだが悲劇ではない。事故が起きた場合、バンは自分を犠牲にして、歩行者や自転車、ほかのドライバーなどに危**

**害を加えないようにプログラムされている。つまり、歩行者やほかの車と衝突しそうであれば、木に衝突するように設定されているのだ。**

もう一つ理由がある。配送用のバンの場合、それがたどるルートは事前に予測可能であることが大半であり、したがってそのルート上で複雑な箇所を学習させておくことが簡単にできる。その結果、ナビゲーションのミスや事故が発生する確率を抑制できるのだ。

## 自動配送最前線

大手小売業者と提携している多くの革新的な企業の中には、既に自動運転の配送用バンを使ったパイロット・プログラムを実施しているところも少なくない。2018年1月30日、シリコンバレーのスタートアップ企業ユデルブは、カリフォルニア州サンマテオにあるドレガーズ・マーケットにおいて、初の自動運転車による配送を行ったと発表している。

この車両の頭脳は、中国の検索エンジン企業であるバイドゥが開発した、ソフトウエア・プラットフォーム「アポロ」上に構築されていた。バイドゥは、アルファベットの傘下企業であるウェイモなどの企業を相手に、自動運転車のためのアンドロイドOSのような、業界標準を打ち立てようと競争している。

その後ユデルブは、ウォルマートと提携し、アリゾナ州で自動運転車による配送に取り組んでいる。２０１９年には、ニューロというスタートアップ企業がアリゾナ州スコッツデールにおいて、クローガー向けの配送を行った。使用されたのは自動運転のバンで、重量は１５００ポンド〔約６８０キログラム〕の食料品を運ぶことができ、２５０ポンド〔約１１３キログラム〕の食料品を運ぶことができ、１９６０年代に発売された、フォルクスワーゲンのミニバスの小型版のように見える。配送料は１回５・95ドル〔約６３０円〕で、最低注文数の制限はない。

これらの企業はみな、自動配送に対して異なる戦略をとっているが、基本的なコンセプトは、顧客がアプリで特定の時間帯に配送を依頼するというものだ。ウーバーと同じように、アプリは配送中の車両の現在位置を確認することができる。配送先に到着すると、バンは顧客に対し、荷物〔食料品やドライクリーニングした衣類、処方箋など、さまざまな品目が考えられる〕の到着を知らせるテキストメッセージと、受取用のコードを送信する。

それを受け取った顧客はバンに向かい、車体の側面にあるスクリーンにコードを入力する。すると扉が開いて、中に格納されている品物を取り出すことができる。顧客が荷物を取り出すと扉が閉まり、バンは次の目的地へと向かう。

自動配送を行う車両は、あらゆる形や大きさをしている。２０１９年の初め、アマゾンは「スカウト」と名付けられた6台の配送車両を、ワシントン州スノホミッシュ郡の歩道上で走行させた。ベビーブルーとブラックのツートンカラーで、バッテリーを搭載したこの機械は、車輪が付いた小さなクーラーのように見える。この車両は歩行者やペットを避けながら、歩道を歩く速さで移動できる。スカウトはさまざまなセンサーを使って、道路を渡ったり、障害物を回避したりすることができるのだ。

そして、この自動配送ロボットは、目的地に着くと停止し、買い物客にテキストメッセージを送って、上部にある蓋《ふた》を開ける。そして買い物客が荷物を受け取ると、スカウトは蓋を閉め、次の目的地に向かう。これまでのところ、アマゾンはスカウトの運用に満足しており、2019年の夏には、南カリフォルニアにもこのプログラムを拡大することを決めた。

スカウトは簡単な配送で使えそうだが、まだ人間の代わりになるとは思えない。ロボットは（少なくとも今のところは）門を開けたり、階段を上ったり、ドアベルを鳴らしたり、雨の日に雨戸と玄関のドアの間に荷物をスライドさせて、濡れないようにしたりすることはできない。また、こうした車両で配送する場合は、顧客が自宅にいなければならないため、その有用性に限界がある。

**顧客が玄関口に現れなかったら？　ロボットはどのくらい待てばよいのか？　アマゾンをはじめとした企業は、ロボットが荷物を入れておくことのできる個人用のボックスを整備することが、解決策の一部になると考えているが、そのようなインフラを導入するには、数十年とまではいかないまでも、数年はかかるだろう。**

いたずら好きな子供たちがスカウトをひっくり返したら、どうなるだろうか？　あるいは、スカウトの大群が歩道を渋滞させたら？　自動配送車両はラスト・ワンマイルの問題を解決するかもしれないが、新たな問題を引き起こす可能性もある。

## ドローンはアマゾンの荷物の86％を運べる

自動配送を行うロボットが、すべて路上を走るわけではない。ベゾスは2013年にCBSの番組「60ミニッツ」に出演し、特派員のチャーリー・ローズに向かって、アマゾンのドローンが5ポンド〔約2・3キログラム〕の小包を、30分以内に顧客に届けることができると説明した。

重要なのは、ベゾスによると、アマゾンが配送する荷物の86％が、5ポンド以下の重さであるという点だ。ドローンによる配送は、人間の要素をさらに排除することになり、アマゾンがさらに数十億ドルのコスト削減を行うことを可能にするだろう。

ドローンには多くの利点がある。理論上では、ドローンはガソリンを動力とする配送トラックよりも温室効果ガスの排出量が少なく、遠隔地にまで飛行して医薬品を届けることができる。また、重要なインフラを監視したり、被災地に重要物資を運んだりするのにも役立つ。さらに地方部に住む消費者に、より安い価格でより多くの品物を提供することも可能になる。

**中国では、オンライン小売業者のJDドットコムがドローンを利用して、遠隔地にある山村への配達にかかる時間の単位を日から分へと短縮し、コストを大幅に削減した。しかし、こうした例は、ドローンやその他の新しい配送技術の始まりにすぎない。JDドットコムのリチャード・リューCEOは、今後10年間のドローンやその他のAI技術の進化は、過去100年間に行われたよりも速く進むだろうと語っている。**

ベゾスは「60ミニッツ」のインタビューにおいて、ドローン技術はごく初期の段階にあるものの、2019年までには実用化されると楽観視していると述べた。この予想は外れ、配送ドローンは、米国内ではまだ一般的な存在ではない。米連邦航空局（FAA）は2018年、ドローンが空域に与える影響について調査するために、2年半に及ぶパイロット・プロジェクトを通じてデータを収集することを義務付け、ドローンの普及をさらに遅らせた。

同じ年、民間のドローンが英国のガトウィック空港に侵入し、同空港が何時間も閉鎖される事件が起きたことは、FAAの懸念が正当なものであることを強く裏付けている。しかし、FAAは前進している。2019年4月には、グーグルの親会社であるアルファベットが、バージニア州でドローン配送の試験サービスを開始したが、これは米国内で初めてであり、アマゾンがすぐ後に続いた。

アマゾンはこのプロセスを加速させようと、あらゆる手を打っている。ドローン部門であるアマゾン・プライム・エアのディレクターを務めるボブ・ロスは、低空飛行

（400フィート以下）を安全にする航空管制システムの開発に取り組んでいる。シアトル、テルアビブ、英ケンブリッジ、パリにオフィスを構えるアマゾン・プライム・エアにおいて、ロスはチームと共に、完全に自動化されたシステムを検討している。つまり、人間の航空管制官は必要ないのだ。

このシステムによって、ドローンが飛行機やヘリコプター、あるいはほかのドローンの進路を邪魔することがないよう、管理することができる。また、FAAはこのシステムを利用して、緊急時にドローンを追跡したり、飛行禁止区域を設定したりすることもできる。

## 配送ドローン群が舞う未来はディストピアか

ドローンが頻繁に空を飛ぶようになれば、アマゾンは地域社会から大きな反発を招くことになるだろう。プライバシーを心配する人もいる。ドローンのカメラは人を監視するために使われるのではないか？ というわけだ。ドローンメーカーによると、ドローンのカメラは解像度が低く、ナビゲーションを補助してドローンの性能を向上させるためだけに使用されるという。今はそうかもしれないが、カメラの性能がこれ以上良くならないという保証はない。

**最大の懸念は、騒音だ。NASAが2017年に行った調査では、ドローンが飛行**

**する際に立てる甲高い音は、住宅地の道路で発生する交通騒音よりも、不快感を与えることが判明した。**アルファベットの傘下でドローン配送を手掛ける企業ウィングが、オーストラリアのキャンベラ郊外にあるボニーソンにおいてドローン配送を開始したとき（ホットコーヒーと温かい食品を3分以内に顧客に届ける、というものだった）、この騒音が問題となった。

地元住民で、ドローンに抗議する団体、ＢＡＤ（ボニーソン・アゲインスト・ドローン）のメンバーであるジェーン・ギレスピーは、ドローンの大きく甲高い音は「Ｆ１のレーシングカー」のようだと言う。この団体は地元政府に対し、ドローン配送を減らすよう請願書を提出した。ギレスピーらＢＡＤのメンバーが怒るのも無理はない。それはひどい騒音を立てるのだ。しかし、キャンベラ州政府は２０１９年初め、多くの住民から騒音に対する苦情があったにもかかわらず、ドローン配送を正式に許可した。

ドローン支持者は、人々がドローンの騒音に慣れていないだけだと主張しているが、それは何の慰めにもならない。人々をいらだたせるドローンの大群が、多くの郊外や地方部の静寂を打ち砕く、というディストピア的な未来を想像するのは難しくないだろう。米国内でドローンの騒音による被害に遭っている人々は、ＦＡＡに期待しないほうがよい。ＦＡＡは空の利用を規制すると同時に、促進する。いったん商業用ドローンが許可されれば（その可能性が高い）、後戻りはできないだろう。

**ドローンであれ、スカウトのような配送用ロボットであれ、通常の自動車サイズの**

**自動配送車であれ、自動配送は人間のドライバーを使うよりも経済的だ。つまり、未来は自動配送車にあり、それが道を行き交うようになるのに慣れる必要があるだろう。**

そしてそれは、人間と機械の間に奇妙な関係性を生み出すかもしれない。ミシガン州アナーバーにおいて、フォードのフュージョン・ハイブリッドの自動運転車を使い、ドミノピザを住宅の玄関までデリバリーするという、パイロット・プログラムが実施された。

その様子をとらえた映像には、何人かの顧客がピザを受け取った後で、車に向かって「ありがとう」と言う様子が収められている。なぜ、そのような反応をしてしまうのだろうか。もしかしたら、ロボットが人間を支配するようになったときに最初にすることが、過去のログファイルをチェックして、誰がロボットに親切で、誰がそうではなかったかを調べるのではないかと恐れたのかもしれない。

アマゾンはロボット工学、機械学習、自動配送に関する専門知識を駆使して、消費者が実店舗やオンラインで買い物をしたり、それらを組み合わせて利用したりできる、ハイブリッド型小売業の道を切り開くだろう。それこそ小売業が目指す方向であり、アマゾンはその技術力を駆使して、ゲームのルールを根本的に変えようとしている。

ハイブリッド型小売業者に変身することで、アマゾンは食料品などの新しい市場で成長を実現するだけでなく、新たな効率性も見出して、より多くの資本を投資にまわせるようになるだろう。マッキンゼーの試算では、アマゾンが自動運転車を活用することで削減できるコストは、100億ドル〔約1兆円〕を超える。

そうした効率化によって、アマゾンは顧客のために価格を下げたり、より多くの実店舗を設置あるいは買収したりするための資本を手に入れられる。アマゾンが小売チェーンのターゲットを買収するといううわさもある。それが実現すれば、ベゾスのAIフライホイールは、ますます速く回ることになる。

今のところ、米国でアマゾンのスケールに対抗できるほどの規模と、賢さを持つ企業は1つしかない。

Godzilla Versus Mothra

第11章

# 世界最大の「スーパーvs.オンライン小売り」

直接対決が始まった

## 対アマゾンチームの船出

2016年の夏、マーク・ローリーは、これまで多くの起業家が直面してきたのと同じように、自分の会社にはアマゾンに対抗できるだけの力がないことに気づいた。彼のEコマース・スタートアップ企業ジェット・ドットコムは、ミレニアル世代に向けて、流行の先端を行く高級感のある商品（イエス・トゥのグレープフルーツ・フェイスマスクやフィットビットのスマートウォッチなど）を販売し、急成長を遂げて売上高10億ドル〔約1000億円〕に達していた。

この分野のほかのリーダーたちと同様に、ローリーは小売業が「バウンダリーレス」な顧客体験を追求する方向に進んでいることを認識していた。もはや、店舗を持つだけでも、オンラインで販売するだけでも不十分なのだ。成功している小売業者は、店舗で購入するか、オンラインで注文して店舗で受け取るか、オンラインで購入して数日後や数時間後に注文品が届くようにするかなど、顧客に多くの選択肢を提供していた。

この発想は以前からあったものの、実現するのは非常に難しかった。そうしたハイブリッドな体験を提供するためには、規模の拡大が必要であり、それには大きな資本が必要になる。彼はベンチャーファンドで2億2500万ドル〔約240億円〕を調達したが、それでは十分とは言えず、アマゾンのライバルであるウォルマートに目をつけた。

その年の秋、ウォルマートはジェット・ドットコム（と一緒にローリーも）を33億ドル〔約3500億円〕で買収した。当時、ジェット・ドットコムの価値は、一部のアナリストから約10億ドルと評価されており、ある意味でこの取引は、ウォルマートがローリーを20億ドルで買収したとも言える。世界最大の小売業者であるウォルマートは、Eコマースにおけるアマゾンの優位性を分析できるだけの専門知識を持った人物として、ローリーを評価したのである。

アマゾンは2018年、米国内のオンライン売上高の40％を占め、この分野でウォルマートの売上げの10倍という規模を誇っていた。ある評論家は、ウォルマートがはやりのオンライン企業を購入するのは、中年になって薄毛に悩む男性が増毛するようなものだと評した。

**ローリーはウォルマートに、アマゾンを追うのに必要な規模と資本を見ていた。アーカンソー州ベントンビルに本社を置くウォルマートは、米国内に約4700店舗を展開している。そしてこれらの店舗から10マイル以内に、米国の人口の90％が住んでおり、即日配送に理想的な環境だ。**

アマゾンプライムの送料無料サービスに対抗するため、ウォルマートは35ドル以上の注文で翌日配送の送料を無料にするサービスを開始したが、カギとなったのは全米各地にある同社の実店舗だった。これらの店舗は各地域における巨大な倉庫として利用でき、オンラインで注文された品物をピックアップして、数時間以内に配送できる、とローリーは考えた。

「全米のウォルマート店舗に、この対応ができる従業員が120万人存在します」とローリーは言う。「これにより、生鮮品や冷凍品、その他の一般的な商品を2時間以内、あるいは当日中に、どこよりも安く配達することができます」。ウォルマートの顧客は、食料品をオンラインで注文し、近くの店舗に車を走らせてピックアップすることもできる。しかも、店員が車のところまで来てトランクに入れてくれるのだ。

金融サービス事業者コーウェンのアナリストによると、2019年1月には、ウォルマートの買い物客の約11%が、このカーブサイド・ピックアップ・プログラムを利用していた。

## ローリーとアマゾンの因縁

アマゾンと競争する際、自分が何に直面しているのか、ローリーはよく理解していた。なにしろ、彼はかつてそこで働いていたのだ。2005年、彼はヴィニット・バララと共に、ニュージャージー州でクイッツィ（Quidsi）という、オンライン小売企業を設立した。この名前は、ラテン語の「quid」と「si」という2つの単語を組み合わせたもので、「もし～だったら（what if）」を意味する。

クイッツイはダイアパーズ・ドットコムというサイトを立ち上げ、おむつなどのベビー用品を翌日に配送するサービスを始めた。ベンチャーキャピタルは5000万ドル（約53億円）を投資して、このスタートアップ企業を支援した。2人の創業者は、大手小売業者から独立した存在であることを誇っていたが、ベゾスのオンラインスキルを称賛し、彼を「センセイ（先生）」と呼んでいた。

新米のママやパパはダイアパーズ・ドットコムを気に入り、2008年までに、クイッツイの年間売上高は3億ドル（約310億円）に達した。ブラッド・ストーンの『ジェフ・ベゾス 果てなき野望』によれば、ベゾスはクイッツイの存在に気づき、アマゾンはダイアパーズ・ドットコムに対抗するために、おむつの価格を劇的に下げ始めた。

あるとき、ローリーがチームと共に計算してみると、アマゾンはたった3カ月間で、おむつの販売から1億ドルの損失を出していることが判明した。自分たちの先行きが暗いことを察したローリーと彼のパートナーは、ウォルマートとアマゾンの双方と買収交渉に臨んだ。

ストーンが書いているように、ベゾスがウォルマートも買収に興味を示していることを知ったとき、アマゾンの幹部は「圧力をさらに強め、クイッツイの創業者たちに向かって、『センセイ』は真剣であり、ウォルマート陣営に入るようであれば、おむつの値段をゼロにして対抗するだろうと脅した」。

2010年、ローリーたちは音《ね》を上げ、クイッツイを5億5000万ドル（約580億円）でアマゾンに売却した。この取引を振り返り、ローリーは、アマゾンに売却せざるをえないと感じた理由について、同社の徹底したコスト削減努力ではなく、ひとたびベゾスが彼の会社をターゲットにすると、このEコマースの巨人との長い価格戦争を生き抜くために必要な資金をクイッツイに提供することを、投資家たちが拒むようになったからだと語った。

ローリーのアマゾン在籍期間は短かった。買収時に交わした契約では、クイッツイはアマゾン内で独立したユニットとして運営されることになっていたのだが、アマゾンは最終的にそれを自分たちの事業に吸収し、「ダイアパーズ・ドットコム」という名前も消えてしまった。

## ウォルマートの速い配送は「速くなかった」

ウォルマートがジェット・ドットコムを買収した後、CEOのダグ・マクミロンは、ローリーをウォルマート・ドットコムとジェット・ドットコムの両方を監督する米国のEコマース責任者に任命し、アマゾンの物流に匹敵するような、起業家精神を持ち急成長するオンラインビジネスを構築するための自由裁量を与えた。

また、マクミロンCEOは、ローリーがこの戦いから十分な報酬を得られるようにもしたいと考えていた。**2016年のウィメンズ・ウエア・デイリーの調査によれば、この年ローリーは、小売・ファッション・美容業界の中で最も高給取りの役員となり、給与とボーナスは140万ドル〔約1億5000万円〕、株式報酬は2億4200万ドル〔約257億円〕にも達した。多額の報酬は、この元起業家がウォルマートの店舗、物流、豊富な資本を活用して、アマゾンに対抗するようになることへの、同社の期待の表れだった。**

ウォルマートが初めてオンライン販売を始めたのは1999年のことで、ベゾスがアマゾンを立ち上げてから、わずか数年後のことだった。そのときウォルマートがインターネットを取り入れた理由は、顧客にハイブリッドなショッピング体験を提供するためだった。

2011年のアナリスト向け電話会議で、当時のウォルマート・ドットコムのCEOであったジョエル・アンダーソンは、この戦略は「マルチチャネル・アプローチを構築すること」だと説明した。彼が意味していたのは、ウォルマートがウェブサイトを通じて商品の品揃えを増やし、オンラインの買い物客には注文された品を店舗から翌日配送し、3つの送料無料オプションを提供する、ということだった。

アンダーソンはこれを「ファスト・ファスター・アンド・ファスト〔速く、より速く、そして速く〕」と表現した。この戦略は、当時のウォルマートの経営陣にとっては理にかなうものだったかもしれないが、顧客にとってはそうではなかったようで、同プログラムはまったく人気が出なかった。

ローリーは、ウォルマートがオンライン小売業というゲームにおいて後れを取っていたこと、そしてテクノロジーへの投資を怠っていたこと、そのために追い付くべきことがたくさんあったことを認めている。

ウォルマート・ドットコムには、アマゾン・ドットコムの品揃え、直感的な使いやすさ、顧客に優しい機能はない。また、映画やテレビ、書籍、音楽、２日以内の送料無料など、アマゾンのプライム会員が受けられるような特典を提供する会員制クラブもない。

ウォルマートにとって、インターネットは古典的な「イノベーションのジレンマ」をもたらした。既存の小売業者にとって、Ｅコマースの分野に進出することは、成功している既存店舗でのビジネスを破壊することになるため、取り組むのが難しかったのである。

ローリーがアマゾンとの戦いに挑む中で、ウォルマートには一つ明確な優位性がある。実店舗におけるビジネスの経験だ。それは、ハイブリッド型小売業を実現するうえで、欠かせない要素となる。アマゾンが物理的な店舗においても帝国を築こうとしているのと同じように、ウォルマートは魅力的なオンライン・ショッピング体験を、既存の実店舗に融合させようとしている。

ウォルマートは大量のデータサイエンティストを採用し、ウォルマート・ドットコムで購入できる商品の数を増やし、中小の小売業者に自社サイトでの販売を呼びかけ、顧客により良いショッピング体験を提供するためにＡＩと機械学習を統合しようとしており、さらに配送のスピードを上げる方法も試している。ウォルマートは、アマゾンに真っ向から対抗するための専門知識と潤沢な資金を持つ、米国で唯一の企業だ。

## 直接対決の日は近い

アマゾンが世界を席巻するという話をしていると、ウォルマートがアマゾンの約２倍の規模であることを忘れがちだ。ウォルマートの売上高は２０１８年に５０００億ドル〔約53兆円〕に達し、世界最大の小売業者であるだけでなく、世界最大級の企業となっている。

ウォルマートの米国内の店舗数は４７００店で、アマゾンの５５０店をはるかに凌駕している。さらに、ウォルマートが米国外に展開している店舗数は６０００店なのに対し、アマゾンの店舗はほんの一握りだ。これは圧倒的なリードと言えるだろう。

問題は、ウォルマートはこのアマゾンに対するリードを守りつつ、また収益性の高い食料品ラインに深刻な打撃を与えることなく、ハイブリッド小売業者に短期間で変身できるのだろうか、ということである。ウォルマートは、ほかのどんな企業よりもアマゾンと競合する可能性が高いが、ウォール街はそうは思っていないようだ。ウォルマートはアマゾンの2倍の規模であるにもかかわらず、2019年の株式市場価値は、アマゾンの半分にすぎない。

ウォルマートは、「圧倒的な実店舗を通じた小売業」という自社の強みに特化し、それをより迅速かつ賢明な形で行えるようにすることで、アマゾンに勝てると信じている。ローリーは次のように語っている。

「アマゾンが成功している理由を説明したいのであれば、その技術力やAWSクラウド事業、デジタル・エンターテイメントなど、人々がよく挙げる理由は忘れるべきです。結局のところ、彼らのコアビジネスは小売業なのですから」

ローリーの意見では、それは顧客の望むあらゆるものを、手頃な価格で販売し、顧客の望む形で迅速に届けることを意味している。「それは私たちにとって歓迎すべきことです。小売業こそ、私たちがプレイの仕方をよく知っているゲームなのですから。つまり、物流とマーチャンダイジングです」

これから2人の巨人が衝突し、競争は熾烈を極めるだろうが、だからといって、どちらかが戦場で死ななければならないというわけではない。アマゾンもウォルマートも、ハイブリッド小売企業に変身するための専門知識、資本、そして優れた財務状況を持っている。米国では、アマゾンとウォルマートが2大ショッピング・プラットフォームとなり、この2社が国内市場をいくつかの勢力圏に分割する、というシナリオも考えられるだろう。

ローリーはこう解説する。**「最終的には――どうなるか予想しろと言われれば――アマゾンは先進的な都市部の住民に利用され、ウォルマートはより主流派の保守的な消費者に利用されるようになるでしょう。それは今日も同様で、都市部ではアマゾンが、米中央部ではウォルマートが、それぞれ優勢です」**

ウォルマートは概してアマゾンより価格が安く、地方部の中・低所得層の消費者に対して有利だ。また、ウォルマートの店舗や倉庫も、そうした消費者に近い位置にあり、大都市の近くにあることが多いアマゾンの倉庫とは対照的だ。つまり、米国の中央部では、アマゾンの配送に時間がかかる場合がある。

事実、ウォルマートはニューヨーク市に店舗を構えていない（ただ、2019年に、食料品配送のためにブロンクスに倉庫を開設すると発表している）。一方で、ホールフーズは同地域に13店舗を展開している。商品の品揃え、配達のスピード、カバーする地域の広さなどから、両社は他の小売業者には太刀打ちできない存在になるだろう。

ただ、**グローバルに見ると様相は異なる。一握りの小売業の巨人が、植民地のように世界を勢力圏に分割するシナリオを、想像することができるだろう。アリババとJDドットコムは、中国で一般的なプラットフォームになると考えられる。アマゾンは英国のテスコやフランスのカルフール、ドイツのシュワルツ・グループやアルディと共に、欧州でも勝利するだろう。アマゾンとアリババ、そしてウォルマートは、13億人の消費者を抱えるインドをめぐって戦いを繰り広げるはずだ。**

バウンダリーレスな小売業について、バラ色の未来が描かれているものの、2019年の時点では、食料品をオンラインで購入している買い物客の割合はごくわずかだ。食料品の注文を受け、それをきちんとした状態で配送するのは、ほかの品物よりもはるかに難しい。前章で述べたように、果物、野菜、魚、肉、その他の生鮮食品の保存可能期間は短い。倉庫に保管しておくだけで、簡単に傷んだり、腐ったりしてしまう。

ウォルマートがアマゾンに対して持つ優位性の一つは、大規模な実店舗を無数に展開していることである。それを利用することで、ホールフーズよりも多くの場所に、そしてより迅速に、生鮮食品を配送できるのだ。ウォルマート店舗の販売量の多さと回転率の高さは、小売業者にとって特に厄介な問題である食品廃棄物を、同社があまり出していないことも意味している。

ウォルマートの実店舗は利益を生み出しているので、オンラインで食料品を販売する際の間接費はカバーされている。フレッシュ・ダイレクトやアマゾン・フレッシュのように、宅配用の倉庫を用意してそこに食料品を保管する場合には、その間接費を支払わなければならず、コスト面で不利な状況に置かれている。

「実店舗と宅配の組み合わせは、魔法のように素晴らしい」とローリーは言う。彼は未来の店舗が、顧客が買い物をするための小さなエリアと、オンラインで受けた注文を発送するための大きな倉庫から成る、というビジョンを描いている。

しかし、だからといってアマゾンがあきらめることはないだろう。前述のように、アマゾンが全米に食料品店のチェーンを展開するとのうわさがあり、それはホールフーズよりも豊富な品揃えと低価格で、ウォルマートと直接競合するものになるだろう。

## 食料品宅配の壁

ウォルマートとアマゾンは、食料品の宅配を実現するため熱心に活動し、多額の投資も行っているが、まだ道のりは長そうだ。問題の一つは、オンラインで食料品を購入する場合、自分が注文しているものを正確に知ることが難しいという点である。ホールフーズのサイトを見ると、顧客は価格、サイズ、重さが記載された商品の小さな写真を確認できるが、それは逆に混乱を招くおそれがある。

私はこのサイトから、小さな容器に入ったコールスローとおぼしきものを注文したことがあるのだが、届いたのはコールスロー「ミックス」というもので、スライスされたキャベツやニンジンは入っているものの、マヨネーズや調味料が加えられていない商品だった。誰にわかるだろうか？

もし抗議していたら、ホールフーズは代金を返してくれただろう。しかしこの程度でわざわざ連絡して、対応を求めようとする人がいるだろうか？　ただ、時間が経てば、買い物客も学習するだろう。また、ゆくゆくは店のシステムの側が顧客の好き嫌いを理解するようになり、最終的にはアレクサが、「本当にコールスローミックスでいいの？　ただの無味乾燥なキャベツとニンジンのスライスだよ」と教えてくれるかもしれない。

両社はＡＩや機械学習を活用して、こうした混乱を抑制しようとしている。ここではアマゾンが有利だ。彼らは長年にわたり、自社サイトで買い物をする何億人もの人々の買い物習慣を分析してきた。Ｅコマースへの取り組みで後れを取った、ウォルマートのような実店舗型の小売業者は、収集しているデータの深さという点でアマゾンには及ばない。

ウォルマートは現在、この問題を解決するために、ニューヨーク市で「ジェットブラック」と名付けられたパイロット・プロジェクトを実施中だ。これは会員制プログラムで、年会費６００ドル〔約６万３０００円〕を払うと、商品のお勧めや、短時間配送といった特典を受けられる。また、ウォルマートやグッチ、ティファニー、ルルレモンといった店舗から、何でも欲しいものを注文して当日中に手に入れることもできる。

このプログラムでは、ウォルマート社員が会員の自宅を訪問し、好き嫌いを聞き取って会員の買い物習慣を把握している。それに基づいて、例えば次に会員がオンラインで牛乳を注文する際には、それが「ホライゾンのオーガニック２％ミルク」を意味している、といった判断を行う。ローリーによれば、顧客はそうしたお勧めの80％を受け入れるそうだ。

**ジェットブラックの目的は、ウォルマートの社員がすべての顧客の自宅を訪問することではなく、彼らの習慣を知り、それをAIアルゴリズムに変換することだ。やがてこのシステムは自動化されるだろう。**

「これは長期的な取り組みなのです」とローリーは言う。「将来的には、人間によるやりとりは発生しません。ユーザーを理解し、彼らが何を求めているのか、何が好きなのかを判断するのはマシンだけです」

アルゴリズムがそれほど優れたものになれば、音声によるショッピングは、より正確で簡単になるだろう。

とはいえ、アマゾンは音声認識技術の完成度という点で、ウォルマートのずっと先を走っている。アレクサを搭載したスマートデバイスが世界中に、急速に普及しつつあり、競合製品をはるかに凌ぐ勢いだ。ウォルマートは音声ショッピングにグーグル・アシスタントを使っている。そのため、顧客からは一歩離れた位置にあり、貴重な購買データを収集することが難しくなっている。

## ウォルマートのラスト・ワンマイルへの挑戦

アマゾンと同様、ウォルマートも食料品配送のラスト・ワンマイル問題に取り組んでいる。ウォルマートはバイドゥ、ウェイモ、ユデルブなどのテクノロジー企業と提携し、自動運転の配送車を開発している。

また、自動運転バンが現実のものになるまでは、既存の配送システムを最適化しようと取り組んでいる。2019年に開始されたあるプロジェクトでは、ウォルマートは自社の店員を使って、オンラインで注文された食料品を顧客の冷蔵庫に直接届ける、というサービスを行っている。

配送を担当する店員はカメラを身に付けていて、顧客の自宅に到着すると、玄関のスマートロックに解錠用のワンタイム・パスワードを打ち込み、家の中に入る。そして、牛乳やアイスクリーム、果物、野菜といった品々を冷蔵庫に収めるのだ。

店員による盗難や破壊行為を防ぐために、顧客にはスマホ用アプリが提供されていて、配達員が自宅に入って冷蔵庫に品物を詰める様子を、リアルタイム（もしくは録画）で確認できる。しばらく消費者は、誰もいない自宅に見知らぬ人を入れることに、抵抗感を抱くだろう。

しかし多くの人々は、宿泊施設・民宿を貸し出す人向けのウェブサイトであるエアビーアンドビーを利用する家主が、自宅に見知らぬ人を泊めても何も感じなくなったように、このサービスに慣れてしまうだろう。これまでのところ、ウォルマートに苦情は出ていない。ただ、住宅を訪れた不審な配達員に対し、飼われている大型犬が飛びかかる、などという事態は起きるかもしれないが。

**冷蔵庫への直接配送は、コスト削減につながるとローリーは考えている。牛乳やアイスクリームを断熱箱に詰める必要がなくなり、ウォルマートは配達のタイミングを、柔軟に選べるようになるからだ。**

**通常、ウォルマートの配達のボトルネックは、午後4時〜午後8時に発生する。この時間帯に人々が仕事から帰って、食料品を受け取りたいと考えるためである。しかし、この新しい仕組みであれば、人々が家にいない時間帯にも配送を行うことができる。その結果、より物流的に最適な方法で、配送を一括して行うことが可能になり、配送の回数を減らしてコストを節約できるのである。**

２０１９年の時点では、このプロジェクトが実施されているのは1カ所だけである。「しかし私たちには、大きな計画があります」とローリーは言う。「それこそが未来の姿になるでしょう。最初にアーリーアダプターを引き付け、その後に規模を拡大する予定です」

ウォルマートとアマゾンがハイブリッド型小売業モデルを駆使して米国市場を奪い合う一方で、その他の小売業者の運命は暗いものになりそうだ。しかし、新進気鋭の小売業者たちは、こうした巨人たちの周りに最後の逃げ道を見つけようとしている。

Amazon-Proofing Your Business

第12章

# 対アマゾン巧者の闘い方

アマゾンの裏をかく
ビジネスモデルを模索せよ

## アマゾンが支配する世界で生き残る基本4原則

お店を開けば、お客がやってきて買い物をしてくれる、と期待できる時代は終わった。現代の小売業者は、「店は何から構成されているのか」という実存的な議論に直面している。それは買い物をする場所なのか？　単にぶらぶらするための場所？　オンラインで注文したものを受け取る場所？

2019年に雑誌ニューヨーカーに掲載された一コマ漫画は、この危機を端的に示している。小売店から手ぶらで出てくる若いカップルが描かれていて、そこで男性が女性に向かってこう言うのだ。「買い物をするのはオンラインでだけじゃないんだ、っていう希望の表情を見ると、心が温かくなるね」

こうした状況は、ほかと差別化する要素を持たない多くの小売業者の目には、厳しいものに映るだろう。一方で、アマゾンと正面から対決するのではなく、それを乗り越える方法を理解している人々にとっては、未来は明るい。

アマゾンの豊富な品揃え、低価格、迅速な配送に太刀打ちできない企業は、ほかの点で差別化を図る必要がある。アマゾンがまねできない戦略を追求するわけだ。その結果、これから小売業者は、4つの主要な原則に力を注ぐようになるだろう。

**その4原則とは、デジタル技術によるオンラインとオフライン双方での最高の顧客体験の融合、そこでしか買えない厳選された商品の提供、テクノロジーへの積極的な**

**投資（ソーシャルメディアの駆使を含む）、そして、顧客が安心して買い物ができる環境の提供による社会的使命の追求である。**

本章で取り上げる企業は、これらの4原則のいずれかをマスターすることで、成功を収めている。しかし、アマゾンは実店舗への進出を着実に進めており、長期的には、4原則のどれか1つに長けているだけでは、競争を続けられないだろう。アマゾンに後れを取らないためには、少なくとも2～3の原則、あるいは4つすべてをマスターしなければならない。アマゾンは実店舗を展開するなかで、それらすべてを達成することが間違いないからだ。

ナイキやセフォラといった企業の中には、オンラインと店舗での体験をシームレスに統合して、顧客にとってより満足度の高いショッピングを実現しているところもある。また、ウィリアムズ・ソノマのように、ほかでは手に入らないような高級品を扱っている企業もある。

スティッチ・フィックスやエイソス、ルルズのようなファッション小売業者は、テクノロジーを活用し、アマゾンにはまねできない形で、顧客に特別な体験を提供している。スティッチ・フィックスは多くのデータサイエンティストを雇い、オンライン顧客が自分に合った好みのファッションを発見できる確率を、劇的に高めている。

英国のエイソスは急成長を遂げているが、それは世界各地にいるファッション好きな20代の人々を、デジタル技術でターゲットにしているためだ。エイソスはファッシヨンやライフスタイルに関するコンテンツを毎日公開し、商品を丁寧にキュレーションすることで、顧客との感情的なつながりを育むように努めている。ルルズはインスタグラムをはじめとしたソーシャルメディア上でクリエイティブな活動を行うことによって、熱狂的なファンを大量に獲得している。また、ワービー・パーカーは、メガネが1本売れるたびに1本のメガネを開発途上国に贈る、という社会奉仕活動で知られており、ビジネスを急成長させている。

これらの企業はそれぞれ独自の方法で戦略を実行しているが、その戦略の根底にあるものは、優れたオンラインや店舗での体験を確立することに悩む、すべての企業へのアドバイスとなるだろう。

アマゾンに対抗しようと思ったら、アマゾンが得意でないことは何かと考えるのは、理にかなっている。たしかに、アマゾンは優れた品揃えやサービス、魅力的な価格、迅速な配送を実現しているが、それは一般的な商品を、買い物客が欲しい時に、欲しい場所で提供するという、きわめて有能な公共事業的存在であると言えるだろう。

ウォルマートやアリババのような企業を除いて、大半の企業は価格とスピードの両面で、アマゾンと勝負することは難しい。アマゾンが苦手としているのは、強力なブランド・アイデンティティを確立すること（アマゾンが製造しているチノパンや、ミッドセンチュリー家具のブランド名を言える人がいるだろうか？）、そして顧客を特別な気分にさせることだ。

## 領土拡大を続けるナイキが起こした革新

アマゾンに対抗して領土を拡大することに成功している企業の一つが、オレゴン州ビーバートンに本社を置くスポーツ用品メーカーのナイキだ。

ナイキはオンライン体験とリンクする店内体験を構築し、顧客が2つの世界をスムーズに行き来できるようにした。そうするためには、自宅でのオンラインショッピングでも、スマートフォンからのショッピングでも、店舗でのショッピングでも、個人データをシームレスに統合する必要がある。

こうした**データ管理を行うことで、2018年にオープンした、ニューヨークの5番街にある最先端の旗艦店で提供しているような、高度にカスタマイズされた体験が実現される。この店はただの店舗ではない。それは「ハウス・オブ・イノベーション000」と名付けられ、ナイキいわく、000は「旗艦店が都市にとってどのような存在になれるか」の原点、もしくは出発点を意味している。**

この店舗は6つのフロアから成り、敷地面積は6万8000平方フィートで、科学の実験を行う際に着るような白衣を着た店員たちが、顧客に対応するためにフロアを歩き回っている。ナイキによると、それは店員が地域社会の人々をよく知ることで、彼らの好みや欲求の変化に対応できるようにするためだ。

そのために、この5番街のナイキ旗艦店には、「ナイキ・スピード・ショップ」と名付けられたフロアがあり、そこではマーケティング・データやソーシャルメディアからのフィードバックを利用して品揃えが決められ、買い物客の希望に基づいてすぐに補充が行われる。買い物客は、「アスリート」と名付けられた知識豊富な店員からアドバイスを受けたり、店内のデジタル表示を見て、ほかの客が何を買っているのかを確認したりできる。

ナイキは会員制プログラム「ナイキプラス」を提供しているが、その会員であれば、携帯電話のアプリを使って商品を予約し、店内にあるロッカーに保管しておいて、いつでも都合のよいときに試着したり、受け取ったりできる。また、レジの列に並ばずに、携帯電話で支払いを済ませることもできる。

ナイキは、スニーカーをありふれた商品以上の存在にするために、カスタマイズできるようにしており、アッパーシェルの素材やレースの色などをユーザーが指定できる。ナイキのロゴ「スウィッシュ」を、天使の羽根にすることも可能だ。

ナイキ・エキスパート・スタジオと呼ばれるこの旗艦店の最上階に入れるのは、ナイキプラスの会員だけだ（予約が必要だが）。そこを訪れた買い物客はVIP待遇を受け、限定品を購入したり、スタイリングに関する相談をしたり、マラソンを走るのにぴったりの製品を選んでもらったりすることができる。

こうしたケアを受けたり、幅広い製品から選んだりできるのであれば、スニーカーを1足200ドルで買うのも、良い気分だろう。これまでのところ、ナイキのハイブリッド戦略はうまくいっている。同社の株価は2019年初頭までの5年間で、S&P500株価指数の2倍以上の速さで上昇した。

## 体験型小売店が引き寄せる顧客

体験型小売店という、いま拡大しつつあるトレンドを模索しているパイオニアは、ナイキだけではない。

**体験型小売店とは、店舗においてエンターテイメントを提供したり、買い物客のライフスタイルの本質を捉えたりすべきだという考え方だ。**

ライバルに負けじと、カリフォルニア州のアパレルメーカーであるヴァンズは、ロンドンに「ハウス・オブ・ヴァンズ」をオープンした。この敷地面積3万平方フィートの大型店舗では、BMXバイカーやスケーターたちが集まって動画を観たり、ロックバンドのライブを楽しんだり、カフェでパワードリンクを飲んだり、ストリート・アーティストのトム・ニューマンと共にデッサンのワークショップを行い、かつての栄光の時代の象徴とも言える、ヴァンズ・スケートをスケッチする方法を学んだりすることができる。

しかし、メインとなるアトラクションは、コンクリート製のスロープとボウルで、ヴァンズによれば、これは「スケーターのためにスケーターがデザインした」スケートパークだ。ハウス・オブ・ヴァンズで行われたさまざまな活動は、インスタグラムやタンブラー、フェイスブックといったSNS上に大量の投稿を生み出し、メンバーたちが密接に結び付いたコミュニティを生み出して、新規客を店舗に呼び込む。

ニューヨークの寝具メーカーであるキャスパーは、自分たちのビジネスはマットレスの販売ではなく、より良い夜の睡眠の提供である、と判断した。そして、店舗にドリーマリーと名付けられたコーナーを設置した。

そこには9基の「スリープポッド」が置かれていて、利用者は25ドルを払えば、そこでキャスパーのマットレス、シーツ、枕を使って45分間、昼寝をすることができる（同社によれば、それは眠気を払ってリフレッシュするのに、最適な長さだそうだ）。

ドリーマリーはオンラインで予約でき、バスローブ、睡眠用マスク、耳栓付きだ。利用者は昼寝後、ラウンジでコーヒーを飲み、そしてもちろん、店員と会話する。効果はあるのだろうか？　同社によれば、このサービスを開始してから最初の3年間で、総売上高は6億ドル（約630億円）を超えたという。

キャスパーやナイキのような小売業者は、店舗において、顧客に魅力的な体験を提供している。近い将来、小売りの技術はさらに洗練され、オンラインとオフラインのショッピングを、さらに融合できるようになるだろう。

例えば、フェイスファーストというスタートアップ企業は、ラスベガスで2019年に開催されたカンファレンス「ショップトーク」において、顔認識技術を活用して、入店した顧客を識別する新システムを披露した。このシステムでは、店側が買い物客にテキストメッセージを送り、店員が彼らの買い物履歴をダウンロードすることへの許可を求める。

この履歴の中には、彼らが店舗に訪れた回数や、最後の訪問で買い物に費やした時間と購入した商品、ウェブサイトから購入した商品のリストなどが含まれている。この個人的な情報を店員と共有することを許可した買い物客は、電子クーポンや特別販売への招待といった特典を得ることができる。買い物客が店舗を訪れるたびに、カメラがその人物を識別し、店員が持つ携帯電話に買い物履歴が表示される。

フェイスファーストのピーター・トレップCEOは、調査会社eマーケターのポッドキャストにおいて、ある大規模小売業者でこのシステムを導入したところ、顧客の4%が売上げの55%を占めていることが判明した、と語っている。「彼らはその4%の顧客がいつ来店していたか、把握していませんでした」とトレップは言う。顔認識技術を利用することで、この問題を解決できるかもしれない。

## アリババの顔認識技術をフル活用したビジネス展開

個人のプライバシーという概念が事実上存在しない中国では、アリババは既に顔認識技術を利用して、買い物客が簡単に支払いを済ませられるようにしており、またそれを、貴重な顧客データを収集するためにも使っている。

アリババの金融サービス部門であるアント・フィナンシャルは、2017年末に「スマイル・トゥ・ペイ」と名付けられたシステムを立ち上げ、杭州のKFC店舗などで利用されている（アント・フィナンシャルは、中国でKFCを所有するヤム・チャイナに出資している）。

仕組みはこうだ。顧客は冷蔵庫ほどの大きさのキオスク端末に向かい、スクリーン上でメニューをスクロールして、フライドチキンやコカ・コーラ、その他好みの料理を選ぶ。注文が決まったら、顧客は画面に現れる円のほうを見て微笑む。すると、料金が顧客の口座に請求されるのである。財布も、クレジットカードも、現金も、スマートフォンも必要ない。スマイルだけで、KFCの料理にありつけるのだ。

最初のうちは、カメラで撮影されることに、多くの人々が嫌悪感を抱くだろう。調査会社リッチレレバンスが、買い物客を対象に2018年に行った調査では、回答者の61％が、店舗が顔認識を利用して自分を特定することを、「不気味」と感じていることが判明した。

この恐れには2つの側面がある。1つは、企業が顔の特徴から個人を特定し、大量の個人データにアクセスできるようにすることは、プライバシーの侵害ではないかというものだ。もうひとつは、こうしたシステムが安全ではないかもしれないという懸念である。サイバー犯罪者がフェイスブックから誰かの画像を盗み出し、それを顔認識システムに提示することで、ＫＦＣ店舗においてタダで食事をしたり、さらには銀行のＡＴＭからお金を引き出したりするのではないか、というわけだ。

**ただ、ほとんどの消費者は、顔認識技術がもたらすプライバシーの問題を、最終的には乗り越えるだろう。企業や政府は既に、あらゆる人々のあらゆることを知っているし、企業が買い物履歴を利用することは、保険会社や雇用主が誰かの詳しい病歴を知ることに比べれば、はるかに懸念は少ない。**

新しいもの好きのアーリーアダプターはショッピングに顔認識を使い、その便利さを友人に伝え、すぐにほかの一般の人々がそれに続くだろう。それはｉＰｈｏｎｅＸの所有者が、搭載された顔認識システムにすぐに慣れるようなもので、多くの新技術で起きることだ。

**安心という点では、顔認識システムは、ほかの支払い方法よりも安全であることが約束されている。クレジットカード、運転免許証、パスポートなどは、盗まれたり偽造されたりする危険性があり、個人情報の流出や年間数十億ドルの損失につながっている。一方で顔認識技術を使った支払いシステムをだますのは、非常に難しいことがわかっている。**

アリババはＫＦＣのファストフード店において、若い中国人女性に金髪のかつらをつけて厚化粧をさせ、さらにピンクと青のかつらをつけた同じような外見の４人の若者たちとグループを組ませることで、自社のシステムを打ち負かそうとした。しかし、何度試しても、カメラは正しくその人物を認識した。

フェイスブックから盗まれた顔写真をかざすという手口については、このシステムでは3Dカメラを利用し、その人物が本物か2次元の画像かを判別している。また、このカメラは、まばたきや頭の動きなど、相手が生きた人物であるサインを検知するようにプログラムされている。それでも確信が得られない場合には、顧客に対して携帯電話番号の入力を求め、さらにセキュリティを強化することもできる。

まもなく、車や家の鍵、コンピュータのパスワードが、顔認識システムに取って代わられるだろう。それが実現されれば、銀行口座やショッピングサイトのアカウント用など、いくつもの覚えづらいパスワードを書き留めておく必要もなくなる。

## カルティエの腕時計をアマゾンで買いたいか

体験型小売店は顧客を店舗に呼び寄せるのに役立ち、顔認識などの新技術は、来店した顧客を把握して、より良いサービスを提供するのに役立つ。しかし、だからといって従来の小売業者が、オンライン販売を無視できるわけではない。ラグジュアリー品やカスタムウエア、高級家具・キッチン用品など、実店舗で特定カテゴリーの製品を扱う小売業者の中には、消費者にオンラインで直接販売することで成功するところもある。

アマゾンでは、男性用のカルティエ製腕時計「タンク」を、２７２６ドル〔約29万円〕でサードパーティーの小売業者から購入できる。しかし、贅沢な経験というのは、買い物客が商品を購入する際にどのように感じるかということであり、率直に言って、ペン製テニスボール１缶を２・99ドル〔約３２０円〕で購入できるのと同じサイトで高級時計を購入することを、どれだけ素晴らしいと感じられるだろうか？

アマゾンのページには、この時計についての説明はほとんどなく、それがどのように機能するのか、どのような歴史があるのかについて、ほとんど書かれていない。ほかのカルティエの時計と比較することもできない。

たしかに、カルティエのサイトではなくアマゾンで購入すれば、54ドル〔約５７００円〕節約できる。しかし、このサードパーティー小売業者が、アマゾンやほかのサイトでカルティエの時計を販売する許可を得ているのかどうかは不明だ。偽物のおそれもあるし、あるいはメーカー保証が付いていない場合もある。

カルティエを傘下に置くスイスのラグジュアリー品グループ、コンパニー・フィナンシエール・リシュモンは、世界の富裕層に最高品質の商品を提供することで現在の地位を築いた。同社は現在、アマゾンを寄せつけないようにしつつ、オンライン上で高級品を購入する体験を素晴らしいものにしようと、努力している。

リシュモンが所有するブランドには、カルティエに加えてＩＷＣやモンブラン、ヴァンクリーフ＆アーペルなどがある。同社は大部分の事業を、ニューヨークやパリ、東京、上海の大通りに面した超高級品店で行っているが、富裕層の買い物習慣も変わりつつあり、リシュモンもそれを認識している。

今や時間に追われる超富裕層の人々は、スマートフォンの画面をタップするだけで、素早く簡単に買い物を済ませることを望んでいる。リシュモンはこうした市場の変化に対応するため、2018年に、オンラインの高級ファッション小売業者であるユークス・ネッタポルテを34億ドル〔約3500億円〕で買収すると発表し、ハイエンドのインターネット小売業への投資を拡大していることを示した。

ユークス・ネッタポルテは、ネッタポルテ、ミスター・ポーター、アウトネット、ユークスなどのインターネット小売業を所有・運営しており、ステラ・マッカートニー、ドルチェ・アンド・ガッバーナ、クロエなど、30以上の高級ブランドのEコマースサイトを運営している。

リシュモンがテクノロジー、ロジスティクス、オンライン・マーケティングへ多額の投資を行っていることは、高級品市場におけるEコマースの重要性が増していることを示している。

**コンサルティング会社のベイン・アンド・カンパニーが行った調査によれば、高級品のオンライン販売は2017年に24%増加し、現在では市場全体の9%を占めている。そして、2025年までにこのシェアが25%にまで上昇する、とベインは予測している。**

リシュモンのヨハン・ルパート会長は、「この新しいステップにより、リシュモンのプレゼンスを強化し、富裕層のニーズに応えるためにきわめて重要になりつつある、デジタルチャネルに注力したいと考えています」と述べている。

もちろんベゾスは、こうした高級品メーカーがオンライン事業を拡大することを、許そうとはしていない。アマゾンは高級ファッション業界に、多額の投資を行っている。ブルックリン、東京、ニューデリー、英国のホクストンに大規模なフォトスタジオを開設し、独自のファッションラインを立ち上げ、メトロポリタン美術館で開催された「メット・ボール」などのような、豪華なファッション関連イベントのスポンサーを務めている。

また同社は、ハイエンド・ブランドを求める顧客の関心を引くため、サイト内に「ラグジュアリー・ビューティー・ストアフロント」を設けた。最近アマゾンは、米NBAのマイアミ・ヒートでシューティングガードを務める、ドウェイン・ウェイド選手と契約を結び、ハイエンドのアクティブウエアとスニーカーのブティックを運営している。

**しかし、アマゾンが扱う商品はより幅広く、ほとんどが大衆向けであることを考えると、ベゾスがアマゾン・ドットコムにおいて、オーダーメイドのラグジュアリー体験を成功させるのは難しいだろう。最終的には、自らの実店舗で行っているように、オンライン上でも顧客をもてなして贅沢な体験を提供することに成功し、アマゾンに**

**はまねできない形で顧客を特別な気分にさせられた高級品小売業者が、アマゾンより
も優勢になる可能性が高い。**

## ウィリアムズ・ソノマの特別な一品を売る戦略

アマゾンが何億もの商品を提供しているからといって、買い物客がそこであらゆるものを手に入れられるわけではない。したがって、オンラインの巨人に対抗するもう一つの方法は、ほかでは見つけることのできない特別な一品を提供して、顧客を満足させることだ。ウィリアムズ・ソノマはまさにそれを実践しており、2017年の時点で、米国で13番目に大きいオンライン小売業者となっている。

アマゾン上で「鍋類」と入力して検索すると、最初に表示されるのは、ブレミ製の15ピース調理器具セットで、価格は43・99ドル〔約4650円〕である。投稿されたレビューは2227件で、星の平均は4・5となっている。なかなか良さそうだ。

それでは、ウィリアムズ・ソノマのサイトに行って、同じように検索してみよう。表示される製品の一つはデバイヤーの「プリマ・マテーラ」銅鍋で、価格は800ドル〔約8万4500円〕となっている。この鍋を製造しているのは、1810年に設立されたフランスの会社だ。重要なのは、ウィリアムズ・ソノマが独自に在庫を管理し、その大部分を自社のチャネルとブランドに限定していることを保証している点だ。

消費者の一部は、そのままアマゾンで43・99ドルの調理器具セットを買うが、ハイエンドで独自の商品に興味がある人は、アマゾンで買うことはないだろう。ウィリアムズ・ソノマは、小売業者の中でも最も堅牢なインターネット事業を構築することで、自らの差別化を図り、現在では収益の半分以上がオンラインからもたらされ、6000万人の顧客データベースを構築している。同社が「私たちのブランドの看板」と呼ぶ実店舗や豪華なカタログは、店舗よりも利益率が著しく高いオンライン販売を促進する役割を果たしている。

## 価格競争からの脱却を目指すクレート&バレル

独自の商品を提供する戦略は、アマゾン得意の低価格競争を回避するのにも役立つ。言い換えれば、アマゾンと競合する一つの方法は、価格では競合しないことだ。クレート&バレルのニーラ・モンゴメリーCEOは、店舗の近代化とソーシャルメディアへの多額の投資を通じて、このドイツの高級家具チェーンをアップグレードしようとしているが、まさにこの教訓を心に留めている。

アマゾンはウェイフェアやオーバーストックといった小売業者と同様に、家具をオンラインで販売している。しかしモンゴメリーは、優れたデザインと優れた顧客サービスという買い物体験を提供することで、こうした小売業者よりも高い価格を設定できると考えている。モンゴメリーはウォールストリート・ジャーナルに対して、次のように説明している。

「お客様からは、より高品質なサービスや、よりパーソナライズされた体験など、自分たちにとって本当に重要で期待していることが、ここにはあると言われます」。こうした顧客へのこだわりが、同社の業績に大きく貢献している。

**クレート&バレルが通常より高い価格を設定できる一つの理由は、同社の製品の95%がオリジナルであり、顧客は何か特別なものを見ると、たいていはより高い料金を支払うことをいとわないからだ。**

この分野の小売業者は、ワイングラスや銀食器といった商品の価格において、競争力を持たなければならない。しかし、とモンゴメリーは言う。

「私たちが焦点を当てるべきなのは、必ずしも、市場でほかの企業より安く売ろうとすることではなく、差別化と、顧客の忠誠心に報いることである、と私たちは気づきました」

また、高い価格を正当化しているもう一つの理由は、同社が世界125カ国に店舗を構え、顧客が実際に家具に触れたり、使ったりすることができるためだ。さらに、店舗内にデザインスタジオが設けられており、顧客が自分の好みのデザインを手に入れられるようにしている（このようなサービスはアマゾンにはない）。

オンラインのみで販売している家具小売業者には、このような利点がないために返品が発生しやすくなり（さらに、ソファなどを返品するには、大変な手間がかかることになる）、その結果、不満を持つ顧客が増えてしまうのだ。

これまでのところ、モンゴメリーの戦略は機能している。2017年、クレート&バレルの既存店舗の売上高は約8%増加した。

**クレート&バレルのような小売業者において、今後問題が生じるとすれば、アマゾンが小売業者を切り捨ててメーカーに直接働きかけ、より広く市場に浸透させようとするときだ。ベゾスは現在、家具メーカーに対して、彼らの製品を対象とした優れたデリバリーサービスを提供している。家具メーカーはアマゾン・ドットコム上での販売を行うだけで、配送や返品の処理など、複雑な作業をすべてアマゾンに任せることができる。**

## ベスト・バイのサービス化戦略

アマゾンとの価格競争を避けるもう一つの方法は、多くの手作業を必要とする商品を販売することだ。家電量販店のベスト・バイは、当然ながら、アマゾンにつぶされるおそれの大きい企業の一つだ。2000年代初頭、ミネソタ州に本社を置くベスト・バイは、来客数が減少しているショッピングモール内に店舗を構え、テレビや家電、コンピュータといった製品を扱っていたが、これらはアマゾンのほうが安く、より速く配送してくれるコモディティ品ばかりだ。

そのうちに消費者たちは、小売業界が「ショールーミング」と呼ぶ行為を始めた。つまり、ベスト・バイの店舗に行き、最も良さそうなテレビを見つけ、家に戻ってオンライン上でそのテレビを、より安い価格で購入するというわけだ。それは当然、ベストバイ店舗の売上げと利益にはマイナスとなる。

**2012年から19年まで同社のCEOを務めたヒューバート・ジョリーは、「リニュー・ブルー」と名付けられた戦略を実行することで、アマゾンの裏をかくことに成功した。これはオンライン体験の改善と、複雑なホームシアターやWiFi、防犯システムといった、アドバイスや設置を必要とする機器を重点的に扱うという、実店舗における戦略を融合させたものだ。**

ベスト・バイのサービス部門であるギーク・スクワッドは、家庭やオフィスに出向いてそうした機器の設置を行っている。マッキンゼーでデジタル&アナリティクス部門のグローバルヘッドを務めるロドニー・ゼメルは、小売業全般の状況について、次のように説明している。「自問自答してみる必要があります。本当に守れるものは何か？　実店舗や人間に依存しているものは何か？　顧客体験の質でどう勝負するか？」

もちろん、ベスト・バイはアマゾンに対抗するために価格を下げなければならなかった。そして、無料配送や、店舗での受け取りといったサービスも始めた。

ベスト・バイが経費を抑えるために実行した方法の一つは、店舗内に店舗を持つことだ。グーグルやマイクロソフト、サムスン、そのほかの家電メーカーがベスト・バイの店舗内にブティックを開設し、同社の床面積当たりのコストを下げることにつながっている。2016年からの3年間で、ベスト・バイの株価は2倍以上に上昇し、S&P500株価指数を大きく上回っている。

## テクノロジーで囲い込むセフォラ

クレート&バレル、ウィリアムズ・ソノマ、ベスト・バイ、そしてリシュモンは、オンラインでの直接販売と、実店舗を通じた販売のバランスを見出しており、その公式は将来的に成功をもたらすものになるはずだ。

しかし、彼らやそのほかの企業がアマゾンに追い付きたいのであれば、テクノロジーに関する専門知識を深めなければならない。アマゾンのテクノロジーへの精通は、伝説級とすら言える。徹底的に顧客に配慮したプラットフォームは、迅速かつ簡単で直感的なショッピングを可能にしている。

**アマゾンがAIフライホイールを回してオンラインの支配を進めるなかで、競争に勝とうという小売業者は、本質的にテクノロジー企業になり、「アルゴリズムこそが王様である」というマインドセットを持つ必要がある。重要なのは、技術的な優位性を活かした独自のブランドを提供することだ。**

テクノロジーを活用して優位性を生み出している企業の一つが、パリの高級品コングロマリットLVMHが所有する、世界的な美容チェーンのセフォラだ。2017年、この美容品小売業者は市場シェアを拡大し、記録的な成長を遂げていた。ツイッターやセールスフォース、ウーバーと同じサンフランシスコに本社を置くセフォラは、美容品小売業者であると同時にハイテク企業でもある。

セフォラは顧客満足度を高めるために、常にさまざまなテクノロジーを実験している。アメリカ大陸にある1100以上の店舗では、「カラーIQ」と名付けられたプログラムが、デジタル機器を通じて顧客の顔をスキャンし、正確な肌色を把握したうえで、口紅やパウダー、アイライナー、ファンデーションの最適な色調を計算している。そして、顧客が適切な組み合わせを見つけると、その情報がデータベースに記録され、後からいつでもオンラインで注文できる。

また、「ビューティー・インサイダー・コミュニティ」というソーシャルネットワークも開設した。これは、同社のロイヤルティ・プログラムのメンバーが参加するもので、レビューや写真を投稿したり、化粧品の推薦を受けたりすることができる。フェイスブック上でインタラクティブなカタログを提供し、自社のファンにリーチしている。

さらに「セフォラ・バーチャル・アーティスト」というアプリも提供されている。これは、スマートフォンのカメラを使って顔の3Dライブ映像を表示し、バーチャルにメイクアップ化粧品を試せるというものだ。スマホの画面が鏡のようになって、ユーザーが動けば顔の3D映像も動く。顧客はさまざまな商品をデジタルで試し、またステップを一つひとつ教えてくれるチュートリアルから、より良いメイクアップのテクニックを学ぶこともできる。同社はこうしたテクノロジーを活用することで、実店舗とオンラインストアの間でシームレスな体験を提供している。

**セフォラがアマゾンに対して持っている重要な優位性の一つは、自社のアプリやサイト内で消費者を囲い込むようにアルゴリズムを設計していることだ。それにより、同社は十分なデータを得て、顧客に最適なセフォラ製品を推薦することが可能になる。この状況を、アマゾンやそのサードパーティー小売業者が、アマゾン・ドットコム上で美容製品を販売する場合と比べてみよう。アマゾンの場合、サイト上に表示される何十ものブランドが、お互いに競争することになる。**

## スティッチ・フィックスの価値ある発見

アマゾンを出し抜く方法を見出したもう一つの小売業者は、女性向けオンライン衣料品店のスティッチ・フィックスだ。創業者のカトリーナ・レイクは、ハーバード・ビジネス・スクールに通っていた2011年に、マサチューセッツ州ケンブリッジのアパートで、このスタートアップ企業を立ち上げた。

同社は2017年後半に株式を公開し、現在の時価総額は20億ドル〔約2100億円〕に達している。アマゾンにも手に入れられない秘密は何だろうか？　それはデータを収集し、顧客に対して、アマゾンでは実現できないきめ細やかなサービスを提供していることだ。

**衣類の販売は常に厳しいビジネスであり、アマゾンは手強い競争相手だ。モルガン・スタンレーは2018年に、アマゾンが米国の衣料品市場の10％近くを掌握し、ウォルマートとターゲットを抜いて、米国最大の衣料品小売企業になるだろうと発表した。実際にアマゾンはその年、豊富な品揃え、低価格、手間のかからない返品サービスという他の追随を許さない優位性によって、衣料品売上高を二桁成長させた。**

その一方で、メイシーズ、ノードストローム、ＪＣペニーなどの小売業者の売上高は減少した。価格と品揃えだけでアマゾンに対抗するのは難しく、顧客サービスを自社の大きな強みの一つと考えるのは正しい。

しかし、徹底的に顧客にこだわることがベゾノミクスの重要な原則であるにもかかわらず、人々の心に響く、高度にパーソナライズされた顧客体験を実現することを、アマゾンはできていない。ある投資会社の幹部が、私にこんなことを語ってくれた。

「伝統的な小売業の世界では、私たちは商人が持つ『目』について話します。良い目を持つ商人は、流行を予測することができるのです。アマゾンはそうではありません。アマゾンのサイトを開くと、そこには見苦しいページが広がっています。ベゾスが、自分たちは顧客にこだわっていると言うとき、それは非常に狭い範囲について語っています。彼が話しているのは、公共的なインフラとしてベストなサービスを提供するという意味で、ファッションやきめ細やかなケアの点で優れた存在になる、という意味ではありません」

たしかにそのとおりだ。アマゾンはあまりに規模が大きいため、顧客ごとにパーソナライズされたアドバイスを提供するための人間を雇うことは、財政的に筋が通らないのである。

そうした短所があるからこそ、あらゆる業界において、規模の大小を問わずに企業が差別化できるチャンスが生まれるのだ。どの顧客にも同じ体験を提供しているような小売業者は、生き残ることはできない——そう認識しているレイクは、大規模なカスタマイズとブランドの構築という、小売業界におけるトレンドの先頭に立って行動している。

彼女の調査によれば、小売店に行って何百もの服を並べ、そこから好きなものを選ぶという行為を、人々は必ずしも楽しんでいるわけではないという。また、多くの人が、オンラインショッピングを退屈だと感じていることもわかった。彼女はロサンゼルス・タイムズに対して、次のように語っている。

**「消費者は、何百万本ものジーンズの中から選びたいとは思っていません。自分に似合う1本を探しているだけなのです。そこに大きなチャンスがありました。消費者が**

**求めているものが、市場に反映されていなかったのです」**

レイクはそのギャップを埋めるために、高度にパーソナライズされた新しいサービスを提供することにした。

スティッチ・フィックスの仕組みはこうだ。顧客は予算、寸法、好みのスタイル、色、レーベル、衣類の使用方法、といった詳細なプロファイルを記入し、毎月、隔月、または四半期ごとに5点の衣服、靴、あるいはアクセサリー類が入った箱を受け取る。

その商品はスティッチ・フィックスのスタイリストたちが厳選したもので、彼らは顧客のプロファイルから得られたデータを使って、最も気に入ってもらえそうな衣類を見つける。スティッチ・フィックスは1箱当たり20ドル（約2100円）の手数料を取るが、これは顧客がどんな買い物をしても適用される。顧客は送られてきた商品の中から、手元に残しておく衣類の代金を支払い、不要なものは簡単に送り返すことができる。

レイクには秘密の武器がある。データ分析（スティッチ・フィックスは100人のデータサイエンティストを雇っている）と、衣類を手作業で選ぶ経験豊富なファッション・アドバイザーたちだ。それを組み合わせて、顧客に送る衣類が気に入ってもらえる確率を高めているのである。

レイクはウェブ情報サービスのマーケットウォッチのインタビューにおいて、「基本的に私たちが提供しているものは、パーソナライゼーションです。私たちはデータを活用して、例えば、この顧客がこのデニムを手元に残す確率は50%だ、というような判断をしています」と語っている。

アマゾンが太刀打ちできないのは、スティッチ・フィックスの高度にパーソナライズされた体験である。アマゾンのビジネスモデルは、人間ではなくアルゴリズムが動かしている。アマゾンの目標は、小売業界からできる限り多くの人間を排除し、コストを低く抑えることだ。そしてそれこそが、スティッチ・フィックスに優位性をもたらす原因となっている。

レイクが目指しているのは、データ分析を駆使して、個人的に服を選んでくれるスタイリストを顧客に提供することであり、それは実店舗だけの小売業者にとっては、経済的に実現するのが難しい。また、オンラインだけでも実現は難しく、特にアマゾンのように低価格の商品を大規模に販売しているような小売業者であれば、なおさらである。

レイクが生み出した手法は、スティッチ・フィックスに驚異的な成長をもたらした。サンフランシスコに本社を置く同社は、2018年度の売上高が12億ドル（約1200億円）で、フルタイムとパートタイム合わせて、約3500人のスタイリストを雇うまでになっている。

アマゾンに対峙するすべての起業家やビジネスリーダーと同様に、レイクもジェフ・ベゾスが立ち止まっていないことに気づいている。2018年初頭、アマゾンは顧客が衣類を購入する前に試着できる、「プライム・ワードローブ」と呼ばれる新サービスを開始した（どこかで聞いたことがあるって？）。利用者は複数のアイテムを注文し、送られてきた商品の中からどれを残すか、または送り返すかを決められる。

また、プライム・ワードローブでは、エコー・ルックと呼ばれる新しいスタイル・アシスタントを利用できる。エコー・ルックはアレクサが搭載されているカメラで、人が着ている服の写真や映像を撮影し、あらゆる角度からその服を見ることを可能にする。さらに画像を友人と共有して、重要な会議やデートにどの服を着ていくのがいいか、アドバイスを求めることもできる。

アマゾンが追い上げてくるのを見て、スティッチ・フィックスは事業を加速させようとしている。同社は事業への再投資を続けており、データサイエンティストの増員やアルゴリズムの改善、英国などの新市場への進出を図っている。２０１８年には、新たに３００万人の顧客を獲得した。

## ルルズの徹底したソーシャルメディア戦略

アマゾンの罠を回避する方法を見つけたもう一つの小さな会社が、女性向けファッションの小売業者、ルルズだ。母と娘のチームであるデブラ・キャノンとコリーン・ウィンターによって設立されたこのオンライン小売企業は、ボヘミアン刺繍のブラウスからスエードのミュール、ピンクのスパンコールのマキシドレスまで、あらゆるものを手頃な価格で販売している。ウィンターは次のように語っている。

「アマゾンで黒のドレスを検索したら、1万もの選択肢があるかもしれません。しかし、私たちは厳選された品揃えで、お客様が欲しいときに、欲しいものを提供しています。私たちは一貫したブランドをお届けします。もしお客様が『小さい』サイズを注文したら、ぴったりのサイズをご用意します」

カリフォルニアに本拠を置くルルズは、76カ国で販売を行っており、ほとんどが流行に敏感な10代やミレニアル世代をターゲットにしている。しかし、成長の原動力となっているのは、同社の抜け目のないソーシャルメディア戦略であり、それによって2018年にはベンチャーキャピタルから、1億2000万ドル〔約127億円〕の追加投資を得ている。

**アマゾンの影から抜け出すには、小売業者は顧客が訪れる可能性が最も高い場所で彼らを待ち、顧客にとってより便利で楽しい買い物ができるようにしなければならない、ということをウィンターは理解している。これは、ソーシャルメディアのトレンドを常に把握して、顧客が別のプラットフォームへと移動したときには自らも迅速に移動し、自社のユーザーインターフェースを顧客に優しいものにしておくことを意味する。**ウィンターの場合、彼女の顧客はミレニアル世代であり、インスタグラムのアプリ上で友達と交流したり、多くの買い物をしたりしていることを知っていた。

ウィンターは、彼女が「アンバサダー」と呼ぶ、何千人ものソーシャルメディア上のインフルエンサーを頼って、自社の衣類をオンライン上で広めている。ルルズから報酬を得てオンライン・コンテンツを作成している人もいれば、最新のファッションについて投稿するのが好きな、同社のブランドの熱狂的なファンもいる。

アンバサダーたちがピンタレストやインスタグラムなどのソーシャルメディアに投稿する美しい写真やコメントは、ブランドの認知度を高め、新たな顧客を獲得するのに役立っている。

それはどこまで効果があるのだろうか？　ウィンターは、それは科学というより、アートに近いと言う。彼女は、アンバサダーに投稿してもらうのにいくら支払ったか、その投稿がどれだけの「いいね！」やコメントを獲得したかを測定しているが、それだけではすべてを語ることはできない。1日の投稿に関する数字を見ているだけでは、ソーシャルメディアの効果を数値化するのは難しい、とウィンターは言う。

「毎日インスタグラム上で15件の投稿があったとしましょう。その効果はたいしたことないかもしれません。しかし、長い目で見れば効果が得られるのだと、信じて続ける必要があります」

彼女によれば、「#Lulus」というハッシュタグは、小売業者に関するものの中で、シャネルやグッチと肩を並べるほど人気があるそうだ。ルルズのマーケティング担当副社長のノエル・サドラーは、アドウィーク誌に対して、次のように語っている。

「ルルズの顧客の圧倒的多数が、友人やソーシャルメディアを通じたクチコミによって、私たちのブランドを発見しています。インスタグラムは私たちにとって、顧客から発見してもらう重要なプラットフォームであり続けています」

サドラーによれば、インスタグラム上でルルズの製品をタップして情報を得た人の約33％が、最終的にルルズのサイトを訪れている。それは、同社のビジネスにとって大いにプラスとなる。2019年の時点で、ルルズのアカウントには130万人のフォロワーが存在している。

ルルズはインスタグラムが開始した新機能をフルに活用して、インスタグラムの8億人のユーザーに対して、直接販売を行えるようにする計画だ。インスタグラム上でルルズの厳選された広告を見たユーザーは、アプリ内で直接ショッピングを開始できるようになるのである。

「タップして表示する」アイコンをクリックすると、商品の詳細と価格が表示され、「今すぐ購入する」を選択すれば、その場で購入が完了する。

## ソーシャル・グッドをビジネスモデルに埋め込む

アマゾンにはさまざまな側面があるが、ソーシャル上での評判は芳しくない。倉庫内での労働環境の悪さについて非難されており、エネルギーを大量に消費するデータセンターの、二酸化炭素排出量をゼロにする取り組みも遅れている。

ワービー・パーカーというスタートアップ企業は、人々の良心に訴えかけるビジネスを構築することで、アマゾンが支配する世界で生き残れると考えた。ファッション性の高い眼鏡のメーカーである同社は、２０１０年に創業されて以来、１００万本以上を売り上げている。そして、眼鏡を１本売るたびに、１本を発展途上国の貧しい人々に贈っている（アマゾンでも眼鏡は売っているが、レンズを付けてもらうために検眼士のもとを訪れなければならない）。

どのようなビジネスモデルを採用することで、無料で眼鏡を贈るという活動を続けているのだろうか？

**創業者のニール・ブルメンタールとデビッド・ギルボアは、これは賢明なビジネスモデルなのだと語ってくれた。**

**その理由は、社会的な活動に参加することで、ブランドイメージと顧客サービスの両方を強化できるからだ。ワービー・パーカーは、高品質の眼鏡を約100ドル〔1万円〕、つまり従来の眼鏡の数分の一の価格で製造・販売している。これは、自社で眼鏡を製造し、その大部分をオンラインで販売することで、眼鏡の価格の大部分を占めている検眼士の手数料を回避できるためだ。**

**また、同社は優れた顧客サービスとクールな店舗でも知られ、現在急成中であり、2018年の時点で、同社の3億ドル〔約310億円〕の資金調達にも成功している。**

**評価額は18億ドル〔約1900億円〕だ。**

ソーシャルメディアが持つ情報拡散力と、社会的な意識の高いミレニアル世代によって、あらゆる企業について、それがどれほどの価値を持つのかが赤裸々にされている。それこそ、ワービー・パーカーが創業以来心に留めている教訓だ。

同社は利益を上げるだけでなく、顧客に受け入れられる形で、ソーシャル・グッド〔社会的な善〕を達成することを目指している。そして、それはアマゾンに対する優位性となる。アマゾンは社会・環境問題における評判を高めようとしているが、この領域では、彼らはまだ強いアイデンティティを確立できていないからだ。

ワービー・パーカーの創業者たちがペンシルバニア大学ビジネススクールの学生だった頃、キッチンで交わした会話の中から、眼鏡会社のアイデアを思いついた。そのときデビッド・ギルボアは1本の眼鏡を紛失し、新しいものを手に入れるために、700ドルもの出費をしなければならないことに憤慨していた。彼は、友人のニール・ブルメンタールに、ファッショナブルな眼鏡をより安く販売できるビジネスの余地がないかどうかを相談したのである。

彼らの事業計画には、最初からフィランソロピー〔寄付を含む社会貢献〕の要素が含まれていた。ブルメンタールは次のように述べている。「私たちの社会的使命は、けっして後付けではありません。朝、目覚ましが鳴ったときに、転がっていってスヌーズボタンを押したいと思うようなことのない企業をつくりたい――それが私たちの核心にあった考えでした」

しかし、起業家がほかのことに気を散らされずに、世界にポジティブな影響を与えたいと思ったら、いったいどうすればよいのだろうか?

起業家にとって第一の優先事項は、ステークホルダーを中心に据えたビジネスモデルを構築することであり、それは企業が顧客、投資家、そしてコミュニティ全体にサービスを提供することを意味する。ワービー・パーカーは手頃な価格の眼鏡を販売し、優れたサービスを提供することで顧客に奉仕し、それによって利益を上げ、投資家を喜ばせた。

それから同社は、社会的使命を掲げることで、高いモチベーションを持つ社員のチームをつくり、彼らのブランドの印となった優れた店舗とオンラインサービスを実現した。この点について、ブルメンタールはこう説明している。

「私たちが得た最大のメリットは、社員にあります。世界で最も才能があり、情熱的な人々を引き付けることができたのです」

そうした情熱を維持するために、ワービー・パーカーでは、3年間勤務した社員に発展途上国を訪問させ、同社の眼鏡寄付プログラムが貧しい人々に対して、どのような効果を生み出しているかを見てもらうようにしている。

ブルメンタールは次のように語っている。「今、私たちが熱意を持って取り組んでいるのは、製品に割増料金を課すことなく、世の中のためになることを行いながら、同時にビジネスも拡大できるのだと世界に示すことです」

同社の売上高の伸びを考えると、消費者がワービー・パーカーの社会的使命と、その情熱的な社員たちに反応していることは明らかだ。彼らはアマゾンに対抗し、世界をより良い場所にする方法を見つけたのである。

本章で取り上げたそれぞれの企業には、異なる強みがある。ナイキ、ヴァンズ、キャスパーは、魅力的なオンライン体験を用意し、それを実店舗での素晴らしい体験とリンクさせている。ウィリアムズ・ソノマとクレート&バレルは、厳選された商品を提供している。セフォラ、スティッチ・フィックス、ルルズは、小売りに関するテクノロジーとソーシャルメディアの活用においてリーダー的存在だ。ワービー・パーカーは、強力で明確な社会的使命を持つことで利益を得ている。

本章で説明した戦略の多くは、小売業に適用されたものだが、アマゾンに攻撃されようとしているほかの業界にも応用できる。医療、銀行、広告などの業界は、アマゾンに対して脆弱な立場にある。これらの業界で活動する企業は、ベゾノミクスがどのように機能しているかを理解しなければならない。アマゾンは短時間のうちに、新たな業界を征服するために、低価格、優れたサービス、そして強力なＡＩフライホイールを適用するだろうからだ。

そしてそれは、多くの人々が考えるよりも、早く起きている。

第13章

# あなたの利益はベゾスのチャンス

アマゾンは次にどの業界を狙うのか

## アマゾンがあらゆる業界の脅威に

ある秋晴れの日、私はニューヨークのマディソン街を歩いていた。外交問題評議会のビルの前で、世界最大の、そしておそらく最も影響力のある、グローバルコンサルティング会社のマッキンゼーでマネージングディレクターを務める、私の同僚と待ち合わせをしていたからだ。その友人は、世界で最も有名なCEOたちにも話を聞いてもらえるほどの人物である。

長年、ジャーナリストとしてビジネス書を書いてきた私は、企業経営者たちが今、何を意識しているかを理解しようとしてきたが、散歩の途中で私たちは、最近彼らの間で話題になっているのが、アマゾンであるということに同意した。

CEOや取締役、投資家たちは、Eコマースの大手であるアマゾンが、まるで巨大なハリケーンのように、あらゆる市場を飲み込んでしまうのではないかと騒ぎ立てている。衣類、食料品、家電、メディア、クラウド、医療、輸送。そして、次は金融かもしれない。

ジェフ・ベゾスがうちの業界にもやってきそうだ、どうしよう？　価格競争ではかなわない。スピード、資金力、ブランド認知でも太刀打ちできない。どうすればアマゾンに対抗できるのか？　どの業界を見ても、各社がアマゾンショックに揺れている。

友人と散歩しながら、私はそのマッキンゼーの同僚に、アマゾンと競争する方法についての本を書く気はないかと尋ねた。マッキンゼーはその方法を顧客にアドバイスすることで大金を稼いでいるのに、なぜ秘密を漏らす必要があるんだ、と彼は答えた。

**この会話が示唆しているように、アマゾンとの競争方法について、企業にアドバイスをするコンサルティング・ビジネスが生まれつつある。なぜ、これほど多くのビジネスリーダーが、アマゾンを脅威と見なしているのだろうか。たしかに同社は、Eコマースの分野で大きな成功を収めた。しかし、ほかの業界について何を知っているのだろうか？**

アマゾンを（まだ）恐れていない人々は、これまで多くの企業が、自らの専門分野から外れて失敗してきたと主張する。一時は80カ国で350社を傘下に収めていた、ハロルド・ジェニーンの通信会社ITTや、「あらゆるものを飲み込む」として知られた、チャールズ・ブルードーンのガルフ&ウェスタンのような、1960〜70年代のコングロマリットは、1つか2つの業界でスターとして出発したが、事業を拡大するなかで、自重で崩壊してしまった。

いかに才能を持ったCEOであっても、いくつものまったく異なる市場、顧客、テクノロジーを扱い、その複雑さに対処することはできない。ビジネスを統合することで得られるコスト削減と効率性上昇の効果も、官僚主義が蔓延するなかで次第に失われていく。

少なくとも、そう主張されてきた。

## アマゾンが他業界に進出する際に用いる手法

ベゾスの脅威にさらされている業界のリーダーたちが、安堵のため息をつくのが聞こえてきそうだが、安心するのはまだ早い。アマゾンはある重要な点で、過去の例とは異なっている。ホールフーズを除いて、アマゾンはさまざまな業界の大企業を買収して経営する、ということはしていない。

その代わりに、新しい分野で組織的にビジネスを構築し、時には、侵略軍を動かすのに必要な人材や技術を獲得するために、比較的小規模な（10億ドル以下）戦略的買収を行う。オンラインゲーム・チャンネルのツイッチ、インターホンのスタートアップ企業リング、オンライン薬局のピルパックを思い出してほしい。

そしてアマゾンは、どれだけ時間がかかろうとも新しいビジネスを成功させる、大きな忍耐力と資金力を持っている。同社は新しいビジネスで何年も損を出すことをいとわず、ウォール街もそれを容認している。目標とする業界でリーダーになれるだけの顧客が集まるまで、意図的に価格を低く抑えることができる。こうしたベゾノミクスの戦略は、既にさまざまな業界に適用されている。

この戦略について、**アマゾンのライバルたちが特に心配しているのは、業界を破壊するテクノロジーを選択することに関して、ベゾスがいくつもの実績を持っていることだ。彼は長年にわたって、設立されて間もない企業に個人的な投資を行っており、**

**その中にはグーグル、ウーバー、ツイッター、エアビーアンドビー、ジュノ・セラピューティクスが含まれている。**

**もう一つの懸念は、アマゾンが他に類を見ないほどの技術力を持っていることであり、これは同社が参入するあらゆる業界に適用できる。彼らはウェブサイト上のトランザクションを分析して、訪問者の中の誰が潜在的な顧客なのか、彼らの欲求や習慣はどのようなものなのかを把握することを、どの企業よりも高度に行える。**

アマゾンは、ひとたびある分野をターゲットにすると、大量の顧客データによって動くＡＩフライホイールを適用し、それをゆっくりと回転させ始める。そして、期待される以上のものを提供することで多くの顧客を獲得し、それがもたらす収益によって、より良い製品やサービスを低価格で提供する。その結果、さらに多くの顧客を獲得し、こうしてフライホイールの回転をどんどん速くしていく。

１９９５年にオンライン書店を開始したとき、アマゾンはまさにこのことを、書籍業界において実行した。同社は書籍の価格を低く設定し、赤字を出したが、最終的には米国の書籍販売業者の中でトップに躍り出た。

そして、消費者がもっと便利な読書方法を求めているのではないかと考えたアマゾンは、２００７年にキンドルを発売し、何年にもわたって失敗と赤字を繰り返した後で、電子書籍リーダー市場の80％を獲得するに至り、その過程で消費者向け電子機器メーカーへと成長した。

同社の最新のヒット商品である、アレクサを搭載した「アマゾン・エコー」（アマゾンはそれを赤字、もしくは少なくとも利益ゼロで出荷していた）は、世界中の市場でシェアを獲得した。現在、同社はスマートホーム業界に進出して、Ｗｉ‐Ｆｉに接続した電子レンジや時計、防犯カメラなどを製造しており、そのリストはさらに長くなっている。

２０１８年の初めには、小さなプレハブ住宅メーカーにも投資しており、同社が将来、自社のスマート家電を備えた住宅を販売する可能性を示唆している。こうした流れの中で、アマゾンは既に米国最大の住宅メーカーであるレナーと、同社の新築住宅すべてにアレクサをプリインストールする契約を結んでいる。

**アマゾンが新しい業界に進出するもう一つの方法は、社内でうまくいったものを他社に提供することだ。アマゾンはオンラインで本を売る過程においてコンピュータの専門知識を獲得したが、彼らはそれを他社と共有してはどうかと考えた。そして２００６年、ＡＷＳが誕生した。**

ウェブ・アプリケーションの開発に10年を費やしてきたアマゾンは、自分たちが大規模なコンピュータ・インフラとデータセンターを運用する能力を獲得したこと、そしてクラウドサービスを高い料金で顧客に提供できることに気づいた。

現在、ＡＷＳは世界最大のクラウドコンピューティング・サービスとなっており、2位以下に大きく差をつけている。さらに、ＡＷＳはＡＩと機械学習に関する専門知識も獲得した。ならば、それも顧客に売ってみてはどうか？

ＡＷＳで機械学習の部門を管理しているスワミ・シバスブラマニアンは、「過去20年間でアマゾンが学んできた専門知識をパッケージ化し、顧客に提供しています」と述べている。

アマゾンの機械学習サービスは、音声認識や顔認識、音声からテキストへの変換、そのほかの機械学習アプリケーションの開発を支援するツールを提供している。このサービスは今はまだ、ＡＷＳの中で小さな割合しか占めていないが、急速に成長しつつある。

## 慎重に広告市場に進出したアマゾン

これらは、すべてお馴染みのパターンだ。問題は、ベゾスが次にターゲットにする業界はどこか、ということである。アマゾンのレーダー上に、どの業界が新しいターゲットとして映っているかを識別するソフトウエアがあるとしよう。

この架空のアルゴリズムは、アマゾンが攻め込む可能性のある脆弱性を抱える業界（マス市場を相手にしたビジネスである、サービスの質が悪い、製品やサービスの提供に多くのコストをかけている、など）のリストを作成する。

ベゾスがかつて冗談で言っていたように、「あなたのマージンは私のチャンスなのです」というわけだ。そしてこのアルゴリズムには、もう一つの画面が用意されている。そこにはＡＩによって破壊的変化がもたらされる可能性のある業界（コストのかかる人間の労働力を、スマートマシンに置き換え可能な業界など）が表示されている。

この想像上のソフトウエアが選び出す可能性が最も高い業界は、広告、医療、銀行、保険である。アマゾンは既に、これらの業界に非常に早い段階で進出しており、次のターゲットとしている可能性が高いが、彼らはその取り組みについて何もコメントしていない。

エアバスやボーイング、ニューコア・スティールのような重工業企業は、安心できるだろう。レストランや在宅医療サービスを提供する企業のように、人間の労働力に大きく依存している業界、あるいは法律事務所や戦略コンサルティング会社のように、高度なスキルが要求される業界も同様だ。そのほかのすべての業界は、注意しなければならない。

アマゾンが新たに参入しようとしている業界の中で、現時点で最も成功を収めているのが広告業界だ。今、アマゾン・ドットコムにアクセスすると、ページの先頭に、スポンサー付き商品（電気フライヤーやトレーナーなどを買うようお勧めするデジタル広告だ）がずらりと表示される。

以前はそうではなかった。ベゾスは常に、顧客を満足させるという揺るぎない信念を持ち、そのためアマゾンは長い間、サイト上に広告を表示することで顧客を煩わせたり、圧倒したりすることに、慎重になっていたのである。

しかし現在は違う。同社のグローバルEコマース事業を担当するジェフ・ウィルクは、次のように説明する。

「私たちは一度に一つの商品を売り、そこからわずかな利益を得るという商売から始めました。そして顧客満足度を高めることに集中していたので、広告を導入するとそれが低下してしまうのではないかと心配していました。そこで準備に時間をかけ、顧客にとって有益で、メーカーやブランドが出稿したいと思うような広告の配置を実験しました。……そして数年前に、うまく機能する広告のあり方をたまたま見つけることができたのです。それを取り入れました。私たちは広告について、それが顧客や小売業者の体験を向上させるものであれば、試さない手はないと考えています」

ウィルクはアマゾンの広告業への進出を、顧客が望むものを提供するという行為の延長線上にある、控えめな取り組みのように表現している。しかし実際には、アマゾンはそのデジタル技術の専門知識と冷酷さで、3270億ドル（約35兆円）もの規模を持つ世界のデジタル広告市場に、破壊的変化をもたらそうと躍起になっている。

その競争相手は、グーグル、フェイスブック、そしてアリババだ。これらの3社は、市場全体の3分の2を支配している。2010年代の半ば、アマゾンは自社サイトに表示される広告からほとんど、あるいはまったく収入を得ていなかった。

アマゾン・ドットコム上で、顧客を失うことなく広告表示スペースを販売できることに気づいたとき、アマゾンは広告事業を強化し、2018年までに約100億ドル

〔約1兆1000億円〕の収入を手にするまでになった。

しかし、**1290億ドル〔約13兆6000億円〕という規模を持つ米国のデジタル広告市場において、アマゾンのシェアは、グーグルとフェイスブックに大きく水をあけられた3位にとどまっている。ただ、同社の広告収入は急速に伸びている。調査会社ジュニパーリサーチが2019年に発表したレポートでは、アマゾンの広告収入は2023年までに400億ドル〔約4兆2000億円〕に達すると予測されている。**

そして、その事業に必要となる巨大なデータセンターの運営費用は、既に小売事業によってカバーされているため、広告事業は売上げのほとんどが利益に直結する収益性の高いものとなっている。

モルガン・スタンレーは2019年に、アマゾンの広告事業には1250億ドル〔約13兆円〕の価値があり（これはナイキやIBMの株式時価総額を上回る）、同社にとってEコマースやクラウドコンピューティングに並ぶ、第三の収益の柱になる可能性があると推定している。

## グーグル、フェイスブックに対する潜在的アドバンテージ

アマゾンは、多くのマーケターには夢見ることしかできないほど、顧客に関する豊

富なデータを持っている。そこから、先月トムズの歯磨き粉を買ったのは誰か、リーボックよりナイキが好きなのは誰で、どこに住んでいるか（もちろん、アマゾンは顧客の配送先住所を記録している）、プライム・ビデオで何を観て、プライム・ミュージックで何を聴いているか、子供の年齢は何歳くらいか（購入した玩具の種類から推測できる）、といったことを追跡できる。

これらのデータによって、アマゾンは顧客が何を求めているのかを、かなり正確に把握できる。買い物客が最初に商品を探す場所だったグーグルに代わり、今やショッピング検索の半分以上がアマゾンから始まっているのも当然だ。

しかし、アマゾンがライバルに対して持つ最大の優位性は、消費者が何かを買おうとしている瞬間に、彼らにリーチできることだ。グーグルは検索履歴に基づいて、テニスシューズの購入を考えている可能性のある人を見つけることができる。しかし、その人物は単にバックハンドを上達させる方法を検索しただけで、シューズを買うことに興味はないかもしれない。

フェイスブックは広告主を、同社のソーシャルネットワーク上で全米オープンやロジャー・フェデラーのサーブ技術について話している人々に、誘導することができる。グーグルとフェイスブックが持つ能力は強力なものだが、広告を見た人々が商品を実際に買うかどうかまで追跡することは難しい。

しかし**アマゾンは、実際にテニスシューズを購入しようとしている人の前にテニス**

**シューズの広告を出すことができ、その広告が実際に売上げにつながっているかどうかを追跡する技術を持っている。ある広告主は、アマゾンに出稿した広告をクリックした買い物客の20%が、購入まで至っていることを発見した。業界の平均では、その割合は約1%である。**

アマゾンは米国で広告事業を展開しているが、海外市場でのシェア拡大も狙っている。中国では、アジアにおけるアマゾンとも言うべきアリババが、既に巨大な広告ビジネスを確立している。

eマーケターの調査によれば、2018年におけるアリババの、中国でのデジタル広告売上高は220億ドル〔約2兆3000億円〕で、中国市場全体の約3分の1を占めている。アマゾンは2019年に中国でのサイト閉鎖を発表したが、アリババとは欧州やインドなどのグローバル広告市場で、激しい競争を繰り広げることになるだろう。

重要なのは、アマゾンが世界の広告市場で主要なプレーヤーとなるための規模、技術的ノウハウ、そして忠実な顧客を持っているということだ。アマゾンの広告事業が臨界量に達し、ライバルにとって深刻な脅威となるのは時間の問題だ。

## アマゾン・プライム・ヘルスの可能性

広告はアマゾンの事業の中で最も急速に成長している新しい分野だが、長期的には、それすら見劣りするほどの新しい事業が生まれるだろう。それは、医療業界に革命をもたらす事業だ。

ジョン・ドーアは、世界で最も成功したベンチャーキャピタリストの一人である。彼はベンチャーキャピタルのクライナー・パーキンスのパートナーとして、グーグルとアマゾンに初期から投資している。また、ドーアは1995年から2010年までアマゾンの取締役を務め、ベゾスの友人でもある。

2018年の終わり、彼はニューヨークで開催されたフォーブスの、医療に関するカンファレンスにおいて、驚くべき予言をした。医療業界の混乱について尋ねられた彼は、こう答えたのだ。「アマゾンはプライム会員1億人という驚くべき資産を集めました。ベゾスが『プライム・ヘルス』というサービスを発表したらどうなるか、想像してみてください」

ドーアは、何かを感じていたのだろう。彼は詳細については触れなかったが、この分野においてアマゾンが行っている初歩的な活動から考えると、「プライム・ヘルス」が顧客に処方薬や在宅医療製品、医療記録へのアクセス、医師や看護師による遠隔医療などを提供することは、容易に想像できる。このことは、医療業界のリーダーたちを不安にさせている。

**リアクション・データが2018年に、医療業界の上級管理職を対象に実施した調査では、この分野に新規参入する企業のうち、最も大きな影響を与えるのはどの企業**

**かという質問がなされている。その回答として、約59％がアマゾンを挙げた。それに続いたのがアップル（アップル・ウォッチで人の健康状態をチェックする）で、14％が同社を挙げた。そのほかの企業を挙げた人々の割合は、すべて一桁台だった。**

同調査によると、医療機関の幹部の29％が、業界に最も大きな影響を与えるのは遠隔医療だと考えており、その次に多かったのがＡＩの20％だった。これら2つは、まさにアマゾンが得意とする領域である。彼らはＡＩ分野のリーダーであり、アレクサと、スクリーンを搭載したデバイス「エコー・ショー」を組み合わせることで、インターネット経由でホームケアを提供できるだろう。

アマゾンにはもう一つ強みがある。信頼は医療においてきわめて重要な要素であり（自分の健康を、どこの馬の骨ともわからない業者の手に委ねたいと思うだろうか？）、アマゾンは米国で最も信頼されているブランドである。

本書の執筆時点で、アマゾンは一般向けに「プライム・ヘルス」サービスを提供するという計画は発表していないが、その方向に進んでいることを示す兆候は見られる。その兆候は、アマゾンが米国内の3・5兆ドル（約370兆円）規模のヘルスケア市場と、さらに大きな規模を持つグローバル市場に、ターゲットを絞っていることを示唆している。

アマゾンは2018年に、オンライン薬局のピルパックを買収したほか、同年の終わりにはアルカディア・グループと提携し、アマゾン・ドットコム限定の「チョイス」というブランド名で、血圧計カフや血糖値モニターといった、ホームヘルスケア製品の商品ラインを設置した。またここ数年、アマゾンは47の州で医薬品の販売ライセンスを取得している。さらに長期的な計画として、アマゾンはシアトルのフレッド・ハッチンソン癌研究センターと協力し、機械学習を活用した癌の予防と治療に取り組んでいる。

硬直化した医療業界に真の変化をもたらすのは簡単ではなく、ベゾスはそのことをよく理解している。何年もの間、アマゾンはほとんど何も示さずに、この分野に参入しようとしてきた。1990年の終わりに、同社はドラッグストア・ドットコムに投資し、ベゾスは同社の取締役になったが、このオンライン薬局は、最終的にウォルグリーンに売却されて閉鎖された。

アマゾンは迅速に行動し、低価格での販売を行うことを好むが、薬局事業はその正反対だ。各種規制の存在や、州のライセンスの必要性、そのほかにもさまざまなハードルがある。そして薬を顧客の元に届けるまでには、複雑な対応が求められる。例えば、ある種の医薬品は冷蔵または断熱包装を必要とするが、それはコストと手間を増加させる。また医療業界は、病院、サプライヤー、薬剤給付管理者、保険会社、医師の間の長年にわたる複雑な契約関係の中で運営されており、アマゾンのような部外者が入り込むのは難しい。

## ベゾスはヘルスケア分野に力を注ぐと決意している

このように、長年にわたって苦労してきたベゾスだが、彼はヘルスケア分野に力を入れることを決意している。アマゾンのロジスティクスは以前よりも洗練され、資金力も増している。そして、アマゾンがその急成長のペースを維持したいのなら、新しい市場が必要になるだろう。

第一歩として、ベゾスはイランからの移民であるババク・パービズを、2014年に採用した。彼は以前、評価の高い研究機関であるグーグルX（現在はアルファベットの一部門としてXと呼ばれている）のトップを務め、さまざまなプロジェクトを主導してきた。その中には、風力発電を行う凧や、VRヘッドセットのグーグルグラス、自動運転車（最終的にアルファベットの子会社であるウェイモとして組織化された）などが含まれている。

グーグル時代と同様に、パービズはアマゾンでもイノベーション研究機関を任されている。「グランド・チャレンジ」と名付けられたその組織は、名前が示しているように、世界的な問題に対して、長期的視野に立った創造的な対応を行うことを目指している。この研究所の求人情報では、天文学者のカール・セーガンが「どこかで、何か信じられないことが見つかるのを待っている」というメッセージを寄せている。そしてパービズが関心を寄せている領域の一つが、ヘルスケアだ。

グランド・チャレンジには幅広い権限が与えられているのだが、パービズに直接報告を行う立場にある人々の多くが、医療分野で豊富な経験を持つ人物であることは興味深い。それこそが、彼らが焦点を当てている領域なのだろう。

例えば、スタンフォード大学出身で、医療ソリューションのスタートアップ企業スカイ・ヘルスの共同創業者であるアダム・シーゲルや、マイクロソフトに20年以上勤務し、後にヒューマン・ロンジェビティというゲノム関連のスタートアップ企業で主任データサイエンティストを務めたデビッド・ヘッカーマン、化学の博士号を持ち、2つのヘルスケア会社を共同設立したダグラス・ワイベル、といった人物がいる。パービズに直接報告する12人の人物のうち、半数は医学のバックグラウンドを持っているのである。

**「ヘラ」というコードネームが与えられた、パービズのプロジェクトの一つでは、アマゾンのクラウドサービス、AWSと提携し、医療記録をより正確で、アクセスしやすいものにしようとしている。例えば、AIを使って患者の病歴を整理している。この研究所から生まれ、最初に知られるようになった製品は、社員の健康記録を分析して、間違いや不正確な記述、関連情報を発見するソフトウエアだ。それを売り込むターゲットとされているのは、契約者に関するリスクをより正確に評価したいと考えている、健康保険会社である。**

アマゾンにとっての大きなチャンスの一つは、カルテを、スマホアプリのように簡単に使えるようにすることだ。現在の米国では、大部分の医療記録が2つの主要ソフトウエアシステムである、「エピック」と「サーナー」のいずれかに保存されている。患者データの中には不正確なものがあり、また、そのほとんどがサイロ化されていて、医師や病院、患者自身が一カ所ですべての情報に簡単にアクセスできるわけではない。

ある病院から別の病院に、医療記録を転送しようとした経験のある人なら誰でも、その煩雑さを知っているだろう。医師たちはデータを入力したり、データベースを検索して特定の検査結果や家族歴を探したり、といった作業に膨大な時間を取られることに不満を抱いている。その時間で、より質の高い医療が提供できたはずだというわけである。診察室にいる間に、医師がコンピュータの画面と悪戦苦闘しているのを目にしたことがある人なら、この過酷な状況を理解できるだろう。

医療データは開放される必要があるが、米国内外のプライバシー規制を考えると、容易な作業ではない。しかし、アップルのiOSやグーグルのアンドロイドが開発者たちに開かれたプラットフォームであるのと同じように、ヘルスケアのプラットフォームが開かれたものになれば、アマゾンやグーグル、アップルのような大企業、あるいは多くのスタートアップ企業が、ヘルスケア分野でイノベーションの波を起こすことができる。

## 薬局ビジネスへの参入

おそらく、ベゾスにとって最大の挑戦は、米国の薬局ビジネスへの参入になるだろう。2017年5月、アマゾンは、この年間4000億ドル〔約42兆円〕規模の業界でビジネスを展開する方法を模索するためのチームを編成し、それからおよそ1年後には、オンラインの医薬品小売業者であるピルパックの買収を発表した。同社が行っているユニークなサービスが、1日分として適切な量の薬が入った小包を、患者に届けるというものだ。これは特に、どの薬をいつ服用すべきか迷っている高齢者にとって、便利なサービスとなる。

ベゾスは、電子書籍リーダーのキンドルを世に送り出したネイダー・カバーニを、新しい薬局事業の責任者に選んだが、これはアマゾンがこの分野で、斬新な発想を求めていることを示唆している。カバーニにはヘルスケア分野での経験はないが、ベゾスの信頼を得た、経験豊富なアマゾンの幹部だ。また、この人選は、ベゾノミクスとそのAIフライホイールの力を示している、とも言えるだろう。それによってベゾスは、特定の分野についてほとんど知識のない幹部でも、担当に据えることができたのである。

2011年、ベゾスは音声認識や家電製品の経験がないにもかかわらず、グレッグ・ハートをアレクサの担当者に任命した。AIフライホイールの原則〔顧客を第一に考え、コストを削減する方法を見つけることで、より多くの機能に投資するための資金を得て、より多くの顧客を引き付け、規模の経済を利用してさらにコストを削減する）を適用することで、彼はアレクサを大成功に導いた。

ピルパックは、CVSヘルス、ウォルグリーン、ウォルマートといった大手の薬局や小売業者と比べると規模が小さい。2018年、ピルパックの売上げは1億ドル（約100億円）だったのに対し、CVSヘルスは1340億ドル（約14兆円）だった。ただ、現時点では規模は重要ではない。アマゾンはこの買収を、プライム会員がアマゾンからヘルスケア製品を購入することに慣れるための第一歩だと考えている（2019年の初め、アマゾンはプライム会員に、ピルパックへの登録を促すメールを送り始めた）。

**患者は薬を手に入れるために、アマゾンの当日配達を利用できるだろう。また、アマゾンがホールフーズの店舗に、薬局を開設する可能性もある。さらに、同社が展開する計画を立てていると言われる、低価格の食料品店チェーンにも薬局を併設するかもしれない。**

## バフェット、ダイモン、ベゾスのつくったヘルスケア会社

2018年のピルパック買収と同時期に、アマゾンは伝説の投資家、ウォーレン・

バフェットが経営するバークシャー・ハサウェイと、広くその名を知られるジェームズ・ダイモンCEOが経営するJPモルガン・チェースと共に、後に「ヘブン」と名付けられた非営利の合弁会社を設置することを発表した。

同社が目指すのは、破綻した米国の医療制度を改革することで、CEOにはアトゥール・ガワンデが就任した。停滞している医療業界を前進させられる人物がいるとしたら、ガワンデをおいてほかにない。彼はボストンの有名なブリガム・アンド・ウィメンズ病院の外科医であり、ハーバード大学医学部の教授も務め、全米図書賞の最終選考に残ったComplications〔『合併症』、未訳〕など、医療に関する4冊のベストセラーを執筆している。

彼はまた、雑誌ニューヨーカーで長年にわたってライターを務めており、2018年の秋には「なぜ医師はコンピュータを嫌うのか」という印象的な記事を発表している。この記事で彼は、医療ソフトウエアがあまりにも機能不全に陥っているために、うつ状態に陥ったり、自殺を図ったりした医師までいるほどだ、と主張した。

アマゾン、バークシャー、チェイスを合わせると、社員の合計は120万人にも達する。ヘブンの使命は、彼らに提供する医療をより良く、より使いやすく、より手頃な料金にすることだ。同社は単なるシンクタンクではない。ヘブンが成功すれば、長期的にはこれらの巨大企業の医療費を、何億ドルも節約できるだろう。ヘブンは戦略を明らかにしていないが、巨大保険会社ユナイテッド・ヘルス・グループの一部門であるオプタムが、同社と同社の支援企業3社を相手取って起こした連邦裁判所の訴訟の中で、この非営利団体の使命が明らかにされた。

2018年、オプタムの元幹部、デビッド・スミスがヘブンに参加したのだが、オプタムはそれを不服として訴えたのである。同社はスミスが、彼の新しい雇用主に利益をもたらす可能性のある機密情報を持ち出した、と告発した（スミスはこの容疑を否認している）。

オプタムは訴状の中で、ヘブンが「現在はそうではないとしても、すぐに直接的な競争相手になるおそれがある」と主張している。ヘブンをめぐるこの一件は、アマゾンが何らかの形で市場に参入することに、大手医療保険会社がどれほど神経質になっているかを明らかにした。

公判記録からは、ヘブンの意図が垣間見える。その中で、当時**ヘブンのCOOを務めていたジャック・ストッダードは、このベンチャー企業が「給付設計の観点から、保険の再発明を行うこと」ができるかどうかを検討している、と説明した。**また、現在の健康保険は複雑で、社員は自分たちがどのような補償を受けられるのか、混乱していると述べた。

さらに、ヘブンは一次治療へのアクセスを容易にし、慢性治療薬の価格を下げるために、小規模な検査を実施する予定だとも語った。そして、ヘブンが「医師が適切な治療を行うことを容易にし、治療に費やす時間を減らすのではなく、より多くの時間を割けるようにしたい」と考えている、と付け加えた。

おそらくオプタムの経営陣は、アマゾンがその強力なデータ分析力を使って、どの治療が本当に費用対効果が高いのか、また、どの医師が優れた結果を残しているかを判断し、使いやすいデジタル・ヘルスツールを作って、患者をオプタムから奪い取るのではないかと心配しているのだろう。

アマゾンはユナイテッド・ヘルス、CVSヘルス、ウォルグリーンなどのヘルスケア関連の巨大企業に対して、どの程度の脅威を与えているのだろうか？ 短期的にはそれほど大きくないだろう。ヘルスケアはその複雑さ、規制、政治化などの問題を解決するのが難しい業界であり、それに加えて、患者を治療するために、高度に実践的かつ地域に密着した対応が求められている。

だからといって、この業界がアマゾンの脅威を心配しなくてもよい、という意味ではない。CVSヘルスは2018年に、アマゾンによる医療保険制度の改革に呼応して、大手保険会社のエトナを買収した。合併後のCVSヘルスは現在、約1億1600万人の米国人に対して医療保険と医薬品を提供しており、医療が提供される方法を再発明するために懸命に取り組んでいる。

例えば、CVSストアには現在、患者が基本的な医療サービスを受けたり、処方箋を受け取ったりできるミニクリニックが、1100店舗に設置されている。CVSヘルスの顧客数は5000万人であり、120万人のヘブンに比べ、はるかに大きなフイールドで事業を展開している。CVSヘルスのある幹部は、匿名を条件に、ヘブンは基本的に「2人の金持ちと銀行員の玩具にすぎない」と語った。

こうした逆風や、自らの縄張りを守るために何十億ドルもの資金をつぎ込める既存企業と対峙しているにもかかわらず、アマゾンは長期的に見て大きな脅威となっている。しかし、多くの人々が考えているような展開にはならないだろう。

**アマゾンによるピルパックの買収は、巨大薬局チェーンへの直接的な攻撃というよりも、同社が遠隔医療のトッププレーヤーになるための、「トロイの木馬」であると考えるほうが理にかなっている。簡単に言えば、遠隔医療とは、患者が自宅やオフィスなどどこにいようと、彼らを診断して薬を届けることのできる状態を意味する。この分野は、アマゾンが米国および海外の医療システムに最も大きな影響を与える可能性が高い。**

## プライム・ヘルスの未来像

ジョン・ドーアが予言したように、その名称が「プライム・ヘルス」になるかどうかは別として、アマゾンがヘルスケア分野で展開する会員制プログラムは、同社が世界中で抱える3億人以上の顧客に売り込まれる可能性がある。

アマゾンの巨大な顧客データベースは、同社が持つデータ分析およびAIの能力と相まって、医療サービスと医薬品購入における門番のような存在になるだろう。場合によっては、アマゾンはCVSヘルスやユナイテッド・ヘルスのようなヘルスケア大手に取って代わるのではなく、彼らと協力して行動するかもしれない。

しかしこの動きは、ヘルスケア大手の利益を脅かすおそれがある。アマゾンがピルパック買収を発表した日、大手ヘルスケア・プロバイダーの株価が大幅に下落した理由の一つがそれだ。

アマゾンが遠隔医療の提供者になることに本気で取り組んでいることを示すサインとして、同社は2019年の春に、医療保険の相互運用性と説明責任に関する法律（HIPAA）の要件を満たしたと発表した。

これはアマゾンが、アレクサなどのソフトウエアを通じて、患者の機密情報を送信できるようになったことを意味する。これまでのところ、6社（保険会社のシグナ、糖尿病関連のサービスを提供するリボンゴ・ヘルス、病院システムの大手3社など）がHIPAAに準拠したアレクサアプリを開発しており、病院の予約や薬の配送状況の追跡、血糖値の測定などを可能にしている。

プライム・ヘルスがどのようなものになる可能性があるかを考えてみよう。**プライム会員への追加サービスとして、アマゾンの顧客は年会費を払って、プライム・ヘルスに登録できるようになるだろう。登録すると、会員はアマゾンの健康サービスを利用可能になり、その中にはさまざまなヘルスケア関連製品（市販薬から処方薬、血糖値や**

**血圧の測定器に至るまで、あらゆるものが考えられる）の割引販売が含まれている。会員が承認すれば、アマゾンは彼ら個人の医療記録にアクセスできるようになる。**

**アマゾンはデータ分析とＡＩを駆使して、その記録に基づいて簡単な治療法や、受診すべき医師を推薦する。**ある会員がオンライン血圧モニターを使用していて、そこで高い数値が出たとしよう。アマゾンはその人に医師の受診を勧めるだけでなく、最低コストで最高の結果を提供する医師のリストを提示する。ヘブンが進めている患者と医療提供者に関する取り組みは、これらの判断を行う際に役立つだろう。

こうした将来のサービスのプレビューとなるようなアプリが、２０１９年秋にリリースされている。これはシアトルの社員向けにアマゾンが開発したもので、「アマゾン・ケア」と呼ばれている。このアプリは社員を看護師につなぎ、彼らからアドバイスを得ることを可能にする。

また、医師や看護師とのテレビ会議を設定して、彼らから診察や検査を受けたり、治療のための通院を手配することもできる。さらに、看護師から診察や治療を受けるために、家庭への訪問を依頼することもできる。薬を自宅まで届けてもらうように手配することも可能だ。このようなサービスの将来性は非常に大きい。

気が滅入っている？　アレクサは会員に対して、担当医に連絡するよう提案するかもしれない（アマゾンは鼻をすする音や咳を感知する特許を申請しており、アレクサは既に簡単な応急処置アドバイスを提供している）。

会員がアレクサに対して、アマゾンが推奨する医者（星5つ！）の予約を取るように頼むと、その日時がカレンダーにダウンロードされる。指定された時間になると、医師が画面に現れて診察を行う。

仮に会員の喉が痛かったとすると、会員は扁桃腺にレンサ球菌感染しているかどうかを自分で確認できるテスト（アマゾン上で25種類の検査パックが、32・49ドルで販売されている）を行い、それが陽性であれば医師は抗生物質を処方することができる。もちろん、その数時間後には、アマゾンによって抗生物質が会員の自宅まで届けられることになる。

深刻な病気の場合には病院を訪れなければならないが、遠隔医療は、喉の痛みや軽度のインフルエンザの治療のためだけに病院に通うという、コストのかかる行為を減らすことができる。

プライム・ヘルスのようなサービスは、何百万人という人々の関心を引く可能性が高い。医療保険における自己負担額が上昇しつつあり、人々は治療費により注意を払うようになっているからだ。

コモンウェルス・ファンドの調査によると、65歳以上の米国人の3分の1が、病気のときに病院に行かなかったか、自己負担の費用が払えないために処方薬を処方してもらえなかった、と回答している。もし、アマゾンがEコマース事業と同じようなコスト削減手法を医療にも適用できれば、大幅な節約を実現できるだろう。

## アマゾンはすでに金融機関として振る舞っている

2019年の春、世間的にはほとんど注目されなかったものの、あるプレスリリースが、アマゾンの今後の方向性をあらためて浮き彫りにした。アマゾンは医療貯蓄口座（HSA）の、デビットカードの取り扱いを開始すると発表したのである。HSAは患者が医療費を払うために貯蓄を行うもので、米連邦法に基づいて税金が免除される。

この動きは、血圧計や膝のプロテクターを買おうとしている人々に新たな利便性を提供するものだが、それ以上の重要性を持っている。アマゾンはショッピング、メディア、クラウドコンピューティング、ヘルスケアだけでなく、それらすべてのサービスに対する支払い手段も含む、包括的なエコシステムを構築しつつあるのだ。言い換えれば、アマゾンは銀行のように振る舞い始めている。

アマゾンは通常、金融機関とは考えられていないが、ベゾスが初期に思いついたことが、金融業界で主要なプレーヤーになるための基礎となった。アマゾンを立ち上げてから数年後、ベゾスはその成長を支える方法を模索していた。

1997年の初め、彼はEコマースに共通する問題について悩んでいた。ショッピングカートをチェックアウトするタイミングで、多くの買い物客が姿を消すのである。この仕組みにはあまりにも多くのステップがあることに、ベゾスは気づいた。いざ精算となると、買い物客はクレジットカード、請求先、配送先の詳細を入力し、それが正しいことを再確認しなければならないのである。

その年ベゾスは、アマゾン・ドットコムの「411特許」の発明者となった。これはオンライン購入システムに関する特許で、アマゾン・ドットコムの「ワンクリックで今すぐ買う」ボタンとして具体化されるものだった。この機能が1997年9月にリリースされるまでに、プロジェクトには半年近くの期間と、3500人時の作業時間を要した。

アマゾンはすぐに、ワンクリック・ボタンによって、買い物客が購入を完了する可能性が劇的に高まることを発見した。この機能は、買い物客があまり考えなくても購入できるようにすることで、オンライン小売業に革命をもたらした。消費者がワンクリックの利便性を気に入ったことで、新たな顧客を獲得する率が上昇し、アマゾンは毎年、何百万人もの新規顧客を集めるようになった。

あまりにワンクリック・ボタンが人気を博したことで、バーンズ・アンド・ノーブルが「エクスプレス・レーン」という名称で独自のボタンを開発し、アマゾンはこれを特許侵害で訴えた。訴訟は法廷外で解決され、和解条件は非公開とされた。そしてこの和解を受け、アップルはiTunes用に、アマゾンから同機能のライセンス供与を受けることとなった。

ワンクリックはより多くの顧客をもたらしただけでなく、クレジットカード番号、住所、顧客がいくら使ったか、何に使ったか、何度使ったかなどのデータを収集し、分析する機能をアマゾンに与えた。それはアマゾンの歴史において、重要な役割を果たすこととなった。

一度アカウントを開設した顧客は、それをずっと維持したため、アマゾンは長期にわたってこうしたデータ収集を行えた。そのため、商品の購入は大手銀行が管理するクレジットカードで行われているが、アマゾン自体も、裕福で忠実な大勢の顧客の財務情報にアクセスできるようになったのである。

アマゾンは顧客の財務情報だけでなく、自社サイトで商品を販売している数百万の、サードパーティー小売業者のデータも保持している。それはアマゾンに対し、融資ビジネスを始める機会を提供することとなった。2011年、ベゾスはこのような小規模小売業者が、成長に必要な資金を手に入れられるように、彼らにローンを提供することを決めた。

**「アマゾン・レンディング」と名付けられたこのプログラムは、同社のAIフライホイールを動かす、もう一つの重要な要素となった。小規模な小売業者が事業拡大の資金を手にすれば、アマゾン・ドットコム上の品揃えがさらに広がる。そしてそれは、より多くの顧客を引き付けることになり、ひいてはより多くの小売業者を引き付けることになる。**

**信用履歴が芳しくない中小企業への融資はリスクが高いが、アマゾンはそのリスク**

**を軽減するために、対象となる企業の売上成長率と在庫回転率をほぼリアルタイムで把握し、彼らの製品に対する買い物客の評価が肯定的か否定的かを判断するアルゴリズムを開発した。これらの数値が頭打ちになったり、否定的なレビューの数が増えたりすれば、アマゾンは小売業者への融資を停止する可能性がある。**

借り手の側から見ると、アマゾン・レンディングは、銀行の融資担当者との面談や、大量の記入が要求される書類を必要としないという利点がある。融資可能と判断された小売業者のアカウントのページ上には、融資を受けるかどうかを尋ねるボタンが表示される。このボタンを出すかどうかはアルゴリズムで制御されており、逆にある日突然消えてしまうこともある。

第9章でロンドンを拠点とする小売業者のジョン・モーガンが直面したトラブルについて解説したが、それと同じように、アマゾン・レンディングを利用した小売業者は、いざというときに必要な現金が不足してしまう危険性がある。

## 金融ビジネスのアマゾン流

アマゾンが生み出した多くのイノベーションと同様に、アマゾン・レンディングはゆっくりとスタートした後に、大きく拡大した。2011年から15年にかけて、アマゾンは中小企業向けのローンを、年間平均で約3億ドル〔約310億円〕実施している。

その後ベゾスは、この事業に力を入れ始めた。同社は2017年までに、年間の融資総額を10億ドル〔約1000億円〕に引き上げた。

米国だけでなく、英国や日本でも、マーケットプレイスでの販売を行っている2万社以上の中小企業が、アマゾンから資金を借りている。アマゾン・マーケットプレイス担当副社長のピーユシュ・ナハルによると、同社はカナダやフランスなど、マーケットプレイスを運営しているほかの国にも進出したいと考えているという。

**1件当たりの融資額は1000ドル〔約10万円〕から75万ドル〔約8000万円〕で、利用した小売業者によれば、金利は12%に達するという。**ナハルはプレスリリースにおいて、次のように記している。「中小企業は私たちのDNAの中にあります。アマゾンは中小企業に対し、成長の重要な時期において、在庫と事業を拡大するための資金を提供します。私たちは少額の融資が大いに役立つことを理解しています」

そう遠くない未来に、アマゾンが当座預金、個人ローン、住宅ローン、さらには保険までも提供するデジタル金融サービス企業になることは、ありえない話ではない。同社は既に、チェイスと提携して独自のビザカードを提供しており、買い物客がアマゾンの事業外にある企業から購入した製品やサービスの支払いができる、「アマゾン・ペイ」サービスを拡大している。

アマゾン・ペイはペイパル、アップル・ペイ、ストライプとよく似ており、顧客はラップトップや携帯電話上で簡単に決済ができる。アマゾン・ペイの利用者はペイパルの顧客の数分の一程度だが、アマゾンのプライム会員がガソリンスタンドやレストランなどアマゾン以外の場所での買い物に自分のアカウントを使うことの利便性に気づき、急速に成長している。同時に、販売を自社サイトで行っている小売業者の間でアマゾン・ペイ利用が増えているのは、アマゾンの名に信頼感を抱いているためだ。

アマゾンが追求しているビジネスモデルは、アリババの子会社で、約10億人のユーザーを抱える世界最大のモバイル決済サービス「アリペイ」を運営する、アント・フィナンシャルが追求するものに似ている。

アント・フィナンシャルは、クレジット・スコアリング〔信用評価〕、ウェルス・マネジメント〔資産管理〕、保険、融資に進出している。2018年時点で2110億ドル〔約22兆円〕の預金残高を持つ、「余額宝」というMMFも提供している。調査会社CBインサイツが2018年10月に発表したレポートによると、アント・フィナンシャルの株式時価総額は1500億ドル〔約16兆円〕で、ゴールドマンサックス、モルガン・スタンレー、サンタンデール銀行、カナダロイヤル銀行よりも高かったという。

中国ではアント・フィナンシャルと、「ウィーチャット・ペイ」を展開するテンセントが市場の92%を独占しているため、アマゾンが中国のモバイル決済ビジネスに参入するのは難しいだろう。

一方、米国は、モバイル決済システムにおいて中国に後れを取っている。調査会社eマーケターによると、2018年に店舗で商品を購入するために、モバイル決済システムを利用したスマートフォン・ユーザーは、米国では全体の4分の1にとどまったのに対し、中国では79％に達していた。米国では、アマゾンがペイパル、グーグル・ペイ、アップル・ペイなどのモバイル・オンライン決済のリーダーに対抗して、シェアを握る可能性がある。

アマゾンにとっての朗報は、消費者に、デジタルバンキングを試してみたい、という意欲があるように見えることだ。アクセンチュアの調査によると、全世界の消費者の70％が、バンキングや保険、老後の生活設計のために、ロボアドバイザリー・サービスを利用すると回答している。ハローアレクサ、私の銀行残高を教えて？　と尋ねる日も遠くないというわけである。

コンサルティング会社のベイン・アンド・カンパニーが実施した調査では、18歳から24歳までの米国人の4分の3近くが、テクノロジー企業から金融商品を購入すると答えている。また同じ調査では、アップルとグーグルに次いで、アマゾンが最も信頼できるテクノロジー企業に選ばれている。

ただし、金融業界で主要プレーヤーになるまでの道のりは険しい。例えば、商業銀行として活動するためには、アマゾンは米国と海外において、厳重な規制を乗り越えなければならない。そのため、より現実性の高いシナリオとしては、アマゾンが大手銀行と提携して、短期間でノウハウを手に入れることが考えられる。

**ウォールストリート・ジャーナルが2018年3月に報じたところによると、アマ**

**ゾンはＪＰモルガン・チェースやキャピタル・ワンなどの金融機関と、当座預金口座の提供を可能にする提携について協議しているという。このような仕組みでは、アマゾンではなく大手銀行が顧客の預金を保持するため、アマゾン自体は銀行規制の対象にはならない。伝統的な金融機関が舞台裏で力仕事をすることで、アマゾンは消費者向け金融サービスにおいて、洗練された「デジタルの顔」となるだろう。**

２０１８年に発表されたレポート「銀行の『アマゾン・モーメント』」の中で、ベインは、アマゾンが提携銀行に当座預金口座を開設させてその手数料を取るだけでなく、顧客がアマゾン・ドットコム上で購入した商品の代金を、その当座預金口座から直接徴収するようになる、というシナリオを描いている。

これはアマゾンが、現在クレジットカード会社に支払っている高額な手数料を、回避できるようになることを意味する。その場合、アマゾンは米国内だけで、年間２億５０００万ドル（約２６４億円）以上のクレジットカード手数料を節約できる、とベインは見積もっている。

ベインのジェラール・デュ・トワとアーロン・チェリスは、アマゾンが基本的なバンキング・サービスを構築した後で、「ほかの金融商品の分野、例えば融資や住宅ローン、損害保険、ウェルス・マネジメント（単純なＭＭＦから始めて拡大していくだろう）、生命保険などへと、着実に」進出すると予測している。またベインは、アマゾンが２０２０年代半ばまでに、バンキング・サービスに７０００万人の顧客（これはウェルズ・ファーゴの顧客とほぼ同数だ）を獲得できると考えている。

## TV局、半導体、自動車ディーラー、衛星インターネット

研究開発に多額の投資を行えば、それだけ多くの実験ができるようになる。これまで見てきたように、アマゾンは広告、医療、金融の領域へと大きく拡大しつつあるが、それはほんの始まりにすぎない。ベゾスはほかにも、大規模なビジネスへと成長する可能性のある分野において、長期的な投資を行っている。

アマゾンは広告事業を推進しているが、それと同時に、独自のストリーミングTVサービスを立ち上げている。これは広告販売の新たなプラットフォームを提供するだけでなく、それ自体が主要な事業にまで発展する可能性のある動きだ。

同社のファイアーTVは黒い小型のデバイスで、テレビに接続し、ユーザーが好きな番組をインターネットでストリーミング視聴できるようにするものである。競合製品はアップルTVやアンドロイドTV、ロクなどで、何百万人というケーブルテレビのユーザーを、ストリーミングサービスへと切り替えさせようとしている。

ファイアーTVのユーザーは、ネットフリックスやHBOゴー、フールー、ESPN+、そしてもちろんアマゾン・プライム・ビデオといったサービスと契約すること

で、さまざまな番組を視聴できる。2019年の時点で、ファイアーTVは米国、英国、ドイツ、日本の4つの市場で、320のチャンネルを提供している。

番組の数も増加中だ。NFLをストリーミング配信するようになっているのに加えて、英国とドイツではユーロスポーツを提供しており、2018年の韓国冬季オリンピックでは3億8600万人の視聴者を集めた。プライム・ビデオの責任者を務めるグレッグ・ハートは、次のように述べている。

「私たちは、より多くの種類のコンテンツへのアクセスを提供したいと考えています。そうしたチャンネルは多くの場合、従来のケーブルテレビで視聴できるのと同じものです」

アマゾンが新たに取り組む事業の数は、さらに増え続けている。アマゾンは2018年の終わりに、クラウドコンピューティング事業で使用しているハードとソフトを、より良い形で融合させてコストを削減するために、独自のコンピュータ・チップを製造していると発表した。近い将来、アマゾンはその自社製チップを、ほかのテクノロジー企業に販売するようになるかもしれない。

また同じ年、アマゾンは韓国の自動車メーカーであるヒュンダイと提携し、アマゾン・ドットコム上で同社の車を販売すると発表している。利用者はモデルの比較やレビューの閲覧、地元ディーラーの在庫確認、さらには自宅まで試乗することもできる。このデジタル・ショールームは、自動車メーカーのサイトがアマゾンに組み込まれているという点で、ほかの自動車情報サイトとは異なる。

利用者は具体的な購入に関する情報を得たり、試乗を予約したりするために、ディーラーのサイトに行く必要はない。この提携により、ヒュンダイはアマゾンが抱える3億人の顧客にアクセスでき、アマゾンは自動車購入者に関する貴重なデータを得ることができる。それはおそらく、より多くの自動車ワックスを販売する機会へとつながるだろう。

2019年の初め、アマゾンは電気ピックアップ・トラックやSUVを製造しているメーカーのリビアンに対する、7億ドル〔約740億円〕の投資ラウンドを主導した。アマゾンはこれまでにも、ほかの企業と協力してアレクサを自動車に搭載したり、自動配送車を開発したりしてきたが、これは電気自動車製造ビジネスに対する、初めての直接投資だった。

ベゾスはその年の終わりに、アマゾンが10万台のリビアン製電動バンを発注したと発表している。これは電気自動車に対する発注としては、これまでで最多となるものだ。2021年には、このバンが路上を走り出す予定である。

リビアンへの投資とほぼ同時期、テクノロジー系ニュースサイトのギークワイアーは、アマゾンが世界中のほぼどこでも、高速インターネットを利用可能にすることを目的とした、3236基の人工衛星を打ち上げる計画であることを報じた。これまでより何百万人も多くの人々がウェブにアクセスできるようになれば、アマゾンのEコマース事業や、クラウド事業にとって大きな追い風となるだろう。

こうした賭けのすべてが、うまくいくわけではない（アマゾンのベンチャーキャピタル部門が行った、プレハブ住宅メーカーへの投資のように）。アマゾンは未来のスマートホームに対して、アレクサを搭載した防犯システムやサーモスタット、家電製品類を提供しようとしているが、そうしたラインナップの中に、壁や屋根まで含める必要があるだろうか？　しかし、ベゾスはこう訴える。

**「最高のイノベーターであっても、最初は何もわかっていないように見えるものです。大きなリターンを得るためには、今まで誰もしていないことを、しなければならないからです。ですから鏡を見て、自分が批評家たちに同意するかどうか、尋ねてくださ い。同意しないのではあれば、庭に水をやって、雑草は無視することです」**

アマゾンがさまざまな業界に次から次へと参入し、ＡＩフライホイールを回転させてますます力をつけていくと、社会や経済に与える影響は、途方もないものになるだろう。

第14章

# アマゾンの未来とベーシックインカム

強烈な批判への反応

## ベゾスが批判にさらされる理由

世界で最もリッチな人物として、ジェフ・ベゾスは政治家やマスコミの格好の餌食になってきたが、2018年のレイバー・デー（9月の第1月曜日）の週末が終わり、人々がバケーションから戻ってきた頃、彼はこれまでにないほどの攻撃を受けることとなった。

アマゾンの賃金と労働条件について、突如として非難の声が巻き起こったのである。おそらく、彼にとって気がかりだったのは、最も敵意に満ちた攻撃が、左派の側から行われたことだろう。リベラル派の新聞であるワシントンポストのオーナーにとって、予想もしなかった事態のはずだ。

ベゾスは迅速に対応した。闘争心をかき立て、まるで合気道のような広報活動を展開し、ダメージを最小限に抑えた。それだけでなく、これまでのキャリアの中で彼が何度もしてきたように、苦境を自分にとって有利な状況へと変えた。

この攻撃を最初に行ったのは、バーモント州選出の上院議員で、社会主義者のバーニー・サンダースだった。彼はベゾスを、悪しき企業経営者であると訴えた。

そして**2018年9月5日、連邦議会に対して「補助金の停止による悪質な雇用主の阻止（Stop Bad Employers by Zeroing Out Subsidies）」の略である「ストップ・ベゾス法案（Stop BEZOS Act）」を提出した。これはメディケイド**（低所得者向け医療保険制

**度〕やフードスタンプ〔食料配給券〕といった連邦政府の支援を受けている人々を雇用しているアマゾンのような大企業に対して、これらのプログラムにかかる莫大な費用を、政府に返済するよう求めるものだ。**

その2日後、マスメディアがある2人のAI研究者の話を取り上げた。彼らは2016年にアマゾンが行った特許申請を発見したのだが、その内容は、倉庫で作業中の労働者を保護するために、彼らを檻に収容するというものだった。この檻は、労働者の安全を維持してくれるかもしれない。しかし、研究者はこれを批判する厳しい論文を書き、アマゾンの案は「労働者を疎外するものであり、人間と機械の間に殺伐とした関係が生まれていることを示す」と結論付けた。

その翌週には、マサチューセッツ州選出の民主党上院議員、エリザベス・ウォーレンが、アマゾンは強力になりすぎているため、解体される必要があると訴えた。

こうした敵意のあまりの激しさに、ベゾスは当惑していたに違いない。攻撃が起きた当時、米国の失業率は1960年以来最低だったし、S&P500株価指数も、過去最高レベルにまで上昇していたからだ。

しかし、経済に関する良いニュースも、多くの米国人にとっては、自分のキャリアだけでなく、子供たちの将来に関する不安を感じさせないようにするには、十分ではなかった。アメリカ文化信仰研究所が2017年に実施した調査によると、米国の成人10人のうち4人が、資本主義より社会主義を好んでいた。次世代の人々も、現状に対する不満を高めているようだ。2016年にハーバード大学が18歳から29歳の若者を対象に行った調査では、58%が資本主義を支持していなかったのである。

## ベゾノミクスは格差をさらに拡大する

こうした不満の理由は、ギグ・エコノミーの台頭、賃金の低迷、2008年金融危機の影響、自動化による雇用喪失の脅威など、さまざまだ。しかし、おそらく最大の問題は、米国における貧富の格差の拡大だった。サンダースはストップ・ベゾス法案の発表とほぼ同時に示した声明の中で、次のように指摘している。

「米国で最も裕福な3人が下位の50%よりも多くの富を所有し、生み出される所得の52%が上位1%の人々の懐に入るという、深刻な所得格差と富の不平等がある今、米国の人々は、米国で最も巨大で最も収益性の高い企業を所有する億万長者たちに、補助金を出すことにうんざりしている」

サンダースの言うことはもっともだ。2019年初めの時点で、ジェフ・ベゾス、マイクロソフトのビル・ゲイツ、バークシャー・ハサウェイのウォーレン・バフェット、そしてフェイスブックのマーク・ザッカーバーグが持つ資産を合わせた額は、3570億ドル〔約37兆7000億円〕だった。仮に、彼らがすべての米国人男性、女性、子供に1000ドルの小切手を渡したとしても、億万長者でいられるのだ。

サンダースが指摘したような所得格差は、ニューヨークタイムズが2018年に掲載した記事で、はっきりと描かれている。ワシントンD.C.郊外のランドマークモールにあるデパート、メイシーズの事務員として働いていたカーリーン・スミスは、かつて自分が働いていた店に住んでいる。その店舗は現在、ホームレスのシェルターとなっているのだ。

57歳のスミスは、ニューヨークタイムズに対して、「このビルに住むというのは奇妙な感覚です。以前はここで働いていたのですから。これが生き延びるということなのでしょう」と言っている。かつてメイシーズだったビルには、60床のベッドが設置され、この都市で住む場所のない人々に、温かい食事とシャワーを提供している。

**貧富の格差は、米国だけの問題ではない。貧困問題に取り組む団体のオックスファムが実施した調査によると、世界人口の半数を占める最貧困層の純資産が減少するなか、世界の億万長者2208人は、毎日新たに25億ドル（約2600億円）もの富を得ている。社会の頂点に、驚くほど巨額の富が集まりつつあるのだ。世界で最もリッチな26人の資産総額は、2018年に1兆4000億ドル（約148兆円）に達し、これは最貧困層38億人の資産総額に匹敵する。**

こうした不均衡の兆候が、欧州においても顕著になっている。フランスでは社会的不平等に対して、労働者階級が「黄色いベスト」という抗議活動を展開し、英国では貧富の格差がブレグジット運動を後押しした。

アマゾンやアリババ、アルファベットなどの大手テクノロジー企業が今後も力を増していけば、より多くの富が、確実に所得ピラミッドの頂点に蓄積されるだろう。本書で論じているように、こうした企業はAIを利用した自動化（倉庫ロボット、自動運転車、ショッピングやヘルスケアといった分野で人間をサポートするアレクサなど）によって、ブルーカラー労働者の数を減らすことができるからだ。それに加えて、AIフライホイールの使い方をマスターした少数の企業が世界を支配し、その創業者と株主は富の大部分を握り続けるだろう。

## ベゾスのために働く対価はいくらが適切か

1960〜70年代には、企業は株主だけでなく、従業員や地域社会のニーズも考慮して、よりバランスの取れたアプローチをとる傾向があった。80年代に入ると、カール・アイカーンやビクター・ポズナー、トーマス・ブーン・ピケンズといった、企業乗っ取り屋が出現した。彼らは株主のためだけに企業を経営するよう、取締役会や経営陣に圧力をかけた。

それ以来、株主の利益を最大化するためにビジネスを運営することが常態となっている。たいていのCEOは、次の四半期決算を良く見せるために、研究開発費の削減や従業員の解雇、利益の削減など、必要なことは何でもしようとする。そうしなければ、それができる誰かを投資家たちが見つけ、CEOの首をすげ替えてしまうからだ。
残念ながら、ビッグデータとAIを武器とした次世代の強力な企業がさらに市場を支配するにつれ、株主の利益を重視する姿勢はさらに強まるだろう。もちろん株主を考慮する必要はあるが、従業員や、企業が活動する地域社会の利益も考慮する必要がある。

左派の人々は、企業はもっと従業員に給料を支払わなければならず、もし十分に生活できるほどの賃金を与えられなかったり、社会が求めるほどの雇用を生み出せなかったりした場合には、政府がそのギャップを埋めなければならないと主張する。こうした解決策は、言うのは簡単だが、実行するのは困難だ。

もちろん、アマゾンはこの議論の真っただ中にあり、資本主義が目指している方向を明確に示す存在となっている。何年もの間、同社は従業員への補償のあり方について、労働組合やリベラルな政治家の怒りを買ってきた。ベゾスは社員を酷使する一方で、コストを重視しすぎており、彼らを不当に扱っている、というのが彼らの主張だった。そしてある程度、この主張は正しかった。

ストップ・ベゾス法案が提出された夏、サンダース上院議員と、同法案の共同起草者であるカリフォルニア州選出の進歩的な民主党下院議員のロー・カンナは、政治的な圧力を強めていた。彼らは演説を行い、テレビに出演して、なぜアマゾンやウォルマートのような米国最大の雇用主が、従業員に福祉を提供するのにかかった費用を、連邦政府に返済すべきなのかを説明した。

**サンダースは、連邦政府が低賃金の労働者に支給しているフードスタンプ、メディケイド、その他の福祉制度のコストが、年間1530億ドル〔約16兆円〕に上ると推定している。さらに彼は、アマゾンの給与慣行について、ベゾスを激しく非難した。あるツイートでは、「地球上で最も裕福な人物のために働く人々が、フードスタンプに頼るような状況があってはならない。1日2億6000万ドル〔約275億円〕を稼ぐ男のために働く人々が、車に寝泊まりするような状況があってはならない。しかし、それがアマゾンで起きていることだ」と書いている。**

## 批判は一面的ではあるが

サンダース上院議員がこのような意図から提出したストップ・ベゾス法案は、本質的に、企業に対する課税である。

例えば、2人の子供を持つシングルの親がいて、アマゾンに勤務し、年間2万ドル〔約210万円〕の収入を得ていた場合、この人物はフードスタンプを平均2100ドル〔約22万円〕、学校給食支援を770ドル〔約8万円〕支給される。家族が医療費を負担した場合、その金額にメディケイド給付の連邦政府負担分を加算する必要がある。ストップ・ベゾス法案はアマゾンに対して、これらの福祉にかかったコストの全額を、連邦政府に返済しなければならないとしている。

政治的右派の中にもアマゾンを攻撃する者がいたが、それは労働者の窮状を救うためというより、税金を無駄遣いしているのが許せない、という理由だった。FOXニュースでトークショーの司会を務めるタッカー・カールソンは、2018年8月の放送で、次のように述べている。

「アマゾンで働く膨大な数の労働者が、低賃金のために連邦政府から生活保護を受ける資格を得ています……ジェフ・ベゾスは、彼らが生きていけるのに十分な賃金を支払っていないのです。そのために、税金を使って補填しているわけです」

こうした状況に、ベゾスも反撃を開始した。2018年8月のブログ記事において、アマゾンはサンダースが政治的な駆け引きをし、従業員に支払う賃金について、誤解を招くような主張をしたと非難した。

**「アマゾンは、昨年だけで13万人以上の新規雇用を創出したことを誇りに思っています。米国では、フルフィルメント・センターのフルタイムのアソシエイトの平均時給は、現金、株式、インセンティブ・ボーナスを含めると、残業を除く平均時給が15ドル〔約1500円〕以上となっています」**

**これはウォルマートやターゲットが従業員に支払った金額よりも多い。**

アマゾンには、64万8000人のフルタイムおよびパートタイムの従業員がおり、ほぼ全員が勤務時間に応じて手当を受けている。十分な福利厚生を受けられない労働者のほとんどは、10万人の季節労働者であり、彼らはホリデーシーズンのピークを補うために登録している。

ホリデーシーズンに数カ月間、臨時の労働者を雇う必要がある企業のジレンマは、理解できるものだ。そうした労働者たちが、1年の残りの10〜11カ月の間に何をしているかについて、アマゾンは責任を問われるべきなのだろうか？　仕事をせずに生活保護を受けると決めた場合でも？

## では給料を大幅に上げよう

ストップ・ベゾス法案に関するより大きな問題は、同法案が、支援しようとしている従業員自身を傷つける可能性が高いという点だ。この法案が可決された場合、アマゾンは連邦政府からの福祉を受けている労働者を、雇おうとしなくなる可能性がある。そうした従業員がもう一人子供を産んだり、高額な医療費のためにメディケイドの支払い対象になったりした場合、賃金コストが上昇するためだ。

この法案によって雇用コストが急増したシングルマザーが、職を失い、政府の援助にさらに依存することになる危険性がある。経済学者で、ケイトー研究所の研究者でもあるライアン・ボーンは、次のように主張している。

「要するに、バーニーの法案は、生活保護受給者をより割高な存在にするということです。経済学では、何かが高価になれば、それが使われる量は少なくなります」

しかし、論理と政治が常に混ざり合うわけではない。**ベゾスは2018年10月2日、世論が反アマゾンに傾くなか、季節労働者を含む35万人の時間給従業員全員に一律15ドル〔約1600円〕の最低賃金を適用すると発表し、批判者たちを驚かせた。**賃上げを発表した声明の中で、彼は次のように述べている。

「私たちは批評家の意見に耳を傾け、自分たちが何をしたいのかを真剣に考え、この問題においてリーダーになることを決めました。私たちはこの改革に胸を躍らせており、競合他社やほかの大企業にも参加を呼びかけています」

ストップ・ベゾス法案が発表される数カ月前から、アマゾンは従業員の賃金引き上げについて、社内で激しい議論を重ねていた。ワールドワイド・オペレーション担当副社長であり、アマゾンの倉庫業務も管轄しているデイブ・クラークは、政治的な思惑はさておき、賃金を上げることは、厳しい雇用市場の中で優秀な従業員を引き付け、維持するのに役立つと考えていた。

議論の大半は、どのように賃金引き上げを実施するか、つまり、段階的に行うのか、一気に引き上げるのかという点に割かれていた。クラークを始めとする上層部のチームは、ベゾスに、段階的な賃金引き上げを含む複数のシナリオを提示した。

最も大胆で費用のかかる選択肢は、最低賃金を即座に15ドルに上げるというものだった。大胆な行動を好むベゾスは、ためらうことなくこのアイデアに飛びつき、できるだけ早く実行するよう指示した。会議に出席したある経営幹部は、「ジェフはこのアイデアを高く評価していました。それは賃金をめぐる論争において、アマゾンをフォロワーではなく、リーダーにするものだったからです」と語っている。

ベゾスが賃金引き上げを決めたとき、従業員の窮状について懸念していたことは間違いない。多くの企業が、彼の後に続く必要があるだろう。しかし、これから見ていくように、この賃上げは素晴らしい広報活動であり（ベゾスは卓越した戦略家であることを忘れてはならない）、競争相手を不利な立場に置く戦術であった。

**ほとんどのアマゾン従業員にとって、この賃上げは歓迎すべきものだったが、一部の従業員は、その対価を払わなければならなかった。取引の一環として、アマゾンはコールセンターと倉庫で働く従業員に対し、RSU（譲渡制限付き自社株取得権。自分が働いている企業の株式を数年後に受け取る権利を付与される制度）をカットし、業務の成果と連動して毎月支払われる、インセンティブベースの給与ボーナスも削減した。**

**ある従業員は新聞の取材に対し、この昇給はどう考えても無意味なものだと不満を述べ、実際には損をする取引だと述べる者もいた。こうした報道を耳にしたデイブ・クラークは、チームに対し、今回の決定によって損をした従業員を見つけ、彼らが十分な給与を受け取れるようにするよう指示した。**

## アマゾンの戦略となった最低時給15ドル

こうした反発はあったものの、賃上げの対応は神業とも言えるものだった。ベゾスは従業員の最低時給を15ドルとすることで、サンダースの攻撃をかわした。実際に、サンダースはベゾスの決定を称賛し、ほかの企業も彼に続くよう訴え、ストップ・ベゾス法案を棚上げにした（いずれにせよ、共和党がホワイトハウスと上院を支配している限り、同法案が議会を通過する可能性はほとんどなかったのだが）。

しかし、多くの人々が見過ごしていたのは、時給引き上げは政治的にだけでなく、経済的に見ても素晴らしい戦略的決定であり、またベゾスの「どんな手を使ってでも勝利する」という姿勢を示す、もう一つの例であったということだ。

たしかに、**この決定はアマゾンに人件費の増加をもたらし、彼らは年間15億ドル〔約1600億円〕もの損失を被ることになった。しかしそれによって、競合企業は不意を突かれた。この賃上げは、アマゾン従業員の生産性向上につながる可能性が高い。より優秀でやる気のある労働者を引き付け、維持するのに役立つからだ。**

そしてそれは、アマゾンが永遠に追い求める聖杯とも言える、優れた顧客サービスを維持することにもつながる。もし、アマゾンが時給15ドルを提供する一方で、競合の時給が11ドルだったとしたら、どちらが優れた人材を雇えるだろうか？

とはいえ、アマゾンは競争相手に意地悪をするために賃上げをしたのではなく、この決定は長期的な視野に立つものだった。ほかの企業が低賃金を維持しようとするなかで、ベゾスはアマゾンのビジネスモデルを調整し、賃金上昇のトレンドを先取りしたのである。

米国の多くの都市や州で、既に最低賃金の引き上げが始まっている。例えば、シアトルとニューヨークでは最低賃金が15ドルに達しており、カリフォルニア州では2022年に最低賃金を15ドルに引き上げる法案を可決している。ベゾスはアマゾンのビジネスモデルが、この流れに確実に対応できるようにしたいと考えていた。

**2018年、アマゾンは反トラストや税制、ドローン、労働問題といった論点における自社の主張を守るため、90人のロビイストを雇った。非営利団体の「責任ある政治センター」が行った調査によれば、アマゾンはこの年、ロビー活動に1440万ドル（約15億円）を費やしている。**

**ベゾスが会社全体の賃金を時給15ドルに引き上げる決定をした後、アマゾンのロビイストたちは、連邦議会において最低賃金法案を通過させようと積極的に活動した。時給7・25ドルの連邦最低賃金を2倍以上にして、アマゾンの時給15ドルに並ぶレベルにすれば、実店舗を展開する競合他社にとって、はるかに厳しい状況となるだろう。**

そして、これだけのロビー活動を行う体力があれば、最低賃金の引き上げを可決させるのも不可能ではない。ケイトー研究所のライアン・ボーンは、「今後4～5年のうちに、特に民主党候補が大統領に当選した場合、最低賃金が大幅に引き上げられることが予想される」と述べている。

小売業は厳しく、利益率の低いビジネスであり、それはアマゾンも例外ではない。しかし、彼らはクラウド、広告、サブスクリプション・サービスなど、利益率の高い事業を数多く所有しているため、15ドルへの賃金引き上げによる打撃にも、容易に対応できる。一方、このような利益率の高い事業を保有しておらず、アマゾンのようなキャッシュを生み出す力を持たない小売業界の競合企業の多くは、劇的な賃金の引き上げに対処するのは難しいだろう。

## ベーシックインカムとテクノロジー

サンダースとベゾスの確執はさておき、アマゾンの一般的な従業員が長期的に懸念しているのは、自分たちの給料水準が、中流階級の快適なライフスタイルを享受するのに十分なレベルに達していないこと（たとえ最低賃金が15ドルに引き上げられても、年収換算で3万1000ドル〔約320万円〕であり、依然として安心できるものではない）ではなく、自動化によって自分たちの仕事がなくなる可能性があることだ。

この点について、ベゾスはテクノ楽観主義者と言える態度をとっている。オートメーションとAIによって仕事を追われた人々に対して、経済が新たな仕事を提供するだろうと彼は信じている。

とはいえ、ベゾスは、失業者を救済するためにベーシックインカム（ＵＢＩ）が導入されるべきかを、何度か考えてきた。ＵＢＩが導入されると、連邦政府は全米国民に対して基本賃金を支払い、テクノロジーが労働市場にもたらす混乱の埋め合わせを行うことになる。

ベゾスにはリバタリアン的な傾向があり、ＵＢＩに対して心を決めかねている。多くの場合、彼は社会進歩主義者であり、政治的には饒舌ではなく、公の場での主張も限定的だ。そのため、フェイスブックのマーク・ザッカーバーグや、その共同創業者であるクリス・ヒューズ、テスラのイーロン・マスク、ベンチャーキャピタリストのマーク・アンドリーセンといった、テクノロジー界において彼に並ぶ人々とは対立している。

**UBIは、社会的にも政治的にも複雑な問題への、論理的な対応にすぎない。これは、テクノロジーによって破壊される可能性のある仕事に就いている人々が、新しい仕事に就くための再訓練を受けるのに十分なお金を持っていないか、再訓練を受けられない場合に、最低賃金の仕事で生き残れるように設計されている。**

多くの西欧諸国は既に社会的セーフティーネットを構築しているが、２０１８年と19年にフランスで「黄色いベスト」抗議活動がたびたび発生したことを考えると、それだけでは十分ではないようだ。アジアや南米の多くの地域では、セーフティーネットは欧州ほど強固なものではない。

そうした国々の政府は、AIと自動化が引き起こす大規模な雇用の喪失によって打撃を受け、米国で模索されているのと同じ解決策を検討せざるをえなくなるだろう。米国ではさまざまなUBI計画が提案されているが、基本的にはすべての国民に対して、その稼ぎに関係なく毎月一定額のお金を支給することで、仕事からの収入がどれだけ少なくなっても、生活に必要なお金を確保できるよう保証するというものだ。

ワシントンD.C.のシンクタンクは、月額500ドルから1000ドルまで、さまざまな提案を行っている。この発想は新しいものではない。歴史的に見ても、マーティン・ルーサー・キング・ジュニアやニクソン元大統領といった知識人や政治家が、UBIのさまざまなバリエーションを支持してきた。今UBIがアピールしているのは、それが4100万人の米国人を貧困から救う（現在の米国において貧困の目安とされているのは、1人当たり年収1万2000ドル〔約120万円〕である）可能性だ。最低賃金で働く人々や、ギグ・エコノミーで働く人々は、生活しやすくなるだろう。

## ベーシックインカムのハードルは高い

UBIの実現を妨げてきたのは、それにかかるコストだ。ビル・クリントン政権下で労働長官を務めた経験を持ち、カリフォルニア大学バークレー校の公共政策大学院教授であるロバート・ライシュの試算によると、すべての米国人に（そう、億万長者でも）毎月1000ドルの給付金を支給した場合、納税者は年間約3兆9000億ドル〔約413兆円〕の負担を強いられる可能性があり、これは現在の連邦政府の福祉プログラムより1兆3000億ドル〔約137兆円〕多く、連邦予算全体とほぼ同額だ。

別の見方をすれば、このプログラムにかかる費用は、米国のGDPの約20％に達する。この巨額のコストは、富裕層への増税や炭素税、売上税、ロボットへの課税、あるいはそれらの組み合わせによってまかなわれなければならない。

今、米国と欧州では党派的な対立が蔓延しており、大規模な増税と歴史的な富の再配分に、十分な票を集めることができるとは考えにくい。米国の選挙運動資金関連法は、富裕層であればあるほど、政治力が大きくなる（つまり富の再配分を阻止できる）ような仕組みになっている。その代表例が、石油化学製品を扱う巨大企業コーク・インダストリーズを所有する億万長者の兄弟、デービッド・コークとチャールズ・コークだ。2019年8月にデービッドが亡くなるまで、彼らが政権に影響力を及ぼすため、選挙期間中に多額の資金がつぎ込まれた。

ハーバード大学在学中にマーク・ザッカーバーグと共同でフェイスブックを立ち上げ、雑誌「ザ・ニュー・リパブリック」の元所有者でもあるクリス・ヒューズは、2018年に『1％の富裕層のお金でみんなが幸せになる方法』〔プレジデント社〕という本を出版し、より制限され、より政治的に受け入れられやすい形で、ベーシックインカムを導入することを主張した。

彼のプランでは、年収が5万ドル〔約530万円〕以下の人は、毎月500ドル〔約5万3000円〕の税額控除を受けることになる。ヒューズは私に、この計画にかかるコストは、共和党が2018年に可決した、1兆ドルの減税と同程度の規模になるだろうと説明した。また、それは人々が生計を立てるのを支援するだけでなく、トレーニングを受けたり、職業訓練クラスに参加できるようベビーシッターを頼んだり、新しい仕事を探したりするための費用を手助けすることで、彼ら自身を向上させることにもつながるだろうと語った。

「無駄なお金に興味はありません」と彼は言う。「一生懸命働けば、より良い暮らしができるのだということを、人々は認識しなければなりません。しかしそれは今、真実ではないのです。税法を改革することで、現状を正すことができます」

**今後10〜20年の間に労働状況が危機的状況に陥った場合、本格的にUBIを導入することが、唯一の解決策になるかもしれない。未来学者のマーティン・フォードは、「最終的に、UBIを実行するコストよりも、実行しないコストのほうが大きくなるでしょう」と言う。**

**「貧富の格差が社会に破壊的な影響をもたらすようになり、何らかの手段を講じざるをえなくなります。そしてそれは、経済の面から見ても、悪いものではない可能性があります」**

ライシュも、次のように訴える。「自動化の推進によって経済が成長を続け、UB

Iがより導入しやすくなる可能性は高いと考えています。UBI自体がより多くの個人消費を生み出し、追加の経済活動を促すことになります。そして、貧困が減れば、犯罪や収監といった、貧困に伴う社会的コストも減少します」

## 慈善活動で何かアイデアはありますか

2018年のレイバー・デーに続く混乱の日々の中で、ベゾスはさらなる一手を打った。それはアマゾンを取り巻く批判の声を、さらに沈静化することとなった。**9月13日、サンダース、ウォーレン、FOXニュースからの攻撃を受けた直後、ベゾスは、ホームレス撲滅と幼児教育支援のために20億ドル〔約2100億円〕を寄付すると発表した。これは、ベゾスにとって初めての多額の寄付である。当時のベゾスの純資産、1630億ドル〔約17兆円〕の2%にも満たない額であったが、それでも大金だった。**

これまでの人生の中で、ベゾスは慈善活動を後回しにしてきた。彼はシアトルのフレッド・ハッチンソン癌研究センターに数千万ドルを寄付していたのだが、彼の資産に比べれば微々たるものだった。彼は自分の時間とエネルギーのほとんどを、アマゾンと宇宙開発会社ブルーオリジン、そして家族のために費やしていた。

ベゾスは自分が取り組むことについては、ほかの誰よりも優れているとまではいかなくても、うまく行うことを好む。そのため、20億ドルの寄付に至るまでの間、彼は慈善活動を適切に行うために必要な時間を、十分に確保することができないと感じていたのだろう。

ベゾスが寄付を行ったタイミングを揶揄して、サンダースらの政治的攻撃をかわすために行ったのだと考えるのは簡単だ。しかし、「疑わしきは罰せず」という観点をとることもできるのではないか。

政治家たちが攻撃を始める1年前、ベゾスは既に、大規模な慈善事業の創設を検討し始めていた。２０１７年7月のツイートで、彼はこう書いている。

「これはアイデア募集のツイートです。私は慈善活動の戦略を考えているのですが、それは私の時間の使い方、つまり長期的に取り組むという姿勢の対極にあるものなのです」

ベゾスは、長期的な思考をやめるつもりはないものの、大幅に譲歩して、今目の前にいる人々を助けることにしたのである。

ベゾスを擁護できるもう一つの点は、彼の家族の多くが、長年にわたって米国人のために働いてきたことだ。例えば、ジェフの両親であるジャッキーとマイク・ベゾスは、アスペンに拠点を置くベゾス・ファミリー・ファウンデーションを運営しており、子供の教育問題に力を入れている。

同団体が実施している多くのプログラムの一つである「ブルーム」というプロジェクトでは、最新の認知科学に基づいて、親が子供と一緒に脳を鍛えるための、

1000以上の無料アクティビティを提案してくれるアプリを開発している。一例を挙げると、子供と一緒に外出したとき、彼らが本で読んだり、テレビで見たりしたものを、現実世界の中で指摘してみよう、といった具合である。

ベゾスはこうした一族の伝統を受け継ぎ、緊急に支援を必要としている人々に向けた20億ドルの基金、「デイ・ワン・ファンド」を立ち上げた。これは、若い家族の生活を支える組織や市民団体に支援金を提供するもので、低所得地域に新しく設置されるモンテッソーリ教育を行う幼稚園の、ネットワークを支援することも目的としている。

ベゾスはこのプロジェクトに情熱を傾けており、いつものように執拗とも言える姿勢で、プロジェクトを成功させることに打ち込んでいる。2018年9月に新しい慈善事業を発表したツイートの中で、彼はビジョン・ステートメントを添付しているのだが、そこには次のように書かれている。

「私たちは、アマゾンを動かしてきたのと同じ原則を使います。その中で最も重要なのは、純粋に顧客にこだわることです。『教育とはバケツを満たすことではなく、火を点けることだ〔アイルランドの詩人、ウィリアム・バトラー・イェイツの言葉とされる名言〕』。その火を早い段階で点けることは、どんな子供にとっても大きな助けとなるでしょう」

## マンハッタン第二本社計画の中止

2018年の9月が終わりに近づくにつれ、ベゾスが発表した新たな慈善事業への取り組み、従業員全員の時給15ドルへの引き上げ、全国的な最低賃金の引き上げを求める同社のロビー活動によって、アマゾンに対する政治的な敵意の一部は収まりつつあった。この時点で、5カ月後にアマゾンが再び炎上するなどとは、誰も予想していなかっただろう。その原因となったのは、第二本社をニューヨーク市に建設するというアマゾンの計画だった。

2019年のバレンタインデー、全国メディアでこの件が報じられる1時間前に、ニューヨーク市長のビル・デブラシオは、アマゾンのグローバル広報部のトップを務めるジェイ・カーニーから電話を受けた。

**タイム誌の元ジャーナリストで、オバマ政権下でホワイトハウス報道官も務めたカーニーは、アマゾンが第二本社をロングアイランドシティ（イーストリバー沿いにあるクイーンズの新興地区で、マンハッタンのスカイラインの素晴らしい眺めを楽しめる地域だ）に設置して、2万5000人の雇用を同地域にもたらす、という取引から手を引くことを告げた。**

電話は簡潔なもので、カーニーはあ然とする市長に対し、決定は最終的なものだと告げた。カーニーと話した直後、これまでアマゾンへのラブコールに奔走してきたデブラシオは、アマゾンを批判するツイートを投稿した。「ニューヨークで成功するには、タフでなければならない」

その4カ月前、いずれも民主党の政治家であるデブラシオとニューヨーク州知事のアンドリュー・クオモは、このEコマースの巨人をニューヨークに誘致するために、州とニューヨーク市合わせて約30億ドル〔約3100億円〕分の価値があるインセンティブをアマゾンに提供する、という取引を成立させていた。彼らの申し出は、アマゾンの雇用を得るために競争していた、ほかの278の都市の提案内容を上回っていた。アマゾンはこの取引に関する発表を行うと同時に、ニューヨーク市だけでなくバージニア州北部にも本社を設立することを発表した。

**失敗に終わったこの取引は、ベゾスの一般市民との取引に対する姿勢を物語っており、また「条件が気に入らなければ取引から手を引く」というアマゾンの姿勢を、一般市民がいかに理解していないかを明らかにしている。**

ニューヨーク市への本社設置に関する発表が行われてから数カ月の間、アマゾンは米連邦議会の下院議員で、自称民主社会主義者のアレクサンドリア・オカシオ・コルテス〔彼女の選挙区はロングアイランド市に隣接していて、そこで支持者たちからAOCとして親しまれている〕など、新たに選出された進歩的な政治家からの攻撃に直面していた。AOCと地元の政治家グループは、アマゾンが2万5000人分の雇用と引き換えに受け取る、30億ドルの税制優遇措置を批判した〔アマゾンはそれを上回る、数十億ドルの税収を生み出す可能性があったわけだが)。

反対派は、ベゾスのような億万長者に金は必要ないと主張した。また、アマゾンが労働組合の組成に反対しないこと、地元の住宅に補助金を出すこと、老朽化した地下鉄の再建を支援することを求めた。

さらに、アマゾンが取引から撤退する数日前、民主党のニューヨーク州上院議員の新しいリーダーであるアンドレア・スチュワート＝カズンズは、拒否権を持つ強力な州議会委員会の委員に、選挙区内にロングアイランドシティを持つリベラルな州上院議員、マイケル・ジャナリスを選んだ。ジャナリスはアマゾン批判派であることを隠そうとしない人物で、既にこの件について結論を決めているようだった。

「彼らのような企業がコミュニティにやってきて乗っ取ってしまえば、コミュニティは死んでしまいます」

## 「苦労を乗り越えてまで取り組むに値しない」

要するに、アマゾンはニューヨークで直面した政治的なごたごたに、うんざりしたのだ。アマゾンの第二本社設置の動きを主導したカーニーは、次のように説明している。

「私たちが撤退したのは、必要な承認を得られないと思ったからではありません。それを疑うことはありませんでした。私たちは国民の幅広い支持を得ており、クオモ知事が承認を実現できると信じていました。私たちが撤退したのは、さまざまな苦労を乗り越えてまで取り組むに値しない、と判断したためです」

敵対的な政治家をなだめるために数カ月、あるいは数年という時間をかけても、時間とリソースを取られるだけで、顧客にとって何のプラスにもならない。アマゾンからすれば、労働組合の要求に屈することは、価格の上昇を招いて顧客が損をするだけであった。地下鉄の再建に協力しても、顧客に向けてサービスを開始するまでの時間が長引くだけだ。

もう一つの要因は、アマゾンがこれまで、世間の注目を浴びるのを避けてきたことにある。アマゾンは何十年にもわたって、彼らの一挙手一投足を批判する地元の政治家たちと交渉してきたが、それは彼らが好むやり方ではない。ベゾスの考え方を知る人物にとっては、彼がニューヨーク市との取引において、これほど早く脱出ボタンを押したことは驚くに値しない。ベゾスがニューヨーク市を必要とする以上に、ニューヨーク市のほうがベゾスを必要としていたのだった。

そうは言っても、アマゾンは地元のリーダーに自分たちのビジネス哲学を巧みに説明するようになっており、また彼らの懸念に耳を傾けるための時間を増やしている。AOCのような政治家たちが、アマゾンを巨大で貪欲な企業に仕立て上げるのにやすやすと成功したのは、同社が自分たちの取り組みを十分に説明できなかったためだ。

しかし、アマゾンの予期せぬ撤退は、社会問題をアマゾンの責任にしようとする、一部の政治家たちの決意を強めることとなった。実際に、同社を解体すべきだと考える反トラスト専門家の数は、まだ少ないものの、増える一方となっている。

The Rise of Hipster Antitrust

第15章

# GAFAを解体せよ

独占禁止法はふたたび隆盛する

## アマゾンは審判なのかプレーヤーなのか

2018年3月、トランプ大統領はアマゾンに対して、「何千もの小売業者を廃業に追い込んでいる」と非難するツイートを投稿した。それからおよそ1年後、米財務省のスティーブン・ムニューシン長官は、米司法省が大手テクノロジー企業の反トラスト調査を開始したことについて、CNBCに次のようにコメントした。

「アマゾンについて考えてみると、たしかにメリットもありますが、米国中の小売業を破壊しているわけですから、競争を阻害していると言えます」

もちろん大統領とその側近たちは、ベゾスの所有するワシントンポストがトランプに対して攻撃を繰り返していたことに、単に腹を立てていたという可能性もある。

**アマゾン嫌いを表明している著名人は、トランプ大統領だけではない。アマゾンはあまりに大きく、そして強力になりすぎた、と考える批判派の数は増える一方だ。かつてウォルマートの米国CEOを務めたビル・サイモンは、アマゾンは解体されるべきだと述べた。**

**エリザベス・ウォーレン上院議員は、かつて大恐慌時代に施行され、銀行業と証券業の分離を命じたグラス・スティーガル法のような法律を、アマゾンに対しても設けるべきだと主張した。彼女の案は、政府がアマゾンを分割し、ウェブサイトと小売業を分けるというものだ。**

アマゾン・ドットコム上では、サードパーティー小売業者の商品だけでなく、アマゾン自体が販売する商品も売られているわけだが、自社のプラットフォームを利用する小売業者と競争するアマゾンは、彼らに対して不当な優位性を持つのだとウォーレンは訴えた。

プロバスケットボールのNBAの試合で、審判とプレーヤーの両方を兼ねるようなものだと考えてほしい。例えば、サードパーティー小売業者が緑のスウェットを売って儲けていたら、アマゾンはそれを察知して同じような緑のスウェットを作り、それより低価格で販売するだろう。「どちらか一方を選ばなければなりません。両者を兼ねることはできないのです」とウォーレンは述べた。

2019年秋、ベゾスを批判する声はさらに高まった。米下院司法員会の超党派のグループが、アマゾンをはじめとする大手テクノロジー企業に対し、経営幹部が行ったコミュニケーション（例えばベゾスが送ったメールなども含まれる）、財務諸表、その他の各種情報（競合会社、市場シェア、合併、主要なビジネス上の決定など）を提出するよう求めたのである。

特にアマゾンに対しては、議会はアマゾン・ドットコムでの商品検索、アマゾン・プライムの価格設定、小売業者に請求される手数料に関する資料を提供するよう求めた。司法委員会のジェロルド・ナドラー委員長は、「一握りの企業が、オンライン商取引や通信の分野で圧倒的なシェアを獲得するようになった、という証拠が増えている」と指摘し、この要求は継続的な調査の助けになるだろうと述べた。

## アマゾンが政府を支配する日

アマゾンの分割に関する最初の学術的な議論を行ったのは、2017年1月にイェール・ロー・ジャーナルに掲載された論文「アマゾンの独占禁止法パラドックス」である。執筆したのはリナ・カーンという名の、29歳のイェール大学法学部卒業生で、同社がさまざまな市場で攻撃的な価格設定を行っており、この行動は消費者にとっては良いことであっても、競争を阻害していると主張した。

**ワシントンD.C.に拠点を置くリベラルなシンクタンク、オープンマーケット研究所で働くカーンは、企業が大きくなりすぎたり、力をつけすぎたりすると、規制を自分たちに有利に変えるためのロビー活動を行ったり、教育や福祉に予算を付けようとしない州政府から巨額の税制優遇措置を受けたり、コミュニティを破壊したりして、米国人の基本的な自由を奪うことができる、と考えている。**彼女は、雑誌アトランティックの取材に対し、次のように述べている。

「ほとんどの人々にとって、日々やりとりする権力というのは、議会の議員ではなく、会社の上司です。また、日常生活における経済的な関係の中で、自分が奴隷のように扱われているとしたら、それは市民にとって、民主主義にとって何を意味するでしょうか?」

普通であれば、法学部を卒業したばかりの人物が書いた学術論文など、ほとんど注目されずに終わるだろう。しかし、カーンの論文は多くの人々の心をとらえ、14万5000回もダウンロードされた。映画であれば大ヒット作品に相当する数だ。

この論文への注目が最初に始まったのは、アマゾンが最大のオンライン小売業者の一つである、欧州においてだった。EUは2019年の半ばに、アマゾンの独占禁止法違反について、正式な調査を開始した。グーグルに対して独占禁止法違反の訴訟を起こしたことで知られる、EUの競争政策担当委員マルグレーテ・ベステアーは、アマゾンが顧客の買い物習慣について収集した膨大な量のデータを使って、競争を排除しようとしているのではないか、と考えている。

同委員の主張は、エリザベス・ウォーレンの主張と似ているが、アマゾンは商品の小売業者であると同時に、自社とサードパーティー小売業者が使用するEコマース・プラットフォームの提供者でもあるため、アマゾン内で利益相反が生まれている可能性がある、というものだ。つまりアマゾンは、自社サイト上で顧客の目に留まるためにサードパーティー小売業者と競争しているだけでなく、ライバル企業の貴重なデータを収集して、自社が優位に立つために活用している、というのである。

しかし、集められた証拠からは、別の側面が見えてくる。米国では、アマゾンが独占禁止法に違反していると主張するのは難しい。この種の法律がより厳しい欧州でさえ、アマゾンが競争を妨げていると言うのは難しいだろう。
もしかしたら、そう遠くない未来に、アマゾンやそのほかの大手テクノロジー・プラットフォームが強大な力を持ち、競争条件を決めるだけでなく、政府をも支配して、最悪の場合には私たちの自由を奪うことができるほどになってしまうかもしれない。しかし、その日はまだ来ていないのだ。

## データは不正な競争優位性を与えるか

たしかに、アマゾンは書籍から小売り、エンターテイメントまで、さまざまな業界のビジネスモデルを破壊してきたが、少なくとも現在解釈されている限りにおいては、米国の独占禁止法に違反していない。アマゾンのような企業が消費者にとってプラスとなるのか、それともマイナスになっているのかが、今日の独占禁止法の根幹となっている。

この考え方の起源は、1970年代後半にさかのぼる。当時、シカゴ大学ロースクール教授で、連邦巡回区控訴裁判所判事だったリチャード・ポズナーが、この分野を根底から覆したAntitrust Law（『独占禁止法』）という本を書いたのだ。それまで米国の独占禁止法は、価格操作による独占から消費者を守ることと、小規模な小売業者をより大きな競争相手から守るという、2つの（時に矛盾する）目標を追求していた。

しかし、**ポズナーは独占禁止法の考え方を根本的に変え、消費者の利益に重点を置いた。この自由主義的な見解では、企業が独占力を利用して、消費者に害を与えるような形で価格を引き上げるのでない限り、市場は自由なままで、規制されてはならないとする。この哲学は、独占禁止法の分野で「聖なるシカゴ文書」として知られるようになった。企業が大きくなること自体は、悪いことではない。企業が競合他社に損害を与えたり、倒産させたりしても問題ではない。それが自由市場資本主義の仕組みだからだ。**

アマゾンは創業以来、消費者の生活を改善することに全力を注いできた。同社はAIフライホイールを使用して、常に価格を下げ、商品の配送を高速化している。プライム会員には映画、テレビ番組、音楽を無料で提供し、ホールフーズでは割引も提供している。消費者は米国のどのブランドよりも、アマゾンを信頼している。消費者を傷つけただろうからという前提でアマゾンを分割するのは、馬鹿げた話なのだ。

競争を阻害するからという理由でアマゾンの分割を求める人々は、アマゾンが中小企業を支援する以上に、彼らに損害を与えていることを証明する、説得力のある証拠を提示できていない。競合企業よりも効率的だから、という理由で同社を罰するのは意味がない。特に同社が節約した分を、消費者に商品を低価格で提供することに使っている場合はそうだ。

ハーバード大学ケネディ行政大学院の経済学者で、オバマ政権下で経済顧問を務めたジェイソン・ファーマンは、貧富の格差、物価上昇、そしてイノベーションの阻害における企業の影響力を研究している。彼は現在、アマゾンを分割すべきではない、という立場をとっている。

「ウォルマートはサプライチェーン管理を改善する方法を見つけて成長しました。その後アマゾンも同じことをオンラインで行い、この分野における集中が進んで、効率性の向上を実現しました。これは経済に良い影響を与えています」

何が欧米の政治家や規制当局を悩ませているのかを理解するために、ブルックス・ブラザーズを例に挙げてみよう。この有名な米国のブランドは、自社サイトのBrooksbrothers.com上だけでなく、アマゾン・ドットコム上でも衣類の販売を行っている。そうせざるをえないからだ。アマゾンはオンライン小売りの世界の、あまりにも多くを支配しているため、無視することができないのである。

アマゾンのアルゴリズムは、自社サイト上での売上げと、そしておそらくBrooksbrothers.com上の売れ行きをスキャンして、何が売れているかを把握する。例えば、ある時点でアルゴリズムは、男性用カーキパンツの人気が上昇していると気づいた可能性がある。アマゾンが2017年に、「グッドスレッズ」という自社ブランドで、独自のカーキパンツの製造・販売を開始しているからだ。

アマゾン・ドットコム上で「カーキ」と検索すると、アマゾンのカーキパンツがトップに表示され、ブルックス・ブラザーズのカーキパンツはどこにも見当たらない。

私はアマゾンで39ドルのカーキパンツを買って、ファッションにうるさい息子に披露してみた。彼は、それが安いアマゾン製品だと知らずに、素晴らしいと言った。この場合、アマゾンは消費者にとってありがたい存在だが、ブルックス・ブラザーズにとってはそうではない。

今、アマゾン・ドットコム上でブルックス・ブラザーズのブランドを指定して検索すると、彼らがアマゾンに対抗するために、自社のカーキを90ドルから55ドルに大幅ディスカウントしているページが、ポップアップ表示される。

「ここでの問題は、データです」とEUのベステアーは言う。「データを使って、次の大ヒット商品が何なのか、人々は何を欲しているのか、どんな特典を受けるのが好きなのか、購入の決め手になるのは何なのか、独自の分析をするのではないでしょうか」

それこそがまさに、アマゾンが行っていることのように思える。アマゾンはそれを否定しているが、おそらく独占禁止法に基づく調査を避けるためだろう。**問題は、このデータがアマゾンに対して、アマゾン・ドットコム上で販売を行っているほかの小売業者に対する、不当な競争優位性を与えているかどうかだ。**

アマゾンが自社サイト上で活動している小売業者と、激しく競争していることは間違いない。ロンドンでトラベルバッグを販売しているジョン・モーガンが、ある日突然、直接競合する製品をアマゾンに発売されたという話は、それを裏付けている〔第

9章参照）。それでもこの話は、アマゾンが無敵の存在であるという主張を証明するものではない。

## サードパーティーの苦境の原因

調査会社のマーケットプレイス・パルスは、2019年にアマゾンのプライベートブランドについて詳細な調査を行い、それが「多くの人々が思っているほどの成功は収めていない……いくつかのブランドや商品が発売されても、顧客の心には響いていない」と結論付けている。

アマゾンの広報担当者はマーケットプレイス・パルスに対し、「アマゾンのプライベートブランド商品が総売上げに占める割合は、1％にも達していません。これはほかの大手小売業者に比べると、はるかに小さな割合です。彼らの多くは、売上げの25％以上を占めるプライベートブランド商品を持っています」と語っている。

こうした数字と、業界ではプライベートブランドによる販売が標準的に行われているという事実を踏まえれば、アマゾンがデータを利用することで、自社の製品に不当な優位性を与えているとは考えにくい。

もちろん、アマゾンはプライベートブランド以外にも多くの商品を販売しており、そこでは、同社のプラットフォームを利用するサードパーティー小売業者と激しく競争している。しかし、**批評家が言うような独占力をアマゾンが持っていたら、そのプラットフォームで販売を行っている小売業者はみな、廃業に追い込まれるだろう。**

**実際には、その正反対のことが起きている。ベゾスは自身の会社に対する政治的批判が高まっていることを念頭に、2019年4月に発表された2018年度の株主向け書簡の中で、アマゾン・ドットコム上で販売される全商品の58%が、サードパーティー小売業者によるものだと指摘した。これは、10年前の30%から増加している。**

サードパーティー小売業者の多くは中小企業で、合計で1600億ドル（約17兆円）相当の商品を販売しており、一方でアマゾンが直接販売したのは1170億ドル（約12兆円）だった（ベゾスはこれを「ファーストパーティー」売上げと呼んでいる）。ベゾスは書簡の中で、こう書いている。「単刀直入に言えば、サードパーティー小売業者は、私たちファーストパーティーを打ち負かしています。それもひどく」

アマゾンでグローバル広報部のトップを務めるジェイ・カーニーは、次のように説明している。「批評家たちは、アマゾンが中小企業をつぶしていると非難するのを好みます。それは、裏付ける証拠のない断言にすぎません。実際、当社のプラットフォームでは、何百万という中小企業が自社製品を販売しており、成功を収めています。もしアマゾンがサードパーティーの小売業者を廃業に追い込もうとしているのなら、私たちは、それがひどくへたくそだということになります。現実はまったく逆なのですから」

こうした言葉は、アマゾン・ドットコム上での販売が、激しい競争に直面する体験であることを否定するものではないが、米国だけでなく欧州、中国、日本、南米においても、200万以上の小売業者は廃業せずに拡大しており、それを、アマゾンを分割する議論に使うことはできない。

また、アマゾンで販売していない米国内外の多くの中小企業が苦戦していることも事実であり、それは消費者が迅速な配送と、オンラインでの購入、オフラインでの購入、オンライン購入と店舗での受け取り、という購入方法の選択を期待するようになっていることに関係している。この変化に対応していない中小規模企業は、存続できない可能性が高い。

## セオドア・ルーズベルト大統領のジレンマ

今日の米国法の下では、アマゾンを分割するための説得力のある議論ができないため、同社を批判する人々は最終的に、歴史的に優先順位の高い議論に頼らざるをえないだろう。

おそらく、アマゾンやアリババ、アルファベット、フェイスブック、ツイッターなどのテクノロジー・プラットフォームを、あまりにも強大になりすぎて政府の主権すら脅かしているという理由で、解体することを提案すると考えられる。

1602年、オランダは連合東インド会社によって、アジア貿易の独占権を確立した。1669年、同社は民間企業として世界で最も裕福な企業となった。彼らの独占状態は1799年まで続き、その力と市場に嫉妬したほかの列強の攻撃によって、破産に追い込まれた。

アマゾンをはじめとする大手テクノロジー企業が非難されているような、強大な権力を企業が握っていたのは、いわゆる金ピカ時代〔米国史上の時代に関する表現で、特に1865年の南北戦争終結から、1893年の恐慌までの28年間を指す〕の頃が最後だった。19世紀末、J・D・ロックフェラー、J・P・モルガン、アンドリュー・メロンといった経済界の大物たちは、自分たちの産業をトラスト〔企業の合同体〕に統合し、そこでさまざまな企業の株式を単一の取締役会が管理することで、独占を連邦反トラスト法から守った。

トラストに雇われた弁護士たちは、これらの取締役会が支配している事業が全国的に運営されていたとしても、持株会社自体は単一の州に本社があり、その取締役は州際取引ではなく主に金融業に従事しているため、独占禁止法から保護されていると主張した。米連邦最高裁判所は、米国対E・C・ナイト事件（1895年）において、疑念を抱きつつこの主張を認めた。

20世紀初頭、J・D・ロックフェラーはスタンダード・オイル社を巨大企業に育て上げ、米国の精製能力の90%を支配した。アンドリュー・カーネギーは、自身の鉄鋼会社をほかの9つの企業と合併して、100万人を雇うまでに至った。

金ピカ時代最大の大物であるJ・P・モルガンは、複数の銀行、ウエスタンユニオン、プルマン、エトナ、GE、レイランド・スチームシップ・ラインズ、および21の鉄道会社から成るトラストを管理した。雑誌コリアーズ・ウィークリーは当時、「英国から中国まで、モルガンの手のひらから一度も下りることなく、蒸気船や鉄道の定期便を利用して行くことができる」と表現している。

当時、**セオドア・ルーズベルト大統領が直面していたジレンマは、今日の「アマゾン解体」派が直面しているジレンマと似ている。金ピカ時代のトラストは巨大な力を蓄えていたが、多くの場合、彼らは消費者のために製品の価格を下げていた。**

エドマンド・モリスは、著書『Theodore Rex』(『セオドア・レックス』、未訳)の中で、米国経済は20世紀初頭までトラストの下で順調に成長しており、スタンダード・オイルによる灯油の価格は30年間下落し続けていた、と指摘する。モリスは次のように記している。

「米国はもはや、自給自足の小さなコミュニティが集まるパッチワークではなくなった。鉄鋼を生産する都市、ゴムを生産する都市、塩や衣類、トウモロコシ、銅を生産する都市など、特定の産業に特化した都市が、網の目のようにつながる国になったのである」

アマゾンも価格を下げ、顧客サービスを継続的に改善することで、同様の影響を経済に与えてきた。

ルーズベルトは大統領在任中に、斬新な論法を用いて、これらのトラストの多くを解体した。彼は、ロックフェラー、モルガン、メロンなどが運営していたトラストは、連邦政府の主権を脅かすほどの力を持つようになっていた、と述べている。1901年に、彼は次のように記している。

「各州が、そして必要であれば連邦政府が、それが創造した存在である大企業を監督・管理する権利を持たなければならないことが、ますます明白になってきている」

ルーズベルトは、トラストがあまりにも巨大化して大きな影響力を持つようになったため、連邦政府が彼らを規制するのは難しいだろうと懸念していた。1903年までで、ルーズベルト大統領はトラストを分割する法案を通過させるよう、議会を説得していた。J・D・ロックフェラーが、法案阻止に全力を尽くすよう6人の上院議員に命じたことが明らかになるまで、その努力は続いた。

## GAFA解体か、イノベーションか

そして現在、アマゾン、アルファベット、アップル、ネットフリックス、フェイスブックが、米国経済と私たちの生活に絶大な影響力を及ぼしているが、金ピカ時代のトラストほどは浸透していない。

**フェイスブックとアルファベットを合わせると、オンライン広告市場の60%近くを支配しているが、これは米国の広告市場全体の約4分の1にすぎず、彼らのライバルとしてアマゾンが急速に成長しつつある。**

**ネットフリックスはビデオストリーミング・サービスを契約している家庭の75%に浸透しているが、アマゾン、ディズニー、AT&Tなどとの激しい競争に直面している。アップルは米国のスマートフォン市場の約40%を支配しているが、世界全体では約10%にすぎない。**

**アマゾンは米国のオンライン小売業の40%近くを支配しているが、オンライン小売業は米国の小売業全体の約10%を占めるにすぎず、私たちが何かを買うために使った10ドルのうち9ドルは、いまだに実店舗で支払われている。**

顧客は服や靴を試着したり、メロンを絞ってジュースを作ったり、テレビを購入する前に実際の画面を比較したりすることを好むようだ。つまり、アマゾンは米国小売業の約4%しか支配していないのである。

全世界で見ると、アマゾンが占める割合はさらに低下する。同社は世界の小売業の1%しか支配しておらず、ウォルマートや中国の三大巨頭であるアリババ、テンセント、JDドットコムのような強力なライバルたちがひしめく中では、アマゾンは売上げを1ドル増やすだけでも懸命に戦わなければならないだろう。

金ピカ時代のトラストと、今日の巨大テクノロジー企業の（皮肉な）類似点の一つは、経済と社会に良い影響を与えることができる、という点である。プライバシーや選挙のハッキングといった問題は別にして、フェイスブックやアルファベットは、メーカーや小売業者が、ターゲット広告を通じて自社製品をより効率的に販売できるよう支援している。

アップルは10億人から熱狂的に支持されるデバイスを作っており、ネットフリックスは1億人の会員の家庭に、手頃な価格でエンターテイメントを提供している。消費者は、アマゾンの豊富な品揃えと、迅速な配送を好んでいる。

したがって、アマゾンの批判者たちに残された唯一の論理的な主張は、同社があまりにも大きく成功した（あるいはこれから成功する）ために、何百もの企業を廃業に追い込み、政府を脅して税制優遇措置を受け、法律を有利に変える可能性があるというものだ。

この主張の問題は、破壊的な変化というものは、資本主義の中心に常に存在しているということを考慮していない点にある。もしアマゾンの敵が、誰もが仲良くして、効率的でない企業が政府に保護され、司法省がレフェリーになるようなシステムを望むのなら、それは彼らの特権となるだろう。

この反アマゾン的な考え方には、イノベーションが阻害されるという代償が伴う。1930年代、オーストリアの経済学者シュンペーターは、資本主義の本質は創造的破壊であり、進歩するためには、古いものが新しいもののために道を開けなければならないと論じた。

歴史が彼の正しさを証明している。自動車は馬車を淘汰し、携帯電話は固定電話を一掃し、クラウドコンピューティングは企業のデータセンターに取って代わっており、オーガニック食品はゼネラル・ミルズやクラフト・ハインツのような大手企業のパッケージ食品ビジネスを傷つけている。馬車に乗り、友人とダイヤル電話で話して、食べるものはクラフトのマカロニ&チーズだけ、などという世界に戻りたいだろうか？

## ベゾノミクスの大きすぎる影響力

今後しばらくの間、アマゾンはグローバルビジネスの強力な勢力であり続け、経済と社会に大きな影響を与え、多くの人々が考える以上に破壊的な存在になるだろう。AIフライホイールはさまざまな業界を駆け巡り、既存の企業は適応するか、撤退するかを迫られるだろう。

テクノロジーに弱い存在は、所属するグループから淘汰されるだろう。AIと自動化によって何億もの職が奪われ、新しい職は十分には生まれないだろう。アマゾンやアルファベット、アリババのような企業を分割したり、その行動を妨害したりしても、AIとオートメーションの流れを止めることはできない。

したがって、私たちはみな、それに慣れる必要がある。もし、こうした現在の大手テクノロジー企業が、テクノロジーによる破壊的変化を引き起こさなかったとしても、いずれ別の企業がそれに成功するだろう。

とはいえ、アマゾンの批判者たちが恐れていることが現実になる日も、来ないとは言えない。**AIフライホイールが、あまりにも普及し、あまりにも理解不能な存在になってしまうかもしれないのである。**

**もしそうなれば、「その行動を単に恐ろしく感じる」というだけの理由で、同社や他の大手テクノロジー企業が規制されたり、解散させられたりするかもしれない。**その日が差し迫っているとは思えないが、そうなる可能性はある。

そうしたAIシステムが、私たちが理解できない、あるいは私たちにとって意味をなさない決定を次々に下すようになったり、誰も太刀打ちできないほど強力な存在になったりしたら、政府はこの難題に対する解決策を見つけなければならないのだ。

その一方で、世界はベゾノミクスと呼ばれる、仕事と生活に関する革新的な発想に、適応する必要がある。

Raptor Fighter Jets
Versus Biplanes

終章

# 問題がある未来でも、もはや現実

アマゾンが失敗しても
弾み車は止まらない

## アマゾンが失敗しても未来は変わらない

本書の序章で説明したように、ジェフ・ベゾスは、アマゾンがいつか失敗するかもしれないと考えている。アマゾンのように強力で、資金力があり、頭も良い企業が衰退し、崩壊してしまうなどとは考えづらい。しかし、歴史上最も聡明な資本家の一人である、ベゾスの意見に反対するのは愚かなことだ。

そう、ベゾスの言うとおりだろう。いつかどこかのスタートアップ企業が、より良く、より安く、より速く、オンラインで販売する方法を見つけるだろう。あるいは、誰かがアマゾンのクラウドビジネスを破壊するような、新技術を発明するかもしれないし、ベゾスが医療や金融に進出することで、慣れない事業の泥沼に引きずり込まれ、エネルギーを消耗して死んでいくような、長い戦いに巻き込まれるかもしれない。

ある意味では、アマゾンがいつか失敗したとしても、たいしたことではないのだろう。たとえその日が来ても、世界で最も裕福な男は、「ベゾノミクス」という新しいビジネスの手法を生み出し、それが世界中に大きな影響を与えながら波及しようとしているからだ。

ベゾスやアマゾンが去っても、その波は止まらないだろう。ベゾノミクスは顧客への執着、クレイジーなイノベーション、そして容赦のないAIフライホイールが促す長期的思考を掛け合わせたものであり、21世紀のビジネスモデルとなっている。そしてそれは、私たちの働き方や生き方をも大きく変えようとしている。

従来のビジネスが第一次世界大戦時代の複葉機だとすると、アマゾンは最新鋭のジェット戦闘機だ。ＡＩをめぐっては期待や宣伝のほうが過熱しているが、同社は機械学習を自社のＤＮＡに広く統合した。アマゾンは書籍の小売業者ではなく、テクノロジー企業としてスタートし、そのノウハウを別の業界へと次々に応用してきた。データで動く販売マシンは、自分自身の失敗から学び、改善し、そのサイクルをリアルタイムで絶え間なく繰り返す。アマゾンは、コンピュータが人間よりも多くのビジネス上の決定を下すようになる可能性を持つ、最初の企業だ。ベゾスは世界で最も賢い会社をつくったが、その会社はますます賢くなっている。

**ビジネスの世界は最終的に、ベゾノミクスを採用するグループと、採用しないグループに分かれるだろう。アルファベット、フェイスブック、ネットフリックス、アリババ、ＪＤドットコム、テンセントは、データを収集し分析する能力をもとにして、巨大で強力なビジネスを構築し、その知識を応用することでビジネスをスマートなものにして、顧客へのサービスをより魅力的なものにし続けている。**

音声認識や顔認識、モノのインターネット（ＩｏＴ）、ロボット工学などのＡＩ駆動型テクノロジーを追求するなかで、彼らは自動化されたビジネスモデルをつくり、この新しい世界に適応できない従来型のビジネスを押しつぶそうとしている。そして、現在のデジタルネットワークに取って代わる５Ｇ技術の登場は、そのギャップをさらに広げる。専門家は、次世代のインターネット接続は、現在よりも100倍も高速になると予測している（5Gネットワークでは、2時間の映画を数秒でダウンロードできるほどだ）。従来型の企業にとって、この新しい世界への適応は、単にデータサイエンティストを何人か雇い、重要なプロジェクトをいくつか走らせる、といったことではない。ベゾノミクスを中核に据えようとする企業は、自らを完全に再設計しなければならない。ナイキがAIとビッグデータを利用して、オンラインショッピングと魅力的な体験型店舗を統合したのは、その好例だ。中小企業でさえ、生き残るためにはベゾノミクスの原則を取り入れる必要がある。スティッチ・フィックスはオンライン婦人服ビジネスを、顧客が好むファッションを推測するスマートなアルゴリズムに基づいて再構築した。

## 深刻な問題を避けることはできない

ベゾノミクスが社会に与えている影響も、同じくらい深刻なものだ。大手テクノロジー企業の中には、フェイクニュースで不和の種をまいたり、選挙を妨害したり、個人のプライバシーを侵害したりしているところもある。

アップルのCEO、ティム・クックは、「混沌を生み出す工場をつくったのであれば、混沌に対する責任を逃れることはできません」と述べている。

世界的な貧富の差があまりに拡大したため、米国や欧州の政治家たちは、アマゾンなどの大手テクノロジー企業を非難している。こうした企業は、一種の「富を生む機械」として、経営者や株主のためにあまりに効率的に金を稼いでいるため、世間からの非難をさらに浴びて、規制当局の格好の標的になるだろう。場合によっては、本当に分割される企業が出てくるかもしれない。

アマゾンが現在の独占禁止法に違反しているかどうかは、問題ではない。歴史が示しているように、この法律は権力者によって好きなように解釈されるため、アマゾンをはじめとするハイテク大手に審判の日が訪れることは、考えられないとは言い切れない。

**予兆は既に生まれている。インドは2018年に、競争を促進する取り組みとして、アマゾンやウォルマートのような大手小売業者が、自社サイト上で商品を販売することを禁止する法案を通過させた。こうした規制が呼び水となって、ほかの市場でも同様の対応が進むだろうか？**

より大きな懸念は、アマゾンをはじめとするＡＩを駆使する大手テクノロジー企業が、雇用に与える影響だ。

**世界中の雇用市場で大きな混乱が起きるだろう。たしかに経済は、最終的に、失われた雇用の一部を穴埋めする新たな仕事を生み出すだろうが、今回の変化はあまりに巨大なため、各国の政府は職業訓練の提供や、最低賃金の引き上げ、さらにはＵＢＩ**

**の導入といった対策を打つ必要があるだろう。**

世界中の社会が直面している重要な問いは、アマゾンをはじめとする大手テクノロジー企業によって、小売り、検索、メディアなどの業界の顧客に提供される利便性が、その価格に見合うだけの価値があるかどうかだ。これまでのところ、答えはイエスであり、そうした大企業は急速なペースで成長を続けている。結局、人々は彼らが提供するものが好きなのだ。

したがって、少なくとも短期的には、それに慣れなくてはならない。当面の間、アマゾンは存在し続け、ベゾノミクスのＡＩフライホイールは、ますます回転の速度を増していくだろう。

# 謝辞

ブライアン・デュメイン

アマゾンのように大きく、複雑で、変化し続けるストーリーを扱おうと思ったら、総力を挙げて取り組む必要がある。本書の出版元、スクリブナーで私を担当してくれたリック・ホーガンは、熱心に時間とエネルギーを費やして、このプロジェクトに深くかかわってくれた、最近ではめずらしいタイプの編集者だ。

私が本書を執筆している間、リックはしばしばアマゾンの最新ニュースを私に送ってきて、私の意見に挑戦し、新しい方向性を示してくれた。アマゾンが私たちの生活のありとあらゆる側面に侵入してきていることについて、私は彼との長い会話を楽しんだ。あらゆる段階で彼が思慮に富むコメントをしてくれたことに、深く感謝する。スクリブナーの関係者ではほかにも、ナン・グラハム、ブライアン・ベルフィリオ、コリン・ハリソンらに感謝しなければならない。彼らは最初からこのプロジェクトの成功を信じ、本書を実現するために、多くの著者が夢に見ることしかできないような支援を提供してくれた。

このプロジェクトが私の頭の中にある漠然とした概念にすぎなかったときに、私の代理人であるトッド・シュスターは、中核となる提案書を作るよう私に強く迫った。トッドの努力と洞察力がなかったら、本書は完成しなかっただろう。また、エビタス・クリエイティブ・マネジメントのチームメンバー、ジャスティン・ブロケアーとエリカ・バウマンの助けに感謝する。

アマゾンに関する本を書くことの利点は、誰もがこの話題について話したがることである。私は、私の話に熱心に耳を傾けてくれ、貴重なフィードバックをくれた多くの友人や同僚を最大限に活用した。エマ・クラーマン、ハンク・ギルマン、ピーター・ヒルディック＝スミス、リック・カークランド、シャーロット・マイヤーソン、トミー・ネイサン、ピーター・ペトレ、ジュディ・シモンズ、ロドニー・ゼメルに感謝する。フォーチュン誌の友人や同僚たち、アダム・ラシンスキー、クリフ・リーフ、ブライアン・オキーフには、彼らの雑誌の記事のおかげでアレクサの奥深さを探れたことに感謝したい。私がこの話題に関する章を書いていたとき、彼らが提供してくれた洞察は非常に貴重だった。また、ブラッド・ストーンの著書『ジェフ・ベゾス 果てなき野望』（日経ＢＰ）は、立ち上げ間もない頃のアマゾンの様子を巧みにとらえ、貴重な調査ツールとして役立った。

ファクトチェッカーであるトム・コリガンは、まさに私の窮地を救ってくれた人物で、さまざまな業界と地域にまたがる本書の情報を丹念に確認してくれた。

何よりも、私は家族に感謝しなければならない。キャロライン、ポール、スー、ソフィア、アレックスはこの2年間、夕食時にアマゾンについて長い会話をすることに耐え、何時間も飽きることなく私の意見を聞いてくれた。彼らの熱意、ウィット、そして良心がなければ、本書を完成させることはできなかっただろう。特に、妻であり親友でもあるキャロラインのサポート、洞察力、用語と文体に対する編集者としての鋭い感性に感謝する。

# 訳者あとがき

## アマゾンのビジネスモデルは、世界に拡散した

小林啓倫

本書は2020年5月に米英で出版された、*Bezonomics : How Amazon Is Changing Our Lives and What the World's Best Companies Are Learning from It*（ベゾノミクス：アマゾンはいかに私たちの生活を変え、世界の有力企業はそこから何を学んでいるか）の邦訳である。

著者のブライアン・デュメインはジャーナリストとして、フォーチュン誌を中心にビジネスやテクノロジーの分野で数々の記事を執筆してきた人物であり、本書も大勢のアマゾン関係者や元関係者への取材に基づいて書き上げられている。アマゾン関係者・元関係者が執筆した「アマゾン本」は、えてして称賛もしくは批判の、どちらか一方の視点に偏りがちだが、本書はその両方の声をバランスよく取り入れた一冊となっている。

原題にもなっている「ベゾノミクス」とは、レーガノミクスやアベノミクスのよう

に、アマゾンの創業者であるジェフ・ベゾスの名前に「経済学（エコノミクス）」を意味する「ミクス」を付けた造語だ。ベゾスは政治家ではないが、アマゾンという卓越した企業の経営を通じて、新しい時代の経済秩序とでも呼べるようなビジネスのあり方を確立した――それこそが「ベゾノミクス」というわけである。

もちろん、経営者としてのベゾスの資質や、巨大ＩＴ企業アマゾンの競争力に注目したのは、本書が初めてではない。これまでにもさまざまなアマゾンの解説書、あるいはジェフ・ベゾスの紹介本が出版され、その中のいくつかは本書でも参考文献に挙げられている。しかし、アマゾンを「ビジネスをどう実行すべきかに関する21世紀のモデルを世界に示すもの」とまで言い切る本書は、既存の本にはない、かなり思い切った主張をしていると言えるだろう。

さらにデュメインは、ベゾノミクスがその発明者であるベゾスの手を離れ、世界各国で有力な企業が採用するようになっていると指摘する。つまり、世界が「アマゾン化」しつつあるのである。したがって、新たな領域に進出して主導的な立場をとろうとする企業は、ベゾノミクスを積極的に取り入れるべきだし、さもなければ、ベゾノミクスを取り入れた企業に真正面からぶつからない方法を模索すべきだと彼は訴えている。

実際に世界は、本書の主張どおりになりつつある。デュメインが日本版まえがきで触れているように、アマゾンは新型コロナウイルスとの共存を求められる「ウィズコロナ」の世界において、一人勝ちとも言える成功を収めようとしている。

例えば、GAFA（グーグル、アップル、フェイスブック、そしてアマゾンという4大IT企業の頭文字を並べたもので、IT業界のみならず全世界の政治経済に影響を及ぼしていると見なされている）の一角であるグーグルは、2020年4月、新型コロナウイルス流行による経済の落ち込みを受けて、マーケティング予算の50％削減を含む経営計画の大幅な見直し、さらには採用の抑制まで行うと発表した。

一方でアマゾンは、日本版まえがきでも触れられているように、「数週間で17万5000人の従業員を追加採用」している。また7月末に発表された、2020年度第2四半期の決算報告では、四半期利益が52億ドル（約5500億円）に達したことが発表された。これはアマゾンの26年の歴史において、過去最大となる額だ。この快進撃には、イーロン・マスクのような有力経営者からも、懸念の声が上がるほどである。

## 既存事業の拡充、新規事業への進出、政府や社会との軋轢

その秘密はどこにあるのか。本書に登場するキーワードの一つが「AIフライホイール」だ。

フライホイールとは、日本語で「弾み車（はずみぐるま）」と言われる機械部品で、回転させることで運動エネルギーを蓄積し、それをエネルギー源として活用する仕組みを指す。もちろん、そのような機械部品をアマゾンが物理的に利用しているわけではなく、本文で簡潔に述べられているように、「本質的には、フライホイールは好循環のメタファー」である。

企業内のある活動が別の活動を推進する力となり、次の活動がまた別の活動を推進して、最終的に出発点となった活動に戻って、それがさらに加速される――という理想的な状態を、弾み車にたとえているのである。

デュメインの解説によれば、ベゾスはこの概念を、ベストセラー『ビジョナリー・カンパニー』の著者である、ジム・コリンズから学んだ。そして、それをアマゾン内で具現化し、さらにAI技術を活用して高度化することで、本書内で「AIフライホイール」と称されている仕組みをつくり上げた。

本書の第5章で詳しく解説されているが、簡単に言えば、それは顧客から得られたデータとAIを活用することで業務を効率化・高度化し、それが生み出す価値でより多くの顧客を引き付け、そこから得られたデータでさらに業務を改善していく、という仕組みである。

こうした「フライホイール」を生み出すこと、さらにAIなどの先端技術を活用してその高度化を図ることについては、企業や政府からの関心が徐々に高まってきている。例えば日本の金融庁も、令和2年度の金融行政方針の中で、「デジタライゼーションを取り入れた先進的でより良いサービスの開発・提供により、利用者に大きな利便性がもたらされうる。くわえて、金融機関を含む事業者にとっても新たな収益機会が生まれ、それがさらに利用者利便の高い新たな金融サービスの創出につながる、という好循環が生まれることが期待される」と指摘している。

金融庁のお墨付きを得た、というのは言い過ぎかもしれないが、まさにこの好循環をいち早く、そして最も理想的な形で実現したのが、アマゾンだと言えるだろう。彼らが一人勝ちを収めようとしている現在の状況は、けっして偶然ではないのである。日本でもアマゾンは快進撃を続けている。日本経済新聞の報道によれば、アマゾンジャパンは2019年だけで、物流やデータセンターなどに6000億円以上を投資している。さらに20年10月までに、新たに4カ所のフルフィルメントセンター（物流施設）を開設して、全21カ所にまで拡充する計画であり、楽天やヤフーといった日本国内での競合を大きく引き離すと見られている。

小売事業だけではない。アマゾン・ウェブ・サービス（AWS）の日本法人は2020年8月、MaaS（モビリティ・アズ・ア・サービス）を手掛ける日本国内の事業者に対して、AWSが提供する各種サービスの提案を本格化すると発表した。MaaSとは、ITを活用して各種の移動手段（公共交通機関やカーシェアリング・サービス、ライドシェアなど幅広いサービスが含まれる）をつなぎ、より便利で、効率的な交通サービスを実現しようとする活動であり、ウィズコロナの世界で拡大が期待されている分野の一つだ。それにかかわる事業者にAWSの利用を促すことで、新分野の開拓と事業の拡大を狙っているわけである。

一方で2020年9月には、アマゾンジャパンが商品の仕入先1400社に対し、20億円を返還する計画であることが報じられた。これは、同社がサイト上での値引きを行った際に、値引き額の一部を仕入先に負担させていた問題（取引上の立場の弱い業者に対する「優先的地位の濫用」に当たるのではないかとされた）で、公正取引委員会の行政処分を回避するために講じた改善措置だった。

アマゾンジャパンが公正取引委員会から問題を指摘されるのは、これが初めてではない。2016年と19年にも公正取引委員会の調査を受けており、そのたびに自主的な改善計画を発表している。

また、日本のフルフィルメントセンターにおいても、従業員に厳しい労働を強いているのではないかという、他国で行われたのと同様の指摘が繰り返されている。それを受けての措置かどうかはわからないが、2020年からは、フルフィルメントセンターでの仕事が充実していると語る従業員が登場するテレビCMが放映されるようになった。

こうした状況を見れば、本書で描かれているような、アマゾンの「既存事業の拡充、新規事業への進出、政府や社会との軋轢」という特徴が、日本においても再現されていることがわかるだろう。その意味でも本書は、日本の読者にとって大いに参考になるはずだ。ウィズコロナの世界で新たなビジネスを築く際の礎として、本書が活用されることを祈っている。

２０２０年9月

本書の原注を、下記のウェブサイトに掲載しています。

ご活用ください。

https://www.diamond.co.jp/go/pb/bezonomics.pdf

［著者］
**ブライアン・デュメイン**（Brian Dumaine）
受賞歴を持つニューヨーク在住のジャーナリスト。『フォーチュン』誌を中心に、30年にわたって記事執筆と編集を行う。また、ビジネスに関する物語を紹介するサイト「High Water Press（ハイ・ウォーター・プレス）」を創設、編集責任者を務める。

［訳者］
**小林啓倫**（こばやし・あきひと）
1973年東京都生まれ。経営コンサルタント。獨協大学卒業、筑波大学大学院修士課程修了。システムエンジニアとしてキャリアを積んだ後、米バブソン大学大学院にてMBAを取得。その後外資系コンサルティングファーム、国内ベンチャー企業を経て、現在はコンサルタント業のかたわら、ライター・翻訳者としても活動。著書に『災害とソーシャルメディア』（マイナビ出版）、訳書に『データ・サイエンティストに学ぶ「分析力」』（日経BP）など多数。

アマゾン化する未来
——ベゾノミクスが世界を埋め尽くす

2020年10月27日　第1刷発行

著　者——ブライアン・デュメイン
訳　者——小林啓倫
発行所——ダイヤモンド社
〒150-8409　東京都渋谷区神宮前6-12-17
https://www.diamond.co.jp/
電話／03･5778･7233（編集）　03･5778･7240（販売）
装丁————水戸部功
本文デザイン—岸和泉
本文DTP ——中西成嘉
製作進行——ダイヤモンド・グラフィック社
印刷・製本—勇進印刷
編集担当——木山政行


ISBN 978-4-478-10730-0